任性出版

大麻CBD聖經

大麻成分 CBD，科學證明能改善憂鬱、失眠、
經期失調、抗焦慮、止痛、改善膚質、緩解失智……。
你需要正確的知識與用法。

The CBD Bible

全球 CBD、大麻與自然藥物權威
美國醫療專科委員會認證醫師
達妮・戈登（Dr. Dani Gordon）——著
廖桓偉——譯

目錄

推薦序一　對於大麻的幻想與恐懼，我們要用知識戰勝／李菁琪　5
推薦序二　醫療大麻，是臺灣醫療環境缺乏的拼圖之一／賴彥合　7
關於大麻，你必須知道的事　11
前　　言　抗憂鬱劑、安眠藥辦不到的事，醫療大麻辦到了　13

第1部　大麻簡史：百年汙名毀了千年使命　17

第一章　大麻CBD有療效，世界衛生組織已經證實　19
第二章　政府怕、專家說、媒體炒，草藥從此染上臭名　31
第三章　除了CBD，還有一百多種大麻素等著我們發現　43
第四章　人體本身就有維持健康的大麻素　73

第五章　如何服用？口服、軟膏、貼片、陰道吸收　93
第六章　醫療用大麻，比你常吃的頭痛藥還安全　133

第2部

藥廠不想讓你知道的……這些人都靠醫療大麻重拾人生

161
第七章　超級綠汁，對抗大腦老化　163
第八章　霧化大麻，幫你克服壓力與疲勞　189
第九章　焦慮與PTSD，長效「穿皮貼片」最好用　207
第十章　對抗情緒低落與憂鬱的天然方法　227
第十一章　全天服用CBD油，從源頭改善睡眠　245
第十二章　大麻蒸氣、外用軟膏，快速緩解各種疼痛　263

第十三章　ＣＢＤ棉條、塞劑，解決經痛與經前症候群　289
第十四章　ＣＢＤ潤滑劑、保險套，增加性愛愉悅感　319
第十五章　保健腸胃，試試ＣＢＤ口服油　333
第十六章　自體免疫性疾病，搭配ＴＨＣ油效果最佳　351
第十七章　大麻花外用軟膏，粉刺、乾癬、溼疹都有效　363
第十八章　最廣為人知的療效，緩和癲癇發作　373
結　語　草藥開始復興了，大麻健康革命　385
致　謝　387
參考資料　391

推薦序一

對於大麻的幻想與恐懼，我們要用知識戰勝

綠黨副秘書長、大麻律師／李菁琪

大麻（Cannabis sativa）是毒還是藥？

醫療用大麻是單純指大麻二酚（Cannabidiol，簡稱CBD）嗎？

CBD是不是萬靈丹？

大麻是入門毒品嗎？

因為無知，人們對大麻產生種種幻想與恐懼。眾說紛紜的說法，到底什麼才是真的？

本書由全球大麻與自然藥物權威達妮．戈登（Dani Gordon）醫師撰寫，一次解決大家的問題。

自開業以來，我經手了數百件大麻相關案件，其中最困難之處，便是向院檢雙方說明有關大麻的種種知識。

該如何向檢察官形容大麻的氣味？大麻是不是真的有醫療功效？大麻到底是抽葉子還是抽

花……在大部分的資訊來源都只能從網路查找的情況下，能有一本可供援引的書籍作為資料來源，是我最迫切需要的事。

在本書出版中文版之前，華文世界所有關於大麻的資訊非常零碎，甚至大多都沒有中文的資料來源，需要自行翻譯後再提供給法院，而我甚至也引用過本書英文版部分內容，作為訴訟資料。

所以在聽見本書即將翻譯出版的消息時，我格外興奮。除了本書在英語國家的大麻產業圈中備受推崇，幾乎可以說是人手一本的教科書外，最重要的是臺灣終於有一本可靠的萬用參考書，能夠作為訴訟的參考文獻使用了。

除了嚴肅的訴訟用途之外，本書也是很好的大麻知識入門指引，作者、譯者和編輯以平實易懂的語句，從各方面詳細說明：大麻這種神奇的植物到底是什麼？不一味推崇大麻的好，也不偏頗的只說大麻的壞處。

無論你是純粹對大麻好奇、對大麻是否該合法化搖擺不定，或者是想要向親朋好友推廣大麻合法的理念卻無從著手，本書都可以提供很好的幫助！

對於我國司法實務工作者，我更是推薦閱讀本書，除了對大麻有更進一步的了解之外，更重要的是可以確保偵查或審判過程中，被告說的話到底「可不可信」。

多一點了解，少一點偏見，希望閱讀本書後的你，對於大麻、CBD可以有更多元的思考角度。

推薦序二

醫療大麻，是臺灣醫療環境缺乏的拼圖之一

歹夫好可央 Dr. KIANG／賴彥合

我是賴彥合醫師，幾年前接觸到大麻，最初當然也只是好奇，卻意外開啟了後續一連串的探索之旅。

我認識到身體裡面原來有一套內源性大麻素系統，學習到特性各異的大麻素如何與之作用，了解大麻被禁止的政治脈絡，這都歸功於知識的累積，還有願意打開心胸消弭各種成見和誤解。

在我一頭熱開始提倡大麻合法化的議題後，才認知到討論精神活性物質，在臺灣是多麼小眾和冷門。這實在是非常可惜的事！一個療效廣泛到不可思議的草藥：大麻，就這麼被束之高閣了近半世紀。

醫學教育普遍缺乏對「藥草」的探討，導致絕大多數的醫生視之為偏方或沒有科學證據的另類療法，但誠如本書作者所言，現今的西藥有一半以上都是由植物分子萃取而成，臺灣民眾對中醫的接受度又高，大麻是藥的概念如果能解釋清楚，洗刷過去的偏見會更有效率。

本書正是全盤了解大麻的好開始，一開始看到書名，我還有點擔心是不是只有針對 CBD 這個大麻素，但閱讀完後我發現多慮了。

作者戈登博士很有條理的從人類使用大麻的歷史、這個世紀被禁止的社會氛圍、科學研究的進展，一路討論到大麻素對於各種症狀緩解的機制，每個章節的知識含量都很豐富。作者也非常善用有趣的譬喻，將冰冷拗口的科學術語，轉化成好讀易懂的文字。

我行醫的經歷不長，也可以說是個菜鳥醫生，但在有限的診所執業過程，我還是發現了目前西方醫療許多的局限性。

不少有慢性疼痛、失眠、皮膚癢等疑難雜症的病人，會重複就醫和到處就診的原因，不是要濫用健保資源，而是症狀沒有得到緩解——大麻，我相信就是目前醫療缺乏的那塊拼圖之一，好好去了解和使用它，對全體人民的健康和病痛的緩解，會是很大的進步。

我其實十分羨慕作者能用大麻作為藥物醫治病人，當你看到病人因為適當的治療而減緩症狀時，那種感覺相當暖心，而且非常有成就感。

目前，全世界針對大麻合法化的社會運動風起雲湧，有些國家先經歷了醫療用大麻開放，也有些直接走向全面的除罪化。

究竟臺灣未來的政策要怎麼走？

我想，有很多其他國家的先例可以參考。健保的存在已經讓民眾就醫的便利性提高許多，而大麻作為一個草藥之王，更應該被納入治療武器之一。

我很開心看到這本書的翻譯和出版，因為推動大麻合法化運動的過程中，我理解到知識的傳遞還是最重要的關鍵，唯有人民願意認識大麻，進而使政府做出政策改革，才有改變的契機。

這本書將突破以往人們認為大麻只是毒品的表面論述。大麻是愛與和平、大麻是良藥，你我的未來都有可能需要大麻，讓我們一起來好好了解它！

關於大麻，你必須知道的事

Q：大麻是什麼？

A：大麻，其實是純天然草藥，從西元前兩千七百年起，就一直用於治療各種疾病、將其纖維製成布料；甚至還能清潔土壤，車諾比核災之後，當地也種植工業大麻來生物修復。

Q：為什麼它在臺灣被列為毒品？

A：大麻含有數百種大麻素，其中最多研究的就是CBD和THC。CBD能舒緩焦慮、改善睡眠與免疫系統，療效已被世界衛生組織（WHO）證實；THC（四氫大麻酚）則具有精神活性，也是被列為管制藥物的原因之一，不過它也有緩和慢性疼痛的效用。

Q：具體來說，CBD、醫療用大麻有什麼用途？

A：它可以對抗大腦老化、阿茲海默症；治療憂鬱、焦慮、PTSD（創傷後壓力症候群）；改善睡眠、癲癇、皮膚病；甚至對性慾、女性更年期都有幫助！

Q：為什麼一種草藥能治療這麼多疾病？

A：因為人體內其實就有類似大麻反應的系統——「內源性大麻素系統」，它的受體遍布全身器官，並控制腦內與體內一些最重要的生理、心理與情緒功能，從身體運動、疼痛、免疫系統，到心理健康、睡眠、腸胃功能甚至腦部保護。

Q：CBD、醫療用大麻合不合法，和我有什麼關係？

A：你或你的家人、朋友，都有可能罹患類似疾病，目前用來治療憂鬱、焦慮、睡眠、慢性疼痛的藥物，通常對身體非常多副作用，且長期下來很容易對藥物產生依賴性。

如果想要用更天然、多元、少副作用的方式幫助病患，提高他們的生活品質，CBD和醫療用大麻不應該被排除在外。

Q：這麼多好處，難道就沒有會上癮之類的副作用嗎？

A：歷史上從來沒有使用大麻，直接造成任何死亡的案例，更何況是安全性更高的CBD、醫療用大麻（THC含量低於〇．二%～〇．三%），生理依賴的風險也比嗎啡與其他鴉片類藥物更低！

不過，就算是天然的草藥，燃燒吸入也有肺癌的風險，且若是有心臟、精神疾病的患者，使用前最好也要先經過醫師評估。

Q：除了用抽的，還有什麼用法？

A：CBD與醫療用大麻有非常多種形式，除了直接燃燒乾燥花吸入，也可以使用霧化器、CBD油、舌下酊劑、外用藥膏、穿皮貼片，甚至女性用的棉條、塞劑……。

前言

抗憂鬱劑、安眠藥辦不到的事，醫療大麻辦到了

貝克絲（Bex）因為焦慮症來找我看病，身為廣告業主管，她覺得自己快被工作壓力擊垮了。她有睡眠問題，已經失去食慾，而且一整天都覺得自己的心臟在亂跳。

我們聊了一些她的症狀，發現除了焦慮之外，她也正受慢性壓力所苦。她以前會練瑜伽，但因為最近過於焦慮，就連課程開始前的冥想五分鐘都受不了，於是便放棄了。

貝克絲的醫師已經開了處方藥給她，不過她怕自己會對藥物上癮，所以跑來找我，尋求更天然的療法。她聽過醫療用大麻，但這輩子從來沒服用過，所以不太敢嘗試。

我執業時看過許多類似貝克絲的病患，他們知道事情不太對勁（不論身體或心靈），卻不知道去哪裡求助。他們的醫生通常很忙、趕時間，因此多半會直接開抗憂鬱劑或安眠藥當處方。

然而，當病患想尋找能控制症狀的「天然方式」時，大量的偽科學與錯誤資訊通常會令他們感到困惑。貝克絲聽說大麻二酚或許能幫到她，但她不知道如何取得，而且也會擔心自己可

能吸到太嗨或是上癮。

我向她保證，用來治療焦慮症的醫療用大麻中，四氫大麻酚（Tetrahydrocannabinol，簡稱THC）的含量非常低——這就是會讓你嗨起來的化合物。她服用的藥物並不會影響工作能力、毀掉社交生活，或使她感到醉意。

我請她白天服用CBD含量較高、THC低的油，晚上則服用另一種略為不同的油，含有極少量THC，使她平靜，藉此幫助她入睡。

三個月後，貝克絲睡得更好，並且根據醫生的建議，停掉了抗焦慮藥物。她告訴我，她覺得自己變得更平靜，就算在公司壓力很大時也一樣。我們以這次成功為基礎，讓她回去上瑜伽課，並且改善她的睡眠模式。

六個月後，她告訴我這是十年來活得最自在、輕鬆的一陣子。她說這種感覺就像有人將時光倒流，讓她找回年輕時的自己。

我用大麻作為藥物治療過各種疾病，包括憂鬱焦慮、關節炎、癲癇。而貝克絲只是我幫助過的數千名患者之一。數千年來，世界上多數主要的古文化都曾使用大麻治病，所以這沒什麼好稀奇的；它只不過是被「毒品戰爭」[1]汙名化數十年後，又被現代醫學「重新發現」而已。

身為醫師，我本來對大麻抱持著懷疑心態，但自從我開始利用醫療大麻、CBD治療患者，並見證了改變人生的療效之後，我已經是大麻的堅定信徒。病患嘗試過無數藥物與輔助療法都失敗，卻在一籌莫展之際被大麻治癒，這種成功案例我已經見證了好幾次。

我不斷聽到類似這樣的回饋：「這種療法改變了我的人生。」、「這種療法拯救了我的婚姻。」、「我找回了自己的人生。」、「我們全家的生活都轉變了。」、「我重新找到了人生的喜悅。」……這些反應，更讓我活像個傳教士一樣，分享這種神奇植物帶給我們的好處。

在本書中，我利用自己多年的臨床實務以及個人經驗，分享我對於醫療用大麻與CBD的知識——它們如何提供幫助，使你盡可能成為最好的自己？

大麻對於正在進行中的健康革命將會貢獻良多，但還是有很多混亂、矛盾的資訊與迷思圍繞著它，令人不知道該相信什麼。

我知道人們正在尋找一份指南，教他們怎麼安全且自信的，歡迎大麻進入自己的生活，使他們的身體、心靈，都能活得更健康。本書就是那份指南！

這也是一個故事，關於大麻如何幫助我、我的家人與我的數千名病患，在充滿壓力的現代社會中找到平衡。這株不起眼的植物，可以幫助你重拾內在的平靜——科學家稱之為「體內平衡」（homeostasis）。

儘管大麻在現代醫學上來說，是完全值得推崇的草藥，卻在上個世紀遭到政治詆毀。我很樂見它洗刷汙名，只要使用得當，它就是有效且安全的天然藥物，對於某些慢性症狀與疾病具有莫大的療效——即使是最好的現代西醫藥物，對這個領域依舊力有未逮（詳見第二部）。大麻不能治百病，但無論中藥或西藥，它是我所用過最強大的藥材。

本書並沒有「正確使用方式」。假如你好奇心很強，不想錯過任何跟大麻與其化合物有關

1 編按：War on Drugs，美國聯邦政府對於毒品的防制而做出的行動。

的科學知識（包括那些冷門的細節），那你當然要從頭讀到尾，包括較偏向技術層面的第一部——介紹大麻的歷史，以及使用它的詳細方式。

如果你覺得這樣讀很累，也別擔心，因為這很正常。第二部的每個章節都分別聚焦於一個主題或問題，這是方便你把它們當作個別獨立的參考資料。

例如你最想知道如何改善睡眠，那就去讀關於睡眠的章節；假如你還想知道怎麼挑選與服用正確的藥品，請翻到第五章，它有介紹該怎麼使用大麻。

無論任何情況，在你使用ＣＢＤ或醫療用大麻之前，都必須請教醫師。沒有任何書籍能夠替代專業醫生的醫療建議。

第 1 部

大麻簡史：
百年汙名毀了千年使命

第一章

大麻 CBD 有療效，世界衛生組織已經證實

大麻是一種具有多重醫療與健康用途的植物。它含有數百種化學物質，其中包括一百種以上的大麻素（cannabinoid），能夠幫助身體對抗發炎、保護腦部免受壓力傷害、降低焦慮、改善睡眠與免疫系統功能；還能在忙碌的現代生活中，幫助我們維持平衡、平靜與快樂。在第三章，我會向你完整介紹大麻與它的歷史。

CBD則是大麻中的其中一種化學物質，它本身就具備許多前述的強大效果，而且**因為它不含THC，所以不會讓你覺得怪怪的、很嗨或有醉意。沒錯，它非常安全**，就算你去藥房買了一罐工業大麻[1]製成的CBD油，整瓶喝下去，你應該還是完全沒事。

人們對於使用CBD有許多錯誤資訊與恐懼——我甚至聽過有人宣稱，自己在塗了含有CBD的臉部保養品後「茫掉」，但這是不可能的事情！

大麻CBD的療效，世界衛生組織已經證實

CBD不會讓你產生幻覺或覺得很嗨，當使用量符合健康標準時，它是再安全不過的物質。根據世界衛生組織（WHO）對於CBD的報告，CBD的潛在毒性在經過深入研究後，確定其毒性「相對較低」[2]。

我也沒聽過有人因「過量服用」CBD而危害身體健康，由此可見，它比市面上大多數的止痛藥、咳嗽藥、感冒藥還安全，也比雜貨店、健康食品店的許多草藥製品還安全。話雖如此，在你服用任何新補品之前，一定要請教醫師，並且詳讀本書第六章，了解哪些人應該避免服用

CBD。

CBD能夠成為很棒的預防藥物。由於它具有強力的抗發炎與減壓特性，甚至有助於預防因慢性發炎與壓力導致的健康問題，因此它可以說是現代生活中，最完美的植物幫手。

如今大麻正在重拾自己的歷史定位，它是人類文化的一部分，徹底轉變了醫療保健、食品工業與美容產品等許多事物。它甚至改變了我們社交的方式，許多人在社交與紓壓時，都希望能找其他方式來替代酒類；酒類有神經毒性，但CBD剛好相反，既能夠保護神經（亦即保護大腦），也不會讓你嚴重宿醉！

就像所有草藥一樣，大麻很難當成單一一種藥品來研究，因為它含有數百種植物化學成分。它跟藥品不一樣，後者通常都是單一化學物質，以腦部或體內某處為特定目標，並以「一體適用」的方式改善症狀。

無論醫師、研究人員，或者所有會看新聞的人，都已逐漸習慣這樣的思維：醫療製品必須通過隨機的安慰劑對照測試[3]，其療效與研究才算得到證實。

這種研究模式，起初是設計給獲利數億的公司，讓它們能夠研發單一成分的人工藥物，接

---

1 編按：另稱漢麻（hemp），指THC含量低於〇·三%的大麻，可用於工業用途的品種。

2 編按：世界衛生組織的報告（CANNABIDIOL Pre-Review Report）指出，目前證據顯示CBD不會成癮、也沒有濫用疑慮，甚至有助於抑制藥物濫用。

3 編按：randomized placebo-controlled trial，簡稱RCT。方法為將研究對象隨機分組，對不同組實施不同干預，在這種嚴格條件下對照效果的差異。

著申請專利、回收研發成本，並且以類似實驗室的限制來控制所有情況。

過去三十年來，藥品研發流程與ＲＣＴ被視為「實證醫學」[4]的重要條件，缺乏這兩者的其他所有藥物，都會遭到蔑視、忽視或摒棄。

這套流程導致所有草藥醫學，以及許多其他低風險的傳統療法，儘管有數千年的使用傳統，卻還是遭到忽視。這對於病患與科學發展來說，都是非常大的損失。

大麻與其他草藥，都無法用單一化學物質藥品的研究方式來分析，因為它們含有數百種活性化合物，組合起來超過幾十種形式。與多數單一植物或人工化合物不同，ＣＢＤ本身就適用許多不同的系統與機制，這也是為什麼它能夠解決各式各樣的問題——從皮膚病到癲癇。

英國神經精神藥理學家大衛・努特（David Nutt）教授，曾任歐洲神經精神藥理學學院（European College of Neuropsychopharmacology，ＥＣＮＰ）的院長，關於藥物對於大腦影響的研究，他是世界上最頂尖的專家之一，並於藥物政策與神經精神病學上極具遠見。

努特說：「大麻可說是世界上最古老的藥物，卻因為政治因素，被國際間禁止了超過五十年。我很樂見它重回醫療用藥的行列，並相信它在接下來二十五年內，會是新型療法的最大改革。然而，英國病患若想從中獲得最大的利益，醫療專業人士的心態就必須改變——他們**必須將醫療用大麻視為機會，而非威脅。**」

幸好ＣＢＤ與大麻都有許多證據，能證實它們是促進健康的藥材與極佳的藥物；而這些證據正成指數型增長，儘管過去一百年來，研究大麻多半是非法的。考慮到這數十年的空白，以及草藥非常難以研究的事實，我們其實是以近乎曲線的速度，在累積大麻的使用證據。

綠色革命——大麻是西藥與天然草藥之間的橋梁

在加拿大、美國與英國，西醫會使用大麻，開立處方也跟主流藥物類似，會與其他藥品一起使用。但與此同時，大麻仍然是一種草藥，其中含有數百種活性化學物質協同運作，與世界上任何合成藥物都不同。

大麻最不可思議的地方，在於它既是草藥，也是藥品。對於患有抗藥性癲癇的兒童，大麻能夠大幅降低其發作次數，而且副作用較少；此外，它甚至能改變我們對於壓力與創傷的反應。

大麻還有一個獨特之處（並非所有草藥皆如此）：它可以塗抹局部（抗痘、緩和肌肉疼痛）、口服、當成栓劑塞進陰道或直腸、藉由吸入蒸氣以獲得近乎即時的舒緩效果、透過貼布滲入皮膚，進而影響整個身體，而且就算與其他許多草藥和藥品並用也很安全。

大麻是西藥與天然草藥之間的橋梁，使光譜上所有人齊聚一堂——從最多疑的醫師，到傳統的女巫醫。自然療法醫師、草藥醫師、社運人士、科學研究員、薩滿，以及來自各種背景與信仰的人士，皆可透過某種形式來討論大麻。

不相信替代醫學[5]的懷疑論者，以及好幾年來從未任職於醫療機構的人，因為大麻而開始交

4 編按：Evidence-based medicine，簡稱 EBM。一種醫學診療方法，強調應用完善設計與執行的研究（證據），將醫療決策最佳化。

5 編按：又稱另類醫學，指任何聲稱產生醫療效果，但並非源於科學方法蒐集證據的醫療方式。

流，因為無論你的信仰是什麼，大麻與ＣＢＤ都可能幫助到你。

我同時受過西醫、整合醫學與草藥醫學的訓練，並執業了好幾年，而我治療過數以千計的病患之後，可以自信十足的告訴你，大麻真的很特別。

我調製的藥丸中，沒有任何藥品、藥草或單一成分能像大麻一樣，成為各領域之間的橋梁。大麻再度興起，成為受人重視的醫藥與養生方法，而許多人稱其為「綠色革命」（the Green Revolution），或許並不誇張。

我為什麼相信大麻？因為它治好了我的疼痛

和多數人一樣，我第一次接觸大麻是在某次派對時，有人給了我一根高ＴＨＣ含量的大麻菸（joint）。我有許多朋友都會抽大麻、抽菸與喝酒，算是青少年嘗鮮的一部分。但我至今從來沒抽過半根菸，只有在二十幾歲時首次嘗試大麻——主要是想知道它在紅什麼。

無論在我念醫學院、休閒或其他生活領域，都從來沒有碰過大麻，或許有一部分是因為時常有人灌輸我這個概念：大麻對你的大腦不好，可能會使你變笨，或搞砸學業表現。

所以就算我受過整合醫學的訓練（包含草藥學！）、使用過其他草藥與天然補品，並且教病患冥想、做呼吸運動，我對開立大麻處方還是滿猶豫的。

在醫學院時，沒人教我們大麻其實是一種藥，只說它是「危險」的毒品，儘管自從二〇〇一年後，加拿大的某些病患可以合法取得大麻（我在受訓時也從來沒聽過這件事）。**藥用大麻**

似乎是醫療領域中，守得最緊的祕密。

此外，政府機關也會經常警告醫療大麻的危險性，尤其在早期，他們甚至會告訴醫師別跟病人談論大麻、也不要縱容大麻，然後絕對不要開大麻當處方。

這些警告通常會引用負面、不完整，或者涉及人工合成的大麻製品的研究報告，完全沒討論CBD與THC之間的差別，或提到已經做過的完整研究。這些跟我開給病患的藥是截然不同的東西！

更別說，我這一輩子都在聽大麻的壞話，結果連自己都產生偏見，不相信這種植物會有療效。就算我是受過訓練的自然醫學醫師，我對CBD與醫療用大麻仍然有很深的成見（甚至可說是下意識的），像是：

- 醫療用大麻只是癮君子可以合法吸到嗨的藉口而已。
- 沒有「證據」證明它的療效（政府機關一直這樣宣稱，但其實早就有正面的證據）。
- 它非常容易使人成癮。
- 它會提高人們罹患嚴重心理疾病的風險。
- 它可能對成人的大腦產生不可逆的傷害。
- 它是入門毒品，使吸食者上癮、打亂生活，接著去吸食更強的毒品。
- 它會讓人懶洋洋的。

我有認識一些醫生，會隨意開大麻給病人（比起傳統的處方箋，這樣做其實更像是醫師授權病人使用大麻），而我覺得這根本是亂來。他們只和病人聊個五分鐘就直接開藥，並沒有真正了解大麻（劑量與不同的品種），也沒有指導病人該怎麼使用它。

有人覺得這只是讓醫生更容易賺錢、輕鬆開處方，而我想避免這種事，所以當我開始開立處方時，我把大麻當成整合醫學中的一種介入方式——以更宏觀的角度，配合其他療法使用。此外我也微調了 CBD、THC 的劑量與使用方式，以符合病患的身體與需求。

那麼，是什麼樣的原因，讓我終究同意開大麻當處方？首先是**我的病人**。我親眼看過加拿大鄉村地區的病人，種植並使用大麻好幾年，**用它來替代鴉片類藥物、安眠藥與抗焦慮藥物**。

只要他們調製得當，大麻似乎還挺有效的。他們大多數人都不會抽大麻菸，但會以其他形式使用大麻，像是油或蒸氣。這種「大麻自己種、或者跟別人拿」的方式有個缺點，就是無法預測後果，因為他們只懂使用大麻，卻不懂它含有的 CBD、THC 與其他植物化學成分。

只要運用草藥醫學的原則以及科學方法，我就能夠讓大麻更有效果，並且減少副作用的可能性。基本上，大家都希望有值得信賴的人可以引導他們，而這個人必須通曉現代科學、現代醫學與草藥醫學。

我覺得自己有責任提供協助，尤其是因為我感興趣的領域正是自然與草藥醫學。開大麻給病人的醫生，雖然在許多情況下都幫了病人大忙，但他們多半沒受過專業的草藥醫學訓練，也不夠了解大麻。而我非常幸運，因為我好幾年來都把這些知識，融入自己主要的醫療實務中。

第二件令我改變立場的事情，就是**我自己在一次創傷後罹患慢性疼痛**，接下來你應該猜到了——**大麻幫助我痊癒**（詳見第十二章）。

所以接下來幾年，我開始投入「大麻整合醫學」（這詞是我自創的），並且用這種方式治療過數千名病患。

令我非常驚奇的是，大麻本身與其製成的藥物，開始以超乎我預期的方式，改變病患們的人生。我幾乎每天都會聽到病患告訴我，大麻拯救了他們的婚姻、人生，讓他們與伴侶、兒女、孫子重新產生連結，或者讓他們找回身為「人」的感覺。

我可以老實告訴你，我開過的其他藥品、使用過的草藥療法，都沒有受過這樣的稱讚。看來有一股熱潮正在興起，而我知道它將改變我們對於藥物的認知。

我很高興能在本書中，與你分享我所有關於CBD與大麻藥物的知識。大麻既不是萬靈丹，也不是複雜慢性病的立即解藥，但它絕對是非常有效的藥材，能夠幫助許多正在痊癒路上的患者，並且最好能搭配一套全面的方法，而這也是本書接下來要探討的地方。

強效植物：是藥品，也可以是毒品

在草藥當中，我喜歡把有些植物想成是「強效植物」（power plants）。這些植物具有非常強烈的特性，用途也有好有壞——既能治病，也能害人。它們都很有活性，就算劑量很小也能發揮強烈的效果。

以下是幾種主要的強效植物，它們既被當成藥物、也被當成毒品：

- **罌粟**（poppy）：嗎啡與海洛因的原料。
- **古柯**（coca）：因為古柯鹼而廣為人知，然而安地斯山脈的居民，自古就會咀嚼未加工過的古柯葉，來緩和高山症，幫助他們背著五十磅（約二十二公斤）重的背包爬上山坡。在南美洲，古柯葉也被當成養生茶來販賣，廣泛用於提高專注力，就跟我們喝咖啡的道理一樣。
- **咖啡**：早上來點咖啡因，對某些人來說可以提神醒腦，但對其他人來說卻會影響睡眠與增加壓力。
- **菸草**（tobacco）：尼古丁是人體最容易上癮的物質之一，但菸草也是強效的天然殺蟲劑，並且被美國原住民用於傳統儀式。
- **大麻**：最古老的草藥之一，過去幾千年來，被許多文化用於醫療與靈性目的。到了現代，黑市已培育出ＴＨＣ含量超高的大麻，目的在於娛樂使用。然而大麻也可以培育成ＣＢＤ含量較高（ＴＨＣ含量較低）的醫療用品種，這樣就不會有致幻的效果。

以上列出的強效植物中，罌粟是神經系統鎮靜劑，其他植物除了大麻以外都含有強效的興奮劑。然而大麻不一樣，它可以幫助大腦、神經系統與身體重回平衡與和諧的狀態。根據選擇的形式與品種不同，它可以使人精力充沛，也能使人平靜。它有這麼多種變化，而這也是它既獨特、又能用在多種健康用途的原因之一。

第二章

政府怕、專家說、媒體炒，草藥從此染上臭名

大麻是人類史上最早種植的植物之一——已經有證據證明，人類大概在一萬兩千年前就開始使用它了！數千年來，大麻被用在醫療、靈修與社交等方面，纖維也被用來製作衣服與繩子。

早在大麻籽於天然食品店上架前，就有人會食用種子，因為它富含營養。大麻是全球，也是人類史上最廣泛使用與種植的藥草。根據估計，如今全世界有兩億到三億人，每年至少會以某種形式使用大麻一次。

死忠植物迷或許會想知道大麻是從哪裡來的，根據考古學紀錄，它發源於中亞的青藏高原，最近的「近親」是啤酒花，用來製造啤酒。大麻與啤酒花的植物化學成分有些是相同的，但大麻成為獨立的物種已有三千八百萬年之久。

有種植大麻的地方，人類也會隨之進化。我們將會在第四章看到，大麻的化學防禦系統與人體的其中一個防禦系統，幾乎可以完美搭配，這就是為什麼大麻能夠以各種方式在身體內運作——**基本上人類與大麻是一起進化的**。

大家都以為，直到最近才有醫學紀錄證明大麻的療效，但關於這方面的研究，其實過去兩百年從來沒停過，而且都有紀錄！**一八八〇年與一九五〇年間，關於大麻醫療用途的論文共發表了三十篇以上，主題從經痛與胃潰瘍的治療，到緩解嚴重的慢性疼痛、失眠與憂鬱症都有。**

從二十世紀中期到最近，都是禁止大麻的時代，研究的進展因此突然停止，幸好這門科學以及論文的數量，很快就追上了進度。如果你想讓朋友覺得你很懂大麻，請閱讀接下來的大麻歷史精華篇。

這種植物有個有趣之處，大麻不只是用於醫療而已，它的「臭名」也被用來操作政治，尤其是上個世紀。

二十世紀時，有人因為政治與經濟動機，發起運動反對大麻，使得它從備受推崇的強效草藥，變成危險的入門毒品——這是某位種族主義者不顧科學上的正確性，精心策畫的抹黑。

雖然我話講得很重，但經得起檢驗。當我首度鑽研大麻歷史，並發現其政治方面的過往，我的第一個反應是不相信——我對大麻與ＣＢＤ的知識怎麼可能全是錯的？

我在美國的南卡羅萊納州長大，至今還記得校園的「向毒品說不」（Just Say No）運動，以及「毒品戰爭」，兩者都在年幼時灌輸我對於大麻的深層恐懼。

這個負面的刻板印象，到我念醫學院都沒消除，因為醫學院只會在「入門毒品」這個主題提到大麻，完全沒提它的醫療價值，只提到它「有可能」造成精神病。

無論毒品戰爭還是醫學院，所有類型的大麻都被混在一起，**沒人理解ＴＨＣ（會讓你嗨的化學物質）與ＣＢＤ（完全不會讓你嗨）的差別**，或是大麻的品種之分。這些細節我會在下一章討論，所以想聽完整解釋的話，就再等一下吧。

為了將大麻納入我的處方，我鑽研了大麻的歷史，眼見我們的文化以妖魔化、不科學的觀點，來看待如此有用的醫療用植物，我覺得自己不但被欺騙，甚至是搞糊塗了。

不利於大麻的煽動性言論至今仍然很普遍（甚至連醫學院都這樣），但幸好關於大麻、ＣＢＤ與其醫療用途的研究，最近開始暴增了。不管哪一種用途，大麻都被抹黑得很慘，所以**第一次找我看診的病人，通常都會跟我承認：他們已經偷偷把大麻當成藥物好幾年，用來治療各種疾病**。

之所以這麼做，或許是因為**醫師推薦或開給他們的藥，可能更危險、更容易成癮**，所以他們需要替代品。如今他們終於找到一個可以坦白「大麻這麼多年來對我都非常有效」的醫師，不會遭到評判、被當成罪犯或毒蟲，所以他們通常都感到如釋重負、情緒也得以宣洩。

光是能夠跟醫師認真討論大麻的療效，就已經非常療癒了。這種對話算是幫助病人奪回身體主導權的第一步，畢竟醫療體系經常剝奪病人的自主權，卻又不提供替代方案，就連只是使用高CBD含量製品的人，通常也都覺得很有罪惡感——因為這種製品是大麻製成的。

我的人生志業之一，就是打破人們對於大麻與CBD的罪惡感，因為我認為植物不該有道德標籤（好壞之分）。

中國人八千年前就用於醫療

一萬年前，埃及金字塔都還沒蓋起來時，就有人在日本沖之島的洞窟石壁上，畫了一片很像是大麻葉的東西。因此我們可以合理假設：就連穴居的人類祖先，都可能略懂大麻的效力。

上古時代的日本、中國、美索不達米亞、埃及、希臘、羅馬與印度，都有將大麻用於醫療與靈修的紀錄。沒有使用大麻的古文明，只有新大陸的印加與阿茲特克文化，因為美洲沒有產大麻，直到一六〇〇年代才透過殖民傳入。

中國是已知最早使用大麻的大型古文明之一，早在西元前六千年就開始種植大麻，用於醫療、靈修與宗教目的，其纖維亦可製成衣服，比嬉皮的時髦麻布服裝還早很多。

古代的蘇美人、阿卡德人[1]與埃及人也「參一腳」，把大麻當成治病的藥物，包括癲癇、眼疾，甚至還拿來緩和分娩時的疼痛。後來羅馬人與波斯人也跟進。

不過，跟大麻淵源最深的古文明，應該就是印度了。印度的宗教典籍《吠陀》（*Vedas*）中有提到，大麻（印度稱為「bhang」）是能夠使我們擺脫焦慮的五種神聖植物之一。

人與大麻的長期關係（作為藥物、靈修用具），甚至一直持續到現在——我在一次為期半年的休假期間，前往印度鄉下，向傳統文化的老師學習瑜伽、冥想與「阿育吠陀」[2]，所以我有親身體驗。

在旅行途中經過的聖城，雖然禁止酒類與肉類，但是大麻飲料「bhang」與大麻濃縮物「charas」卻四處可見，尤其常見於苦行僧的流浪修行文化。濕婆（Shiva，印度教三大主神之一）的追隨者不但經常抽大麻並使用它，甚至還會將它分享給停下來與他們坐在一起的路人。

由於拒絕 charas 對某些人來說是很不禮貌（甚至不純潔）的行為，因此各行各業的人，都可能在印度各地的隨便某個街角，與這些苦行僧分享大麻。

有趣的是，一份關於瓦拉納西[3]苦行僧的研究發現，他們長期並適量的使用大麻，並沒有產生任何有害的影響。這並不是說使用大麻沒有任何潛在問題（尤其是THC含量高、CBD含

1 編按：阿卡德帝國，人類歷史上第一個帝國。
2 編按：Ayurveda，意為「長生之術」，印度教及佛教的傳統醫學。
3 編按：位於恆河旁邊的印度教聖城，教徒會在此沐浴、火化，並將骨灰撒入恆河中。

量低的類型，我覺得大多數人都不該使用），但這份研究顯示，使用大麻的風險非常低。

對於苦行僧來說，大麻是神聖的植物，用來幫助他們調整意識狀態。為了這個目的而經常使用大麻，並沒有違反道德規範，不過根據現行的印度與尼泊爾法律，使用大麻是違法的。

印度傳統的草藥醫療體系「阿育吠陀」，已經使用大麻好幾千年。它是調製草藥時的重要成分，用來治療發燒、氣喘、消化問題、焦慮、癲癇與皮膚病等五花八門的疾病。

如果少了這個成分，有許多處方就沒那麼有用了——就好像藥效被拿掉一樣，或許是因為大麻與其他成分的綜合效果消失了。阿育吠陀的從業者們，會遵守「過猶不及」的方法，避免ＴＨＣ含量過高與副作用，因為他們也知道ＴＨＣ太多的話，可能會導致失衡，反而幫不到他們。

中世紀歐洲、鄂圖曼帝國與非洲各地，也將大麻用於各種目的，包括把它當成重要的藥物。雖然美洲沒有產大麻，但一六〇〇年代的歐洲探險家們將大麻帶進美國，成為當地最重要的經濟作物。

事實上，**一六一九年美國還通過一條法律，要求所有農夫都要種大麻；由於它太有價值，有些州還把它當成貨幣使用**。直到一七五三年，卡爾．林奈（Carl Linnaeus，現代生物分類學之父，也被認為是現代生態學之父之一）才替大麻取了名字，也就是我們知道的「Cannabis sativa」（大麻的學名）。

維多利亞時期（約一八三七年到一九〇一年）英國人的道德規範非常嚴格，但他們並不介意將大麻用於醫療，而且有許多報告顯示，當時的醫師會使用大麻治療焦慮、失眠與分娩時的疼痛等症狀。不列顛群島與美國各地的藥房都買得到大麻，它用來治療咳嗽、頭痛與癲癇等各種疾病。

雖然現在仍有許多醫師聲稱，沒有任何西方醫療刊物曾記載大麻的實際應用，但是早在一八六〇年，弗龍米勒醫師（Bernhard Frommüller）的研究指出，他利用大麻的萃取物改善了一千名病患的睡眠週期。此外，同年代也有許多報告指出，大麻可用於治療憂鬱症與焦慮症。

為什麼變成管制藥物？種族政策與經濟因素

在二十世紀剛開始時，大麻的前景還是挺光明的。一九〇一年，英國皇家委員會的報告做出結論：大麻「相對來說是無害的」，不需要禁止它。

現代西藥之父威廉・奧斯勒（William Osler）也非常同意這個結論，並使用大麻來治療偏頭痛，獲得了不錯的效果。但與此同時，醫師與政府開始意識到鴉片類藥物是一把雙面刃（可以緩和劇烈疼痛，但也會上癮），也發現大麻使用過量會對人體有害，就跟其他強效植物一樣。

當時的大麻酊劑[4]，效力並沒有標準化，而且甚至沒人知道THC是什麼。所以基本上，開大麻當處方完全就是在猜效果。

美國許多州都開始限制大麻酊劑的取得管道，就像鴉片類藥物與醫療用古柯鹼一樣，因為

4 編按：以乙醇為溶劑的植物或動物材料提取物。

他們擔心這些藥物的潛在危險與遭人誤用。

為了這個理由而監控大麻製品，其實既合理又科學。到目前為止，對於大麻的主張都非常理性，因此沒什麼問題。到了美國的禁酒時期（Prohibition Era，一九二〇年至一九三三年期間美國推行的全國性禁酒），人們開始以不科學且令人困惑的角度，看待歷史悠久的大麻。

由政府撐腰的媒體以及民眾發起的運動，**社會開始反對大麻**，某種程度上或許可追溯至「大麻種植者」和「棉花農夫與伐木業」的競爭。當時有個理論：**因為大麻可製成纖維與紙類，有可能取代木材與棉花**。這使得其他產業備感威脅。

關於這段故事還有一條線索，就是**大麻在非裔美國人與墨西哥人的社會文化中都被廣泛使用**。當時的美國政府既有種族歧視又反對移民，主流報紙則杜撰「有色人種」會利用毒品玷汙與攻擊白人女性。這些報導把大麻抹黑成傷風敗俗的社會威脅，還將它賴給非白人團體。

禁酒時期結束之後，情況又變得更複雜。經濟大蕭條（Great Depression，一九二九年～一九三九年全球性的經濟大衰退）中期，一位名叫哈利．J．安斯林格（Harry J. Anslinger）的官員受到指派，成立一個新的政府部門：聯邦麻醉藥物管理局（Federal Bureau of Narcotics，簡稱ＦＢＮ）。

這個新部門需要資金，而安斯林格覺得大麻是個撈錢的好機會。安斯林格被公認為美國毒品戰爭的發起者，而大麻正是他的頭號敵人。《大麻瘋》（*Reefer Madness*）是ＦＢＮ贊助的電影之一，現在可以在 YouTube 上找到。

除了電影中的角色似乎都被大麻搞瘋，犯下強姦與謀殺等令人髮指的罪行外，劇情也描述

圖表 2-1 比大麻更致命的物質，便利商店就買得到

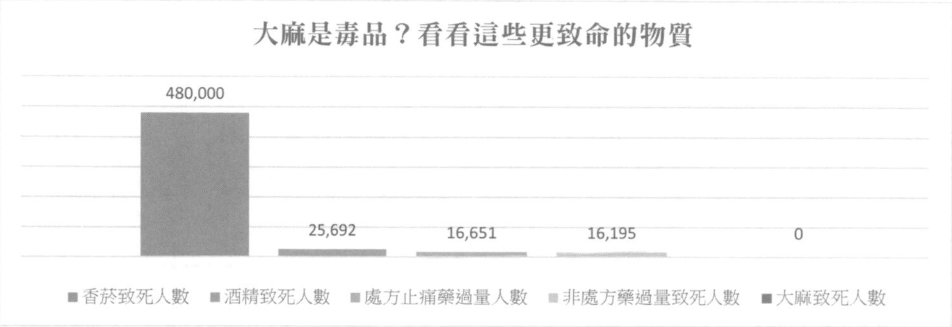

資料來源：美國疾病預防與控制中心（2010）。

* 列出的酒精致死人數不包括間接原因，如胎兒酒精症候群、交通事故和凶殺。

** 列出的大麻死亡致死人數不包括交通事故等間接原因。

非白人族群是如何利用大麻，使年輕的白人墮落。

這一波反大麻運動非常成功，不但讓社會大眾對大麻感到恐懼，還替新設立的FBN募到不少資金。這一切等於在為一九三七年的「大麻稅法案」（Marihuana Tax Act of 1937）鋪路——不過當時也受到美國醫學會（American Medical Association）的反對。

這條法案讓大麻在全美國都被列為違法藥物，因此醫師不可能再把它當成藥物來開處方。值得一提的是，禁酒時期結束後，美國與其他西方國家卻完全洗刷了酒類的汙名。**酒類造成的健康問題與社會問題明明比大麻還多，卻沒有如同大麻一般的命運**（見圖表2-1）。

一九六一年，大麻再度遭受巨大打擊，而且是來自一個意想不到的組織——聯合國。聯合國完全無視當時最新且最有公信力的科學研究，決定將大麻歸類為危險藥品，與麻醉藥物、鴉片類藥物（例如海洛因）和古柯鹼同類。

這項決定似乎是基於經濟與政治理由，與科學或公共衛生無關。安斯林格就這項議題向世界衛生組織提出建議，使他們覺得大麻「沒有現代醫療價值」。

值得玩味的是，安斯林格既不是科學家也不是醫生，他只是律師出身的政客。那麼英國對此有什麼相應的舉措？一九六八年，英國政府研究過大麻之後，斷定「長期且適量的使用大麻，並不會產生有害的影響」。儘管如此，到了一九七一年，《英國藥典》（*British Pharmacopoeia*）還是在一夕之間將大麻除名並重新分類，使它成為「沒有藥用價值」的毒品。

因此在一九七一年後，英、美兩國幾乎不可能因為「醫療目的」而研究大麻。這種情況一直持續到最近幾年。

美國有三十三州合法，荷蘭是除罪化的先驅

一九七〇年代中期至末期，由於荷蘭政府將大麻除罪化，使人們對它的態度有所改善，一九八八年，美國緝毒局（DEA）判定大麻有醫療效果，應該重新歸類為良藥，但這項建議又被忽視了好幾年。

一九九六年，加州破例讓愛滋病、癌症與其他疼痛嚴重的患者，合法使用醫療用大麻。大麻終於贏了一回！這就是「大麻復興」的開端。

一九九三年至一九九六年之間，歐盟多數會員國都讓種植工業大麻（THC含量極低）合法化，而美國則於二〇〇九年跟進。

圖表 2-2　全球醫療用大麻的法律地位

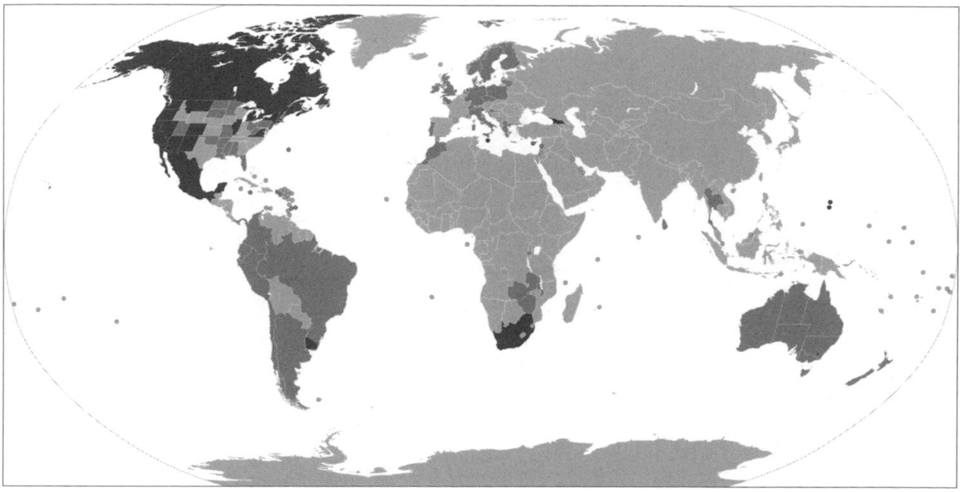

■合法，但須經醫生授權。　■合法，適用於任何用途（例如加拿大、烏拉圭）。

資料來源：維基百科，Jamesy0627144 - Derived from BlankMap-World.svg and BlankMap-World6-Subdivisions.svg.。

二〇〇一年，加拿大的病人可以合法取得醫療用大麻；而英國則於二〇一八年跟進，讓醫療用大麻合法化（見圖表2-2）。

在我寫這本書時，加拿大與美國十一個州已經讓成人合法使用娛樂用大麻（使用時不必有醫療處方），此外，美國有三十三個州已讓醫療用大麻合法化。越來越多歐洲國家也正在推動醫療用大麻合法化，而且到目前為止的成果似乎都很正面，沒有人被大麻搞瘋！

就連某些非常保守的亞洲國家（像是馬來西亞、泰國[5]），都將醫療用大麻合法化了；幾年前你假如身上帶了一丁點大麻，就可能吃一輩子牢飯。看到人們對於大麻的態度改變這麼多，實在令我很驚奇。

很顯然，**讓大麻以藥物之姿重返主流的原動力，來自於病人與大麻擁護者，而非醫師。**

現在既然你已經知道大麻的由來，就讓我們來一探究竟，看看它為什麼這麼「有事」？

5 編按：泰國在二〇二〇年後放寬醫療用大麻相關規定，逐漸邁向全面合法，是亞洲先驅。

第三章

除了 CBD，還有一百多種大麻素等著我們發現

還記得你小時候必須熟記動植物的分類，以及動植物是怎麼歸類於某一個「屬」（比較大群）與一個「種」（比較小群）嗎？如果不記得就別費心了，但假如你很好奇，以下是大麻的系統分類：

科：大麻科（Cannabaceae，啤酒花也是這一科）。

屬：大麻屬（Cannabis）。

種：大麻（Cannabis sativa）。

亞種：印度大麻（Cannabis sativa ssp. indica）、尋常大麻（Cannabis sativa ssp. sativa）、莠草大麻（Cannabis sativa ssp. ruderalis）。

科學家仍在爭論大麻各品種的分類方式，在之後的章節我會簡化資訊以方便你記憶，並使用現實生活中標籤與製品上的用詞，引導你該怎麼選購工業大麻製成的ＣＢＤ油或產品。如果你有當地的合法醫療管道，還可以購買醫療用大麻油或大麻乾燥花。

接著我來簡單介紹一下大麻：

毛狀體：大麻素的工廠

毛狀體是細小、有黏性、像樹脂一般的毛（見圖 3-1），覆蓋著大麻的葉子與雌性花。毛狀體其實是對抗昆蟲、真菌、動物與太陽紫外線的防禦機制。

植物通常都有精明的防禦系統，因為它們不像動物一樣可以逃離危險，所以會打造一個「堡壘」，並且做好被圍攻的準備，以求自保。

大麻的神奇之處就在於毛狀體，因為它們會產生大麻素。若想在只能合法種植工業大麻的地區，以穩定持續的方式生產 CBD 油，那麼最好的方法，就是培養樹脂含量較高（毛狀體更多）的新品種工業大麻，因為它的 THC 含量很低。

大麻受到的壓力越大，毛狀體就會產生越多大麻素。農夫通常會改變溫度、溼度、紫外線曝曬與光照量，藉此施壓於大麻，同時以科學方法變更其它生長條件，以獲得更多大麻素收成——這表示 CBD 會變多，而假如它是 THC 含量高的品種，那麼 THC 也會變多。

花是大麻素含量最多的部位，但葉子也會生產少量大麻素。至於根、莖、種子則幾乎不含大麻素。

圖 3-1　產生大麻素的毛狀體。

雌性與雄性大麻

大麻素（以及 THC、CBD 等上百種有效植物化學成分）**最密集的源頭，就是雌性大麻未受精的花**（見下頁圖 3-2），又叫做「精育無籽大麻」（sinsemilla）。如今，人工種植的大麻（亦即並非野生），無論是醫療用還是娛樂用，都是

圖 3-2　雌性大麻花。
資料來源：維基百科，Cannabis Training University。

雌性的。

雄性大麻會被剔除，以防止雌花受精。這是因為花一旦受精，就不會再生產醫療用大麻素了（假如種的是讓你嗨的娛樂用大麻，那麼高 THC 含量的樹脂也同樣會停產）。

當你讓雌性大麻遠離雄性，雌性大麻就會覺得自己必須繼續找伴。所以它會持續產出更多富含大麻素的樹脂，吸引雄性大麻來授粉給它，這樣它就可以散播種子（也就是植物版的做愛與生殖）。

種植者會將雌性大麻隔開，這樣他們就可以一次又一次的，採收花上面富含大麻素的樹脂。在許多情況下，現今種植的雌性大麻是從一株「母親」複製來的，並不會受精。

有一次講座結束，一位擁護大麻的社運人士，跑來跟我說他很擔心。他覺得上述這種利用雌性大麻、不讓它真正「做愛」的方式很不道德，因為可憐的雌性大麻會一輩子都「欲求不滿」。好吧，這也是一種看法！

植物大麻素：超過一百種成分，可能都對人體有幫助

截至目前為止，大麻內已知的超過七百種植物化學成分中，植物大麻素（phytocannabinoid）這個類別的相關研究最多，因為它們會影響人體健康。

至今科學家已鑑定出一百二十種植物大麻素。其中最有名的就是ＴＨＣ與ＣＢＤ——它們是兩大天王。不過除了它們之外，還有其他數十種植物大麻素會影響整體健康，只是我們對這些植物大麻素的了解，並不如兩大天王。

大麻素是「親脂性」的，也就是喜歡脂肪、討厭水。所以假如你是口服，而不是透過肺部吸收或皮膚貼片（類似戒菸用的尼古丁貼片，只是換成ＣＢＤ）來吸收，就會比較難進入體內。不過，現代高科技製造的產品，也可以增加口服的吸收度。「提高ＣＢＤ的吸收度與生物利用度」，這個領域本身就是嶄新且令人興奮的科學（詳見第五章）。

常有人問我，除了大麻之外，還有其他植物會製造植物大麻素嗎？答案是有！紐西蘭有一種生長於野外的蘚類植物，也會製造植物大麻素，其中一種大麻素類似ＴＨＣ，叫做「反式四氫大麻酚」（trans-THC），是市面上常見的合法致幻藥品。

蘚類植物作為外用藥物已有數百年的歷史，它除了能幫助割傷與燒傷痊癒，傳統上也用來治療肺結核、神經痛與癲癇。

用於抗病毒與抗感冒的植物性補品紫錐花，它所產生的成分也會作用於我們體內的ＣＢ２

大麻素受體[1]，進而與免疫系統互動，這就是紫錐花治好感冒的方法之一！

如果以植物學的觀點來看上述這些例子，會發現一件有趣的事實：完全不一樣的植物會產生一樣的化學成分，而人類數千年來都把它們當作藥物使用。

大麻怎麼製造大麻素？

大麻會先製造出「大麻萜酚酸」（cannabigerolic acid，簡稱 CBGA。萜音同「貼」），它是大麻素之母，之後會經由一些酵素與途徑轉換成其他大麻素，包括 CBD 與 THC。CBD 與 THC 的酸形態，結尾都有個「A」：大麻二酚酸（cannabidiolic acid，簡稱 CBDA）與四氫大麻酚酸（tetrahydrocannabinolic acid，簡稱 THCA）。

生的大麻在加熱之前，CBD 與 THC 就是處於酸形態。所以**你生吃大麻的花或葉子，並不會嗨起來（THCA 跟 THC 不同，它不會使人中毒）**。

不過這種酸形態也有醫療價值。我就有病人在加拿大鄉間種植大麻，然後把生大麻葉榨成汁，當成早餐來喝。現在讓我們來認識一些最有名的植物大麻素，以及比較不有名但同樣有趣的「遠親」。

THC除了讓你快樂，還能消炎止痛

說到大麻，THC是人們最先想到的植物化學成分，因為它會讓你感到快樂、陶醉；而高劑量的娛樂用大麻，效果尤其明顯，畢竟這些品種都是為了娛樂，以數年時間培育出來的。事實上，有些THC含量低的品種還被取名為「嬉皮失望」（Hippie's Disappointment），因為它們缺乏令人感到快樂的要素。過去四年來，大麻的娛樂用效力大幅提升，因為人們對於THC的渴望越來越多。

一九六〇年代末期，美國街頭上販賣的大麻平均只有一%～三%的THC，可是如今有些品種居然有二〇%，甚至更高！

這些THC含量高的「超強效」品種，對於某些先天對THC敏感的人來說，增添了額外的風險，尤其這些品種的CBD含量極低，而CBD能夠緩和THC的副作用。

所以一般來說，就連醫療用的處方，都會建議你先使用THC含量低、CBD含量高的大麻品種（關於大麻預防措施的完整討論，請見第六章）。

THC會鎖定我們腦內與體內的特殊受體（CB1與CB2受體）。它是這些受體的「部分致效劑」——亦即會啟動這些受體的一部分。

之所以會有很「嗨」的感覺，主要是因為THC對於腦內某些區域（像是快樂中樞、平衡

1　編按：主要存在於人類的免疫系統中，在脾臟中密度最大。

中樞與記憶中樞（海馬迴））的CB1受體產生作用，光是低劑量就足以抑制杏仁核的懼怕反應。不過在高劑量時，THC反而會使某些人焦慮（詳見第九章）。但THC不並只是讓我們很「嗨」的化學成分而已，如今已有越來越多證據顯示，它也有顯著的藥性。

這些藥性早在上古時代就被人發現，正如我們在第二章看到的歷史，但直到現代，科學才終於藉由動物證實這些效果，並在最近才藉由人類證實。THC的藥性包括：

- 緩和疼痛（鎮痛藥）。
- 抗發炎作用。
- 保護腦部免受毒素所害（神經保護作用）。
- 肌肉鬆弛劑（解痙藥）。
- 抗噁心。
- 食慾促進劑。
- 協助治療創傷後壓力症侯群（抑制懼怕反應）。
- 促進睡眠。
- 使人平靜、放鬆（劑量少，通常與CBD並用）。
- 抗氧化劑。
- 抗腫瘤作用（用於某些癌症，目前主要以動物為對象；雖然研究結果大有可為，但要轉換到人類身上尚嫌太早）。

- 減少青光眼的眼壓。

CBD可以減壓、抗焦慮、憂鬱，但不會上癮

大麻中第二常見的植物大麻素是大麻二酚，簡稱CBD（如果只算沒有毒性的大麻素，它就是最常見的）。它的作用方式，主要是啟動大腦、身體與免疫系統內的神經傳導物質（化學信使）系統。

這包括了作用於血清素[2]、香草素以及其他數十種類型的受體，以改變大腦與身體內的化學信使，進而影響壓力、發炎與免疫功能等一切事物。

經常有人問我，CBD是否會成癮？停止服用時是否會出現戒斷症狀？我很樂意向你保證，並沒有這些風險。**CBD既不會出現戒斷也不會上癮，就這樣**。

我倒是偶爾會看到有人因為出國幾個星期，無法服用CBD油（就連工業大麻製成的CBD油，在跨越國境時也會很麻煩，所以最好別帶著它飛行），使他們的焦慮與其他症狀復發（像是發炎或關節痛）。但這只是恢復原狀而已，因為他們體內沒有CBD，當然就無法有效治療這些毛病。

2 編按：普遍認為血清素是幸福和快樂感覺的貢獻者，掌控多種神經傳導物質，並調節多種荷爾蒙的分泌。例如調節食慾、記憶、認知功能、睡眠、情緒控制等。

就目前所知，CBD並不能永久治癒焦慮或疼痛，所以假如你停止服用，症狀通常就會復發。話雖如此，有些人只要身體整整六個月都很舒服、安穩，他們就不必再定期服用CBD來解決壓力或焦慮等問題。

假如CBD使他們能夠開始冥想、睡得更好，並養成其他習慣讓大腦擺脫焦慮，以新的大腦網路覆蓋舊的（會焦慮的那個），那麼以後就更不需要CBD了。

CBD的療效非常好，本身就有很多藥性。舉例來說，大麻素藥品「Epidiolex」幾乎就是純CBD，是獲得許可、能夠治療兒童癲癇的製品。純CBD療法有其優點：它是受到許可的藥品，醫師跟病人都比較習慣使用，而且它必須符合超高的品管標準。

不過，**CBD假如與少量THC一起服用**（亦即CBD含量高的醫療用大麻與其製品），**效果似乎會更好**，這有可能是因為CBD與其他大麻素的綜合效果。然而這些全譜製品[3]，很難標準化成為一體適用的藥品，而且它們在某些地區是非法的，除非不含THC。CBD的藥性包括：

- 抗腫瘤作用。
- 神經保護特性。
- 鎮痛特性。
- 抗焦慮與憂鬱。
- 抗精神病作用。

- 抗痙攣。
- 抗氧化劑。
- 抗噁心（若與ＴＨＣ一起服用，對某些人來說效果最好）。
- 抗皮脂與抗痘作用。
- 抵消ＴＨＣ中毒與ＴＨＣ副作用（對於作為處方的醫療大麻來說，這是非常實用的特性，因為病人需要ＴＨＣ治療嚴重的症狀，但不想感到醉意）。

還有更多令人期待的大麻素，等著我們發現

大多數的大麻品種內，其他大麻素都比ＣＢＤ與ＴＨＣ少很多。然而，有越來越多新種植的品種，就是為了增加本來含量很少的大麻素，以利用其醫藥與養生方面的潛力。

接下來幾年內，我們很可能會看到更多，針對不同的疾病、以各種大麻素製成的養生與醫療製品。

現在這類研究多數仍處於動物與試管階段，只有一些初步的人體研究在進行中。但截至目前為止的初步發現，似乎非常有望解決許多健康問題。其他值得深入了解的關鍵大麻素如下：

---

3 編按：full-spectrum，意指除了ＣＢＤ外還包含其他大麻素。

・CBG：大麻素之母

大麻萜酚（cannabigerol，簡稱CBG）是「大麻素之母」CBGA的無酸形態。在許多品種中，CBG的含量都不多，但已經有人在種植CBG含量高的品種，提取CBG以利用其藥用價值（減少會讓CBD轉化成其他大麻素的酵素）。

CBG油已開始跟CBD油一樣，作為健康補品在美國、加拿大與英國販售，只是認識它並知道它怎麼服用的人，比CBD油少很多。截至目前為止，CBG在動物實驗與培養皿中展現的特性如下：

- 抗腫瘤作用（某些類型的腦癌，包括膠質母細胞瘤，以及乳癌）。
- 抗發炎特性。
- 抗菌特性。
- 抗真菌。
- 舒緩疼痛。
- 抗憂鬱劑。
- 外用時能有效治療乾癬。

・THCA：THC的前驅物，可抗肥胖

THCA是THC的前驅物[4]，但不會使人中毒。生的大麻裡頭就能找到它，雖然很難取

用，但是這種技術正在進步，而且我也已經將ＴＨＣＡ油用在某些病人身上，搭配以ＣＢＤ與ＴＨＣ為主的醫療用大麻。ＴＨＣＡ的藥性包括：

- 抗發炎。
- 抗痙攣。
- 一些抗腫瘤作用（見於體外實驗與動物實驗）。
- 預防肥胖引起的代謝疾病。

• CBDA：CBD的前驅物，有抗癌作用

ＣＢＤＡ是ＣＢＤ的前驅物，可在生的大麻中找到。在製造時，它比ＣＢＤ不穩定。截至目前為止，ＣＢＤＡ在動物實驗中展現出藥性，但我們不曉得它對人體的作用。ＣＢＤＡ的藥性包括：

- 抗噁心。
- 抗發炎。
- 一些抗癌作用（見於體外實驗與動物實驗）。

4 編按：一種可以參與化學反應的化學物質，其反應結果是生成另一種化學物質。

・CBN：幫助休息與睡眠

大麻酚（cannabinol，簡稱 CBN）在新鮮大麻中含量極低，而且是 THC 分解後的產物，所以大麻越老，就會有越多 THC 轉換成 CBN。

它可能造成類似 THC 的輕微中毒（雖然沒有 THC 嚴重）；可是就目前看來，它比 THC 更能使人鎮定，因此很適合製成夜間的醫療用大麻製品，幫助休息與睡眠，以及減緩疼痛。它的特性包括：

- 鎮靜劑。
- 促進睡眠。
- 抗菌。
- 鎮痛藥。
- 抗發炎。
- 抗痙攣。
- 外用時能有效治療乾癬與燒傷。

・CBC：與其他大麻素協同，更有效果

大麻環萜酚（cannabichromene，簡稱 CBC）是比較次要的大麻素，由於缺乏人體研究，

我們對它所知有限。但截至目前為止的動物研究顯示，它可能也有藥用價值。

它或許不像CBD那樣直接作用於大麻素受體，但會以其他方式作用於大腦與身體，所以與其他大麻素並用時，會因為協同作用而更有效。它的特性包括：

- 抗癌作用（見於體外實驗與動物實驗）。
- 抗發炎。
- 本身能鎮痛，而且與THC並用時，能強化THC緩和疼痛的效果。

• THCV：仍處研究階段，或許能改善大腦老化

四氫次大麻二酚（Tetrahydrocannabivarin，簡稱THCV）也是次要大麻素，由於它對動物有抗肥胖效果（也就是減重），而被幾家製藥公司注意到；它也可能對人類有效，只是研究尚在非常初期的階段。

THCV沒有毒性，而且對動物似乎還有其他作用，可能會影響失智症這類大腦老化疾病。它的藥性包括：

- 對骨骼成長有正面作用。
- 或許能減少阿茲海默症的斑塊。
- 食慾抑制劑。
- 減重。

・抗發炎。
・鎮痛藥。

・CBDV：治療腸道發炎

有些品種的大麻會製造次大麻二酚（cannabidivarin，簡稱CBDV），它也是無毒性的。根據動物與培養皿人體組織實驗，CBDV的特性似乎最有望抑制腸道發炎，進而協助治療發炎性腸道疾病。CBDV的藥性包括：

・抗痙攣。
・抗噁心。
・減少腸道發炎。

大麻根：全新領域

雖然大麻的根部沒有大麻素（所以你無法從根部獲得CBD或THC），但它本身有許多祕密（傳統上有人用它來治療痛風）。近期的研究已發現，根部含有許多無毒但實用的物質：類萜（terpenoid）、固醇（sterol）與其他抗發炎化學成分。研究根部用途，或許是接下來的重要課題！

萜烯——最神祕的植物化學成分，香味、療效都有關

你有想過新鮮柳橙為什麼這麼香嗎？或者為什麼法國薰衣草如此好聞？這種美妙的植物香味（有時很刺鼻），來自一群名叫「萜烯」（terpenes）的植物化學成分。

它們可說是各種植物的精油，包括大麻；在樹木、水果與花朵中也可找到。大麻至少含有一百四十種（可能接近兩百種）萜烯，根據品種而有許多不同的結合方式，產生的味道可能像刺鼻的泥土味，也可能像清新的柑橘味。

不過，萜烯並不只是人類的「香味糖果」；它們還能夠保護植物免受蟲害，並且吸引授粉者。特定品種大麻中的萜烯，會依照該品種的基因及生長條件而定，像是土壤與天氣，因為這種植物化學成分，會適應不同的環境，這也是它們生存與茁壯的方式。

萜烯是在毛狀體（樹脂腺）內製造的，未受精的雌花含有濃度最高的萜烯（跟大麻素同樣情況），所以大麻花的氣味會比葉子還強烈。

雖然我從來沒抽過娛樂用大麻，但我很喜歡大麻的香味，它是我最喜歡的植物香味之一；在加拿大（大麻是合法的）執業的我，有時會把它當成藥用薰香來使用——不過房間要通風。這種香味已經被許多文化的宗教、靈修儀式使用了好幾千年，包括古巴比倫文明[5]。

雖然萜烯在 CBD 製品中含量較少，但它們就算濃度很低，也似乎能夠影響我們的大腦與

5 編按：位於現今伊拉克地區，其歷史可以追溯到西元前二三三四年的阿卡德帝國。

身體。萜烯的濃度只要有〇・〇五%就算高了。根據動物實驗，就算血液中的萜烯濃度低到難以檢測，它們還是能夠大幅改變動物的行為。

萜烯具有脂溶性，它們能夠跨越血腦屏障[6]，直接影響大腦；假如我們藉由霧化器[7]吸入醫療用大麻或含有CBD的大麻花，或者使用「穿皮貼片」這類特殊方式來吸收大麻素（不只是貼到的皮膚會吸收，而是吸收到血流[8]裡頭），那麼效果會更明顯。

食用或消化含有萜烯的CBD或大麻製品（例如全譜CBD油或大麻油），似乎也可能以多種途徑作用於腸道，進而抗發炎與緩和痛覺。然而，目前仍缺乏人體實驗證明其真正的作用方式。

至於其他植物（像是銀杏）的萜烯則是藉由口服吸收，在大腦中同樣有生物活性。特定類型的萜烯，如單萜（monoterpene）或許還能使THC跨越血腦屏障，有效作用於大腦。

萜烯跟大麻素一樣都是親脂性，所以**大麻藥物與CBD油最好與含有脂肪的菜餚一起服用**，這樣就能吸收得更快（至少理論上是如此）。高科技配方藥品也能夠強化吸收、減少藥效發作所需的劑量。不過請記住，每個人的反應都會有點不一樣。

除了產生大麻的氣味，萜烯的獨特組合，再加上CBD與THC的比例，也讓每個品種的大麻都有不同的專屬效果。

全譜CBD油與醫療用大麻油的製程中，最常採用的方法叫做「二氧化碳萃取法」，可能或多或少會減損萜烯的含量（除非採用非常專業的配備）。而且最終製品的萜烯含量也很難測量，但還是會殘留一些，甚至還可能增加，除非這個製品標榜是「CBD分離物」（CBD isolate）。

就我看來，**最有效的CBD養生製品應該是全譜CBD**（因為裡面包含了萜烯與其他次要大麻素），而不是純CBD分離物製品；根據我的經驗，純CBD製品通常效果較差，因此需要更多劑量。

假如THC在你的地區不合法，再來就是「廣譜」（broad-spectrum）CBD製品了，因為它移除了THC，但保留其他大麻素。CBD分離物製品比全譜或廣譜CBD製品便宜不少，所以它經常被當成養生產品來販售，而且偷偷標榜「純」這個字，對消費者來說可能更動人。

接著讓我們來看看養生與醫療用途中，最常見且最有趣的萜烯。這絕對不是完整的清單，但是養生效果最廣為人知的那幾種，都有涵蓋在內。

月桂烯：與CBD結合能使人非常放鬆

月桂烯（Myrcene，又稱香葉烯）是大麻中最常見的萜烯之一。醫療用大麻中，CBD含量最高的品種（通常用來製造全譜CBD油），也含有許多月桂烯，使這些品種具有鎮靜作用。

光是CBD本身不一定會使人鎮靜（雖然許多焦慮的人覺得它有這種效果），但只要與月

---

6 編按：指在血管和腦之間，有一種選擇性阻止某些物質由血液進入大腦的「障壁」。

7 編按：藥物給藥裝置，透過該裝置患者可以將霧狀藥物吸入肺部。

8 編按：blood stream，體內循環的血液。

桂烯結合，那就會讓人很放鬆——放鬆到白天不能用！

曾經有使用醫療大麻的病人，以及CBD養生製品的客戶和我分享，只要油的劑量較多，他們就會想睡覺；後來我才知道，哇！原來他們使用的製品都富含月桂烯。

亦可見於：啤酒花、尤加利樹、芒果、百里香、柑橘、檸檬草、月桂葉；藥效為消毒、鎮痛、保肝、抗菌、抗真菌、抗發炎，或許能保護腸胃（治療胃潰瘍）[9]。

β－石竹烯：最適合治療發炎性疾病

β－石竹烯（Beta-caryophyllene）是我最喜歡用於治療發炎性疾病（像是關節炎）的萜烯之一，此外它也能治頭痛。除了大麻，泰國羅勒（又稱紅骨九層塔）也富含這種萜烯——所以我很喜歡用這種草藥來保健身體，或對抗發炎與壓力。

亦可見於：胡椒、肉桂、丁香、啤酒花、羅勒、牛至；藥效為抗發炎、鎮痛、抗菌、抗真菌、抗腫瘤、保護腎臟。

芳樟醇：薰衣草的香味來源

芳樟醇（Linalool）就是薰衣草這麼香的原因，它也是許多外用止痛製品的成分之一。

亦可見於：薰衣草、柑橘、月桂樹、樺樹、紅木；藥效為局部麻醉特性（適合做成外用的止痛藥膏）、助眠、抗憂鬱劑、抗焦慮、免疫調節特性、鎮痛藥、抗痙攣、抗痘。

蒎烯：有機會治療阿茲海默症

蒎烯（Pinene，蒎音同「派」）是前景非常看好的萜烯，它可以輕易跨過血腦屏障，直接影響神經系統。除了抗發炎與抗微生物的作用，它就跟其他許多萜烯一樣，有獨特的能力可以避免THC造成短期記憶受損。有趣的是，THC與蒎烯結合在一起，可望治療失智症與阿茲海默症。

亦可見於：松針、針葉樹、鼠尾草；藥效為抗發炎、抗微生物、抗病毒、抗腫瘤、緩和THC對短期記憶的影響、治療氣喘（支氣管擴張劑）。

蛇麻烯：可預防THC造成的食慾增加

蛇麻烯（Humulene）會抑制食慾，而許多THC含量高的大麻品種，反而會刺激食慾。以醫療用大麻治療疼痛嚴重的疾病時，若使用蛇麻烯含量較高的品種，可協助預防THC造成的「嘴饞」或食慾增加。

亦可見於：啤酒花、香菜；藥效為抗發炎、抗菌、消除疼痛。

D－檸烯：振奮情緒，能抗憂鬱與焦慮

D－檸烯（D-limonene）能夠振奮情緒，所以選用D－檸烯含量較高的大麻品種，對於憂鬱

---

9 作者按：本節列舉的所有萜烯藥效，主要出自已經發表的動物實驗研究。

症與情緒低落很有幫助。

亦可見於：柑橘皮、杜松、薄荷；藥效為抗憂鬱劑、抗焦慮、舒緩胃食道逆流、抗真菌。

類黃酮

類黃酮（Flavonoids）這種植物化學成分，會決定大麻與其他植物的顏色，而它們對人體也有藥性，跟它們對植物的功用一樣：預防紫外線與疾病。例如槲皮素（Quercetin）是黃色的類黃酮，也是大麻中含量最豐富的類黃酮之一，亦可見於番茄、紅酒與漿果。

根據體外實驗與動物實驗，它具有抗癌、抗氧化與抗病毒的特性。也有些類黃酮只專屬於大麻，例如「大麻類黃酮 A」（cannflavin A），具有強大的抗發炎效果。

森林浴

松樹林中的森林浴，在日本變得很受歡迎，因為它能紓解壓力，並使人振奮情緒。松樹中最主要的萜烯叫做「α- 蒎烯」（alpha-pinene），已知其具有抗憂鬱的特性。α-蒎烯含量高的大麻品種，不但適合振奮低落的情緒，而且還能幫助記憶！

隨行效應，極致的草藥綜效

隨行效應（entourage effect，又稱協同效應）是草藥醫學中一個公認的理論：當植物化學成分結合在一起時（它們在植物中自然會結合），彼此合作產生的療效，會比單純加總起來還大。

我在研究怎麼結合草藥以獲得更強大的效果時（遠在我開大麻與CBD當處方之前），隨行效應就是我最先學會的事情之一。不只大麻有這種效應，所有草藥都有。

中醫的草藥也是這樣作用的，因此它們很難轉變成只有單一成分的藥品。然而大麻光是本身的效果就已經非常強大，就算與其他草藥相比也非常出色。

比方說，CBD本身就是很好的天然抗癲癇化學成分，也是藥品Epidiolex的主要成分——此藥品獲准治療某些類型的兒童癲癇。服用Epidiolex的病童中，大約有半數病童的癲癇發作次數減少了五〇%。但也有些病童對此藥沒有反應，或是藥效並不好。

不過，當他們服用CBD含量高的全萃取大麻油、並搭配少量THC與THCA時，他們的反應又改善了——在這些臨床案例中，**CBD如果有結合其他成分，效果會比本身還要好。**

我也有許多病人跟我說，他們對某種人造THC藥品沒有反應（例如大麻隆〔nabilone〕、屈大麻酚〔dronabinol〕），或是出現許多副作用。當我開始在處方中加入含有THC的全譜大麻油，只要找到正確的品種或產品，他們的症狀幾乎全都會改善，而且副作用也都消失了（就算有也很輕微）。

由於之前服用THC藥品的糟糕體驗，他們通常不太敢嘗試任何大麻藥品。但我跟他們解釋，當你取出植物中最毒的化學成分，將它做成藥品，卻沒有其他植物化學成分緩和它或是與它合作，就可能提高副作用的發生率，而且對於症狀（通常是治療癌症時產生的慢性疼痛或噁心）的療效也不如預期。

雖然嚴格來說這麼做並不準確，而且會讓植物學家氣瘋，但美國與加拿大的醫療用大麻製品、合法的大麻藥房製品，皆使用「尋常大麻」與「印度大麻」標示系統。

不用處方即可購買的工業大麻製CBD養生產品，通常不需要這套系統，但你偶爾還是會看到這兩個名詞。這套系統是為了要幫助你知道，這項產品會讓你放鬆、鎮靜，或是令你振奮、有活力；因為大麻的品種不同，效果也不同。

假如你只有這種指南可參考，那麼理論上標示「印度大麻為主」（indica dominant）的產品，應該較適合讓人放鬆、冷靜，亦即晚上與睡覺時使用；另一方面，「尋常大麻為主」（sativa dominant）的產品，應該較適合於早上與白天使用，因為它能振奮情緒，甚至還會稍微增加精力與動力。

其實純的尋常大麻製品與印度大麻製品，都已經不復存在，因為經過多年的雜交繁殖後，現代的大麻品種多半都是混種。不過還是可以透過大麻的外觀，來分辨尋常大麻與印度大麻。

典型的尋常大麻，葉子較窄，而且整株又高又瘦。它們起初自然生長於亞洲的熱帶地區，例如泰國與越南等國家。

典型的印度大麻品種又矮又胖，葉子較寬。它們最初生長於阿富汗與巴基斯坦地區，被人拿來製作「哈希」[10]。因為它們的大小與形狀使人更容易採收花上的樹脂，以製作哈希油。

而目前的問題在於，由於基因雜交與混種，一般來說，你不再能夠藉由大麻的葉子、高度或外觀來預測它會有什麼效果。

然而，許多病患還是用這種方式從藥房挑選產品（畢竟這幾乎是唯一的標示方式），而且還說這樣總比完全沒有系統好。

第三品種：莠草大麻

有些大麻科學家堅稱，除了尋常大麻與印度大麻之外，應該還要有第三個亞種：莠草大麻。其他科學家則認為，莠草大麻其實是尋常大麻品種中的一個亞種，並不需要自成一個類別。莠草大麻是在一九二四年於西伯利亞南方被人發現。

它的 THC 含量極低，但是 CBD 與 CBN 的含量較高（CBN 似乎也能用於治療疼痛與睡眠）。莠草大麻品種還有個獨特之處——它會「自動開花」（autoflower）。

其他種類的大麻，每天必須至少十二小時暴露在黑暗中，才能將其從休眠（植物性）階段觸發至開花階段，但莠草大麻不必這樣也會開花。

10 編按：hash，由印度大麻榨出的樹脂，作為醫藥和毒品使用可以追溯到至少西元前三千年。

純種大麻已不存在，化學型分類更好掌握藥效

還有另一種比較科學的方法，可預測某個品種的效果，那就是觀察它實際的化學結構。科學家稱其為「化學型」（chemovar）[11]，這是一種分類法，以特定植物與品種含量最豐富的化學成分為基礎。

你可以把化學型想成植物的指紋，每株植物都是獨一無二的。就算你用的種子（或複製品）都是同一個品種，但只要在不同的條件下種植它們，最終的「植物指紋」就會略有差異。雖然**植物的基因一樣，但後天條件不同，而後天條件構成了最後的化學型**。假如你想種出化學型全都相同的植物，不但一開始就要選擇相同的品種，還要在同樣的條件下種植它們。這就像讓同卵雙胞胎從出生就分開，然後以截然不同的方式養育；他們應該會發展出不同的人格，甚至連長相都開始不同。

然而，重要的可不只是一開始的基因而已。假如你買了曾經試過的大麻品種，但是種植者不一樣，或者同種植者但不同批貨，它對你的效果就可能有點差別。如果是娛樂用大麻、自家種的大麻與黑市大麻，這個問題就更嚴重，因為你通常完全不知道它的「指紋」。

就算是醫療用大麻也不好分類，大麻的分類正在邁向化學型分類法，以協助將藥用品種與最終產品標準化，這樣每一批貨都會接近一致，並且更好預測它們對人體的效果。

近幾年來，已經出現數千種版本略為不同的化學型，這是因為人類在不同條件下種植植物，

並且為了特定的特性繁殖它們——就像番茄有好幾十種，顏色、風味與植物化學成分都略微不一樣。

第一型～第三型化學型

在化學型分類系統中，植物學家與醫療研究人員將大麻分為三類：第一型、第二型與第三型。這分類是依據大麻的「THC／CBD」比例而定，不考慮其他植物化學成分、萜烯或其他次要大麻素——這就是為什麼只分成三組而不是上百組，因為系統只列入兩種主要的大麻素。醫師很喜歡這種分類法，因為這能讓他們知道，有某些品種可能會產生類似中毒的效果。THC越多、CBD越少，毒性就越高。此系統如下所示：

- 第一型：THC為主的品種（CBD含量極低）。
- 第二型：CBD與THC含量相同、或幾乎相同的品種。
- 第三型：CBD為主的品種（THC含量極低）。

11 作者按：化學型有時也被稱為「栽培品種」（cultivars），因為它們是為求特定特性而栽培（繁殖與生長）的植物。但是為求簡潔，我在後文一律以「品種」（strains）稱之。

以萜烯為基礎的化學型分類法

還有一個更近期提出的品種分類法，以萜烯種類為依據。有些研究人員已基於三種主要的萜烯替品種分類：檸烯、月桂烯、萜品烯（terpinolene）。有些研究人員則提議使用 α－蒎烯、β－石竹烯、檸烯來分類。

這些分類系統的重點在於：現代替大麻品種與類型分類的趨勢，已經逐漸捨棄「尋常大麻與印度大麻」的概念，改以主要植物化學成分為依據，包括「ＣＢＤ與ＴＨＣ」以及「萜烯」兩個方向。這種分類法讓大家能夠更了解特定品種的實際效果，也是更科學、更準確的大麻分類方式。

除了藥用，工業大麻還能清潔核汙染後的土壤

工業大麻品種多半是雄性（不開花）或雌雄同體，因為它們不會生產太多ＴＨＣ[12]，但會在葉子內製造少量ＣＢＤ，就跟雌性大麻花一樣。

從另一個角度來說，你必須採收更多大麻，才能獲得同樣數量的ＣＢＤ，以及其他非ＴＨＣ的次要大麻素。而大多數的工業大麻品種，ＣＢＤ含量只有三．五%左右。

相較之下，醫療大麻品種的雌花（刻意培育成ＣＢＤ含量高的品種），ＣＢＤ含量可能高達一五%～二〇%。這是個必須克服的難題，因為用一百株大麻去做十株大麻就能辦到的事情，對地球與醫學都不是好事！幸好植物學家解決了這個問題，他們培育出新的高ＣＢＤ品種，含

量高達一〇%，但THC只有〇．二%或〇．三%，所以還是符合工業大麻的標準。

目前許多國家只能合法種植THC含量低的工業大麻品種，因此你在英國與美國市面上看到的CBD製品（不需要醫療處方即可購買），都是來自這些品種。

另一方面，假如你的處方上寫著CBD含量高的醫療用大麻油（在加拿大與美國某些州，這些製品現在也已經可以直接購買了），它通常是由未受精的雌花製成，所以THC含量會比工業大麻CBD油高一點（大約〇．五%或一%），但應該不足以讓大多數人嗨起來（只是凡事都有例外，有些極度敏感的人可能會感受到作用）。

不過，由於植物遺傳學與種植方式的進步，也有人發明新品種，既能製造大量CBD，又能讓THC含量低到符合工業大麻的標準。科學家們仍在分辨工業大麻品種與THC高於〇．三%的大麻品種，在基因方面有什麼明確的差別。

兩個類型有許多基因是重疊的，不過相較於過去幾十年來，以娛樂市場為目標而繁殖的高THC含量品種，工業大麻品種的基因庫有稍微大一點。

無論生產全譜油的CBD是來自哪裡，重要的是萃取法不能產生有害的化學成分。基於這個理由，使用加壓二氧化碳的「二氧化碳超臨界萃取法」（supercritical CO_2 extraction），被公認是最佳方法之一，比使用丁烷與己烷之類的溶劑（可能留下有毒殘留物）還好。

假如CBD來自CBD含量高的雌花，那也可以使用簡單的酒精或油萃取法，而且比其他

---

12 作者按：THC含量必須低於〇．二%（英國）或〇．三%（美國）才算是工業大麻。

溶劑安全。由於隨時都有人在開發更新、更好的萃取法，所以或許過不了多久，二氧化碳萃取法就不會是大規模萃取時最好的選擇了。

工業大麻也有非醫療與非養生用途，例如製作衣服、紙張、紡織品、繩子、大麻塑料、大麻電池與生物燃料，而種子則被當成健康食品販售。

然而在**車諾比核災之後，當地也種植了工業大麻來「生物修復」（也就是清潔）土壤**。這是因為工業大麻有「生物累積」的特性——它能吸收土壤的毒素，並將其儲存在自己體內。

全世界都會使用工業大麻，清潔遭到重金屬與其他毒素汙染的土壤。所以**你一定要知道你用的 CBD 油是從哪來的，並且確認它是否有通過汙染物檢測，因為有毒土壤種出的大麻，不適合給人使用**。

所有工業大麻製的全譜與廣譜 CBD 油，皆應經過獨立實驗室測試，確保最終產品沒有毒物殘留。

第四章

人體本身就有
維持健康的大麻素

既然已經了解大麻本身，是時候來探討身體對各種大麻的反應了。科學家已經發現，**我們體內天生就有類似大麻反應的系統，叫做「內源性大麻素系統」**（endocannabinoid system，簡稱ECS）。

我們的ECS控制了腦內與體內一些最重要的生理、心理與情緒功能，從身體運動、疼痛控制、免疫系統，到心理健康、睡眠、腸胃功能甚至腦部保護，幾乎全包了。我並沒有誇大ECS的功能，上述這些重要的機能，都是藉由控制「體內平衡」（亦即人類腦部與身體的整體平衡）辦到的。

儘管ECS對許多人來說是個謎，但它可是至關重要的構造，不下於內分泌系統（控制荷爾蒙）、腦內啡系統（製造讓我們舒服的化學物質）以及其他使身體正常運作的主要結構。**若要維持身體健康、避免重大疾病，內源性大麻素系統或許是最重要的系統之一**。「endo」指的是「我們體內」，「cannabinoid」則是類似大麻中CBD與THC的化學成分，因此「endocannabinoid」便是我們體內自然產生的化學物質（至於THC與CBD這些來自植物的大麻素，則被稱為「植物大麻素」，我們在第三章已經談過了）。

ECS扮演的主要角色，可以簡化成「吃、睡、放鬆、保護、遺忘」五個面向：

- 吃：影響食慾、對食物的代謝、胰島素調節，以及其他許多與食物相關的代謝功能。
- 睡：影響睡眠清醒週期以及不同睡眠階段。
- 放鬆：影響神經系統放鬆、歸於平靜的能力，並協助平衡腦內負責鎮靜的化學物質，像是γ-氨基丁酸（gamma aminobutyric acid，簡稱GABA）。這等於是在保護人體免於過度警覺（hyperarousal）與焦慮，協助神經系統自己平靜下來，使得我們能管理慢性壓力，不讓它變得有害。

- 保護：調節免疫系統，對抗外來侵略者（例如來自細菌與病毒的感染）與內在威脅（癌症、自體免疫性問題），並保護大腦免於中毒與發炎，協助調節健康的「細胞程序性死亡」[1]。
- 遺忘：**幫助大腦與身體度過創傷性事件與恐懼記憶，治癒創傷與降低壓力**，這樣我們才不會一直卡在「戰鬥或逃跑」模式[2]。創傷後壓力症候群（PTSD）的患者，通常就是這部分出問題，所以醫療用大麻對這些患者非常有幫助。

ECS的重點在於協助維持大腦與身體內部的一切平衡。它甚至對於女性的生殖與骨骼健康都很重要。最重要的是，就跟其他任何身體系統一樣，除非它出現問題，否則我們不會查覺到自己的內源性大麻素系統；它就像呼吸，我們只會默默做這件事，只有在試圖憋氣時才會有感覺。

大多數時間，它就只是安靜的產生平衡作用，沒有人會特別感謝它。不過根據近期的研究，有許多疾病與症狀，可能與內源性大麻素系統異常有關——例如慢性疼痛、纖維肌痛、焦慮與

1 編按：多細胞生物中的細胞按照預定程序集體自殺的行為，許多癌症其實就是這個機制出問題。

2 編按：感知生存受到威脅時做出的生理反應。

憂鬱症、多發性硬化症與阿茲海默症等神經退化性疾病、癲癇、慢性頭痛、大腸激躁症、發炎、自體免疫性疾病等，不勝枚舉。

當ECS沒有正常運作時，只要透過大麻油、大麻花或其他方式，攝取大麻中的大麻素（像是CBD、THC或其他數百種次要大麻素與萜烯），就能夠恢復平衡、緩和症狀，而且沒有嚴重副作用。

簡言之，當體內某功能失衡時，大麻可以幫助ECS重回正軌。所以**就算你這輩子沒有聽過CBD油，也沒抽過大麻，你的身體還是要仰賴自己的內源性大麻素，才能正常運作**，並保持健康、快樂與平衡。

內源性大麻素系統在三十年前才發現，所以它的相關研究跟其他身體系統的知識相比，還算是非常新。大多數醫師還對它一無所知，而我在醫學院時也沒學過；當時的教授不把它當一回事，而且至今許多頂尖的醫學院還是這樣！

人類並非唯一擁有內源性大麻素系統的物種，其他所有動物（甚至魚類）也有，而且重要性不下於人類；因此我給自己的奧斯卡貴賓犬服用CBD，治療牠的分離焦慮症[3]，結果CBD的效果立竿見影，就跟治療人類的焦慮症一樣。

這個天生的系統能夠識別大麻素，因此來自大麻的植物大麻素，對於我們身體與大腦方面的問題非常有療效。好像**我們生來就是要把大麻當作藥物**似的，這一點從「現代藥品有超過半數是來自植物」這個事實就可看得出來。

讓我們回到一九六四年，嬉皮運動在以色列如火如荼的展開，有一位名叫拉斐爾・梅舒勒姆（Raphael Mechoulam）的好奇科學家，想要解答一個單純的問題：「大麻的哪個成分會讓你嗨起來？」結果他找到了，並且將這種植物大麻素取名為四氫大麻酚，也就是THC。

所以現在我們知道很「嗨」的感覺是THC造成的，但更大的問題是，THC與其他的植物大麻素，實際上如何在我們大腦與身體內運作？這直到一九八〇年代晚期仍舊是個謎。

後來有人在人體內發現了第一個大麻素受體，並取名為「CB1受體」，漫長的研究才暫時畫下句點。

食慾、疼痛、情緒、記憶，全身上下都有大麻素受體

CB1受體其實是身體製造的一種蛋白質，作用就像給植物THC連接的擴充基座。這讓植物THC可以和大腦與身體「溝通」，並跟我們本身的ECS互動！所以CB1受體這項發現，是鐵一般的科學證據，證實人類有自己的內源性大麻素系統；它主要由三個部分組成：

1. 受體：它們就像連結用的基座，而我們最了解的兩種受體是CB1與CB2（第三種暫時命名為CB3）。

2. 內源性大麻素：在我們體內自然產生類似大麻素的化學物質，會與受體溝通。最主要的

3 編按：離開家裡或依附對象時，產生過度的焦慮。

兩種叫做「2-花生四烯酸甘油酯」（2-arachidonoylglycerol，簡稱 2-AG）與「花生四烯乙醇胺」（anandamide）。

3. 酵素：我們體內有兩種酵素會與內源性大麻素互動。第一種酵素負責構成體內的內源性大麻素化學物質，第二種酵素則會在內源性大麻素完成任務後，將它分解然後擺脫它。

直到一九九〇年代，整個內源性大麻素系統還是個未知領域，雖然人體日常生活的基本功能都要仰賴它，我們卻對它一無所知。自從發現 CB1 受體後，我們又找到了 CB2 受體（可能還找到 CB3 受體），而且還有很多我們不知道的東西，藏在大腦與身體內，等著華麗登場！

重點在於，無論是來自植物的外來大麻素（植物大麻素），還是體內自己產生的內在大麻素（內源性大麻素），它們都會待在遍布大腦與身體的 CB 受體（連結基座）內。

大腦、神經系統、主要的器官、結締組織、腺體、腸道、免疫細胞、甚至骨髓內都有 CB 受體。它們在各部位各司其職，整體使命是維持體內平衡，無論在哪裡作用、或怎麼作用。

它們的職責就是維持平衡、保持平靜，在生活壓力下，以幕後首腦之姿，平穩的運作大腦與身體。如果它們有口號，那應該是：「保持冷靜，繼續前進」[4]。

大麻素會協助平衡神經傳導物質（血清素與多巴胺[5]之類的大腦化學物質）、荷爾蒙與免疫細胞的流動。這項任務既重大又複雜，而且我們尚未完全搞懂它實際上是怎麼運作的。

但我們知道，當 ECS 沒有正常運作時——假如系統出了問題，沒有製造足夠的大麻素、製造的位置不正確，或 CB1 與 CB2 受體失衡——就可能導致許多看似不相關的問題，因為神經系統、免疫系統的整體流動與平衡已遭到干擾，然後身體就變得一團混亂。

這種混亂可能會以許多不同的形式浮現，像是憂鬱症、焦慮症、睡眠問題、慢性疼痛、免疫失調、腸胃問題、食慾改變，甚至神經疾病與腦炎……多到舉不完。這是因為ＥＣＳ涵蓋腦內與體內其他許多訊息與化學系統，並協助調節它們。

我們也發現內源性大麻素對於疼痛信號有重大的影響，而纖維肌痛這類疾病，就是身體預設的疼痛信號太強所致。**我在治療纖維肌痛的症狀時，發現大麻與ＣＢＤ是最有效的藥材**；相較之下，目前市面上幾十種藥物、補品、心理治療以及改變生活方式，都沒有太大的療效。

調節體內平衡、壓力就靠它

我們體內自行產生的內源性大麻素「雙寶」（也是目前我們最了解的兩種），分別是2-AG與「花生四烯乙醇胺」。「anandamide」這個字出自梵語的「ananda」，意思是「內心喜樂」。這個名字取得真好！因為**花生四烯乙醇胺的任務，就是為你的神經系統創造平衡與喜樂**。2-AG與花生四烯乙醇胺一旦完成任務，就會被特殊的酵素分解，然後細胞內會再製造一批新的。

4 編按：Keep Calm and Carry On，出自第二次世界大戰開始時英國政府製作的宣傳海報，原計畫在納粹德國占領英國後，用以鼓舞民眾的士氣。

5 編按：多巴胺（dopamine）最重要的功能是讓大腦產生「獎勵機制」，主要負責大腦的情慾、感覺，傳遞興奮及開心的訊息。

分解花生四烯乙醇胺的酵素叫做「脂肪酸醯胺水解酶」（fatty acid amide hydrolase，簡稱FAAH），分解 2-AG 的酵素有三種：「單酸甘油脂肪酶」（monoacylglycerol lipase，簡稱MGL）以及「α／β水解酶結構域」（alpha／beta hydrolase domain，簡稱ABHD）。

這些細節不必太在意，只要記住最重要的事情：**我們的身體不必借助外力，就能製造類似大麻素的化學物質**，然後分解它們。**就像身體也能夠製造其他重要的荷爾蒙（例如雌激素與睪酮）與大腦化學物質（例如血清素）一樣**。

內源性大麻素與CBD、THC之類的植物大麻素，在腦內以一種特殊的規則運作，這規則叫做「逆向信號」（retrograde signalling）。大麻素會避免「突觸前神經元」（presynaptic neuron）發送信號時太興奮，亦即它們會阻止大腦細胞一次釋出太多大腦化學物質（例如讓大腦太快充滿血清素、多巴胺或GABA）。

你可以**把內源性大麻素想成神經系統與免疫系統的調節開關**，它們有點像去派對臨檢的警察，在某人的轟趴突然湧進一千人、變得太吵鬧時就會出現。

他們會控制人數——對你的大腦、身體與神經系統絕對是好事，因為沒有人會希望自己家裡突然湧進一千個人！不過這支特警隊也會確保派對人數夠多，讓賓客剛好足夠填滿舞池，這樣派對才不會白開。

當派對警察或調節開關沒有正常運作時，你就中了「興奮性毒性」（excitotoxicity）——過度刺激或是大腦化學物質的訊息過度興奮，可見於癲癇與神經疾病患者。避免過度興奮，是植物大麻素減少前述疾病症狀的方式之一。

在其他許多情況下（像是慢性壓力、焦慮、PTSD與自體免疫性疾病），**當我們的內源性大麻素無法靠自己維持平衡時，植物大麻素（THC與CBD）之類的外來助力，或許能幫它們一把。**

杏仁核、海馬迴、小腦……大腦中都有大量受體

CB1受體主要出現於大腦與中樞神經系統，在處理情緒記憶、恐懼、疼痛、快樂、心情、生理平衡與人類基本動力（如食物與性愛）的大腦區域中，更是能找到大量CB1受體，像是基底核、杏仁核、邊緣系統、海馬迴與小腦，在此僅列舉一小部分。

我們自己製造的花生四烯乙醇胺，以及來自大麻的THC，都能夠緊密依附於CB1受體，簡直就是天作之合。

當花生四烯乙醇胺或THC與CB1受體待在一起時，也會對大腦的其他化學物質（例如掌管快樂的荷爾蒙——血清素）產生多重作用。THC或花生四烯乙醇胺啟動CB1受體時，能夠振奮心情、減少焦慮與壓力反應、緩和疼痛、啟動大腦的快樂中樞，以及增加食慾。

啟動CB1受體，也會影響其他許多更高階的大腦功能，像是學習、記憶與平衡，甚至還能保護大腦細胞免於中毒與發炎。

當你吸入或食用THC含量高的大麻，尤其是沒有足夠的CBD可以緩和其作用時，THC就會纏上CB1受體，造成中毒。這種來自毒品或植物化學成分的作用，被科學家稱為

「致精神錯亂作用」（psychotomimetic effect），也就是覺得很嗨，或對事物的知覺暫時改變。為了減少，甚至消除這種毒性或怪怪的感覺（對某些人來說是很不舒服的），你可以添加CBD，它會幫你緩和這種作用。

CBD是所謂的「負向異位調節物」（negative allosteric modulator，簡稱NAM），講白一點，就是它能夠減少THC的中毒作用。而它似乎是藉由減少CB1受體對THC的反應能力來辦到這件事。

以上就是用較專業的科學去解釋CBD為什麼能緩和THC的中毒作用。所以在THC劑量相同的情況下，**只要你添加CBD，就不會像只服用THC時那麼嗨**。基於我們目前的知識，這種NAM作用也能解釋為何CBD對內源性大麻素有平衡效果——它通常能協助調節神經系統各處的CB1受體。

因此，我在開立處方時最常用的醫療大麻品種，通常都富含CBD。娛樂用大麻品種的THC含量很高，但CBD含量很少或完全沒有，因為培植它們的主要目的，就是讓人感到開心。**這些黑市與娛樂用品種，因為缺乏CBD，可能會讓某些人覺得不舒服或煩躁**。假如保持正向的情緒平衡對你來說很困難，或你以前曾經受憂鬱症或焦慮所苦，那更是不能碰！

還有一招能夠減少THC的中毒作用，這可以追溯到西元十世紀的波斯——在服用THC後喝檸檬汁或萊姆汁。柑橘（以及某些大麻品種）含有一種叫做D-檸烯的植物化學成分，可能會影響THC對受體的作用，不過近期沒有人去詳細研究這件事（因為目前應該沒什麼人會資助這種研究）。

添加CBD也能大幅減少，甚至消除高劑量THC造成的短期記憶受損（也就是「吸到茫掉」）。然而，THC本身並不是壞東西。事實上，**小劑量的THC（尤其與CBD並用時）可以發揮極大的療效，減少失眠、焦慮、PTSD症狀、經痛與各種慢性疼痛**，甚至還能振奮憂鬱症患者的情緒（見第十章）。

假如正確使用，THC還有其他許多超強的能力，尤其當你的花生四烯乙醇胺在CB1受體沒有正常運作，而你的體內系統需要推一把時。THC啟動CB1受體所產生的作用，似乎也能保護神經，尤其是在頭部受傷後。這與許多人的預期剛好相反！

在許多情況下，微量THC搭配CBD製品服用也非常有效果，而且不會讓你很嗨，但只有在THC醫療用大麻合法的地區才能這樣做。

對許多病人而言，這是一線曙光

CB2受體遍布於全身——免疫系統、腸道、骨髓、生殖器官、泌尿道與內分泌（荷爾蒙）系統，以及大腦的海馬迴（記憶與學習中心）。

有一種叫做「微膠細胞」（microglia）的大腦輔助細胞，以及其他腦細胞內也有CB2受體，它們會協助防止中毒、發炎與腦細胞過早死亡。

基本上，CB2受體遍布於各部位，但我們對它們所做的事情僅略知一二。比起CB1受體，2-AG更喜歡CB2受體，所以它通常都待在這裡。

THC 也會依附於免疫系統內的 CB2 受體，對受傷與發炎做出反應；它就像天然的消炎藥，效果是阿斯匹靈的二十倍、氫化可體松（效果很強的消炎類固醇）的兩倍。

CBD 是大麻內最主要的無毒化學成分，頂多只會稍微依附於 CB1 與 CB2 受體，它的作用主要是透過其他管道發揮。

它會依附於其他許多受體，強化細胞信號傳送（細胞溝通與傳送訊息的方式），並且作用於電壓門控離子通道[6]、蛋白激酶通路[7]、血清素受體與香草素受體通路，以及「孤兒受體」——我們知道其存在，卻不完全明白依附它們的蛋白質是哪些。

CBD 有點像鬧脾氣的叛逆青少年，不太想去父母要他們去的地方，例如學校或奶奶家。它偶爾會拜訪 CB1 或 CB2 受體，但不會待太久。它喜歡造訪其他許多地方，然後在那裡待著，甚至還會在晚上溜出家門，不知道跑去哪裡！

它還會在 CB1 與 CB2 受體產生與 THC 相反的作用，藉此減少其中毒作用，所以它不但能平衡 THC，甚至還能強化 THC 對大腦與身體的藥效。

CBD 的作用就是平衡整個內源性大麻素系統（你也可以把它想成管弦樂團的指揮），**在必要時協助調整系統的強弱**。

總而言之，植物的 CBD 似乎能協助調節大腦與身體內，四處流動的花生四烯乙醇胺與 2-AG 數量。CBD 在我們體內產生的複雜平衡／協調作用，對草藥來說其實稀鬆平常，只是 CBD 的效果比大多數草藥都好。

含有植物化學成分的草藥，能夠一口氣在大腦與身體內產生超多不同的作用，而我幾乎沒聽過有哪種人工藥品，也具備如此強大的效力。這種在廣泛區域產生作用的能力，正好能解釋CBD與大麻藥物為什麼能有效解決許多問題，例如可以協助治療癲癇、發炎、焦慮甚至粉刺等症狀！

不使用大麻藥物的醫生以及懷疑大麻的人，通常會跟我說：「我不相信大麻能當成藥物，講得它好像能治百病一樣。」或是：「一樣東西不可能對這麼多問題都有效！它一定是被那些吸到茫掉的人，過分炒作成奇蹟神藥。」

不過，既然我們已經知道，內源性大麻素系統所控制與互動的區域非常多樣化，那我們就能輕易明白，大麻「如何」與「為什麼」能夠治療這麼多截然不同的問題與症狀。

由於內源性大麻素系統是經過證實的生物系統，而且每個人體內都有，所以**不相信大麻素，就等於不相信科學**。幸好許多人（包括醫師）在聽過大麻素如何作用，以及其科學原理之後，想法就漸漸改變了。

事實上，我認識的醫師多半都很開放、有好奇心，並且願意摸索大麻、將其列為療法的選項之一，因為有些病人試過世界上所有藥品之後，已被認為無法治療。**對於許多「無藥可救」的病人，大麻可能是一線曙光**。

---

6 編按：在神經細胞和肌肉組織等興奮性細胞中著至關重要。

7 編按：蛋白激酶（protein kinase）負責體內蛋白質的磷酸化。蛋白質的磷酸化決定了蛋白質的構造和活性，影響細胞內訊息傳遞過程，以對外在刺激作出適當反應。

內源性大麻素缺乏症候群

伊森．魯索博士（Dr. Ethan Russo）是美國臨床研究員、大麻藥物的先驅，以及執業神經內科醫師。他著手調查並發表了突破性的研究論文，指出內源性大麻素缺乏症候群，可能涉及的許多常見症狀。

這些疾病不只神經內科醫師，連普通科醫師都會碰到，例如：大腸激躁症、偏頭痛、纖維肌痛與其他「難治型」（treatment-resistant）慢性病症；這些症狀似乎會立即對醫療大麻產生反應，相形之下其他藥品就沒有這種快速效果。

我在執業時發現這個推斷非常正確。身為整合醫學的醫師，我專攻這些類型的疾病，而且常聽到病人跟我說他們已經「試過一切方法」，受這些疾病所苦的病人，許多都因為對醫療大麻有所反應，因此改變了人生。

就算我使用大麻治療病患已有好幾年，它依舊時常令我驚奇。除了這些特殊的疾病，我發現大麻也能幫助患有慢性疲勞症候群，或粒線體功能異常（這些病會使人無法耐受運動與壓力）的病人——假如他們之前試過的方法幾乎都沒用的話。

內源性大麻素活動過度

有幾份研究探討了內源性大麻素過多的問題——它們會藉由影響代謝、飽足感與飢餓訊號，導致肥胖、甚至形成第二型糖尿病。我們越餓就會越想吃東西，體重也跟著增加，而脂肪組織可能會觸發惡性循環、產生更多大麻素，導致體重再度增加、對於食物攝取的控制力再度減少。

除了讓人有想吃更多東西的衝動，內源性大麻素過高似乎也會影響身體處理糖與脂肪的方式，可能導致我們血糖變高與罹患第二型糖尿病。腸道菌群的差異，可能也會改變內源性大麻素的濃度，進而影響代謝，但我們尚未揭曉所有答案。

吃蘿蔔、巧克力也能增加體內大麻素

除了透過大麻添加CBD與THC之類的植物大麻素，還有其他方法也能提高或支持天然的內源性大麻素濃度。

有氧運動

有氧運動可以增加我們的天然花生四烯乙醇胺以及腦內啡——後者或許是引發「跑步者高潮」（runner's high）[8]的原因之一（這也是參加跳舞派對的好藉口）。

可可與瑪卡

用來製成巧克力的可可，本身也是健康補品；而瑪卡（Maca，印加蘿蔔）的根則是高人氣健康補品與健康食品的成分。這兩樣東西都會影響內源性大麻素系統。

8　編按：運動超過某一階段後，因腦內啡分泌頓時覺得非常愉悅。

所以當你有壓力時，會很想吃巧克力；而添加瑪卡粉的飲品，甚至會讓某些人更活蹦亂跳，連性慾都增加了——因為內源性大麻素系統負責照顧的另一件事情，就是我們的性慾。

可可與瑪卡都會對內源性大麻素系統產生作用，阻止名叫「脂肪酸醯胺水解酶」的酵素，分解天然的花生四烯乙醇胺，這樣花生四烯乙醇胺就會殘留久一點。講白一點，**食用可可或瑪卡會使我們大腦與身體內，流動更多類似大麻素的天然化學物質**。

其他草藥

還有其他幾種草藥也能影響內源性大麻素系統，像是紫錐花內含的化學成分「烷基醯胺」（alkylamide），以及地錢（這也是藥用植物）內含的大麻素。還有一種植物「卡瓦醉椒」（kava）的根，數百年來也被南亞文化用來治療焦慮與助眠；它也會與內源性大麻素互動。

蘿蔔

不起眼的蘿蔔含有一種化學成分，能在CB1受體發揮「反激動劑」（inverse agonist）的作用，簡單來說就是它做的事情與THC相反。

這表示狂吃蘿蔔可以減少THC中毒嗎？不太可能，除非你吃了好幾千根！但蘿蔔裡頭確實有這種化學性質。我們的飲食，會深刻影響內源性大麻素系統的運作方式，這對於營養醫學來說是全新的領域！

高 Omega-3、低 Omega-6 食物

有些初步證據顯示，若採取 Omega-3 較高、Omega-6 較低的飲食習慣，可以改善內源性大麻素系統的整體功能、減少發炎、以及協助平衡 CB1 與 CB2 受體的活化。

攝取富含 Omega-3 脂肪酸食物的最佳來源就是高脂魚（鮭魚、秋刀魚、鯖魚）；Omega-3 的素食攝取來源，相較之下效率較低，例如大麻籽、亞麻籽、奇亞籽、核桃、酪梨、黑醋栗籽油與琉璃苣籽油，這些都可以當成補品食用。

西方人的飲食習慣，容易攝取過多 Omega-6 脂肪酸，像是混合植物油、蛋、肉、點心，以及大多數的「健康」食品[9]。

人體內 Omega-3 與 Omega-6 脂肪酸的最佳比例應該是一比一，但大多數的現代飲食都接近一比二十。我建議食用小隻的野生（非養殖）高脂魚，並補充磷蝦油或純的 Omega-3 魚油。

人造的大麻素

除了我們體內的內源性大麻素與天然的植物大麻素，還有第三種大麻素能夠吸附於我們的大麻素受體，但它們並非天然，而是人造或合成大麻素。最有名的合成大麻素就是大麻隆以及屈大麻酚。

然而，這些藥品只含有 THC，缺少大麻中含有的其他上百種植物成分。因此它們的效果

9 作者按：此處泛指低脂低糖、但通常有添加人工甜味劑的食品，如健怡可樂。

比不上天然大麻素，而且副作用也比較多，畢竟全萃取的大麻藥品，是從精心挑選的品種中製造出來，目的就是要配合患者的個人狀態與症狀。同時嘗試過兩者的病人，給出的回饋都是合成的效用比較差，而我的臨床經驗也是如此。

另一種合成大麻素是非法毒品，被稱為「香料」（spice）。天然大麻非常安全，但「香料」很危險，甚至有毒。它通常會被加進街頭販售的大麻裡頭，讓抽的人更嗨。

來路不明的黑市大麻最好不要碰（這可不是只有法律問題而已），因為你永遠不知道裡面有什麼成分。

當我們的內源性大麻素系統出了問題……

每個人的內源性大麻素系統都有點不一樣——你可以把它想成指紋。我們知道有許多複雜的慢性症狀、甚至晚期疾病，都與功能異常的內源性大麻素系統直接相關。

這個系統在失衡時，有可能是太亢奮（內源性大麻素太多）或太低落（內源性大麻素不夠）。體內平衡系統失調所導致的問題，從癲癇、憂鬱症到心臟病無所不包，其中包括：

- 情緒障礙：像是焦慮與憂鬱症。
- 思覺失調症。

- 偏頭痛與慢性頭痛。
- 癲癇。
- 自閉症。
- 心血管疾病。
- 自體免疫性疾病：類風溼性關節炎、克隆氏症（見第三三七頁）等。
- 慢性疼痛：例如複雜性局部疼痛症候群。
- 多發性硬化症。
- 亨丁頓舞蹈症（一種遺傳性疾病，症狀包含不協調、不穩定的步伐，並導致腦細胞死亡）。
- 帕金森氏症。
- 經前症候群、經前不悅症與經期症狀。
- 慢性噁心。
- 動暈症（如暈車、暈船等現象）。

第五章

如何服用？口服、軟膏、貼片、陰道吸收

CBD與醫療大麻有許多形式，經常使人不知所措、難以入門。我有許多病人與客戶就搞不清楚，哪些有效的製品可以直接購買（以英國為例：工業大麻製成的CBD養生產品），哪些則必須持有醫生的處方（以英國為例：含有一些THC的醫療大麻）。

我們先從CBD講起吧[1]。CBD最棒的地方之一，就是它對大多數人來說都很安全，尤其是藥房賣的低劑量CBD製品。當我開立醫療用大麻製品給病人時，都會從低劑量開始，因為假如低劑量就有效的話，可以替他們省點錢。

但我也用過高劑量，例如每天超過一百毫克，控制癲癇患者的發作次數。CBD實在太安全，有些研究甚至一次給健康的受試者服用六百毫克（比我開的高太多了），而這些健康但焦慮的成人，體內沒有任何副作用。

就算你從健康食品店買了工業大麻製的CBD油，然後整瓶喝下去，副作用大概也只有傷到荷包而已（當然囉，我不建議你這樣做）。

就連保守的**世界衛生組織**（認定醫療安全與否的首席權威），都**在二〇一七年宣稱CBD對人類的毒性很低，並不會造成公共衛生風險**[2]。一想到大麻直到最近還是被妖魔化，你就知道這個聲明有多麼重大。

一般來說，CBD含量越多，其製品價格就越貴，不過這也要看它用的是哪種CBD，以及身體容易吸收的程度，這些都會大幅影響它的效果。

比方說，高科技的穿皮貼片或吸入式的CBD花製品，都是比較好吸收的CBD形式，口服油的效果根本無法與它們相比，因為油會先在胃部與肝臟中分解，只剩一丁點被吸收（所以你要吃更多才能得到同樣的效果）。

全譜或廣譜的CBD製品（詳見第九八～九九頁）由萃取物製成，除了CBD，裡面也含有來自大麻的其他次要大麻素與萜烯，以創造出我們在第三章學過的草藥綜效。

此外還有CBD分離物製成的產品，也就是除了CBD之外沒有其他成分，所以效果比較差。CBD分離物是便宜很多的成分，不過我看過市面上有幾種CBD製品，明明偷用CBD分離物卻漫天要價。就算包裝上寫這個產品是「純CBD」製成，也一定要檢查那些附屬細則，看看它是不是真的採用CBD分離物，而不是全譜或廣譜。

還有一條線索可以得知製品是否採用分離物：如果它宣稱含有大量CBD（超過一千毫克），價格卻比知名品牌便宜很多，就要注意了。我在網路廣告看過一些產品，一小瓶（十～三十毫升）就含有三千～六千毫克的CBD，售價卻不到五十英鎊。

我也看過號稱「工業大麻油」，但仔細一看是大麻籽油、而不是CBD油；這就是用錯誤資訊與低價在打廣告。隨著消費者越來越精明，這招應該也越來越不管用，但還是要小心。

CBD分離物並非不安全，只是效果不如全譜或廣譜製品——無論我的經驗還是別人的說法都

---

1 編按：CBD目前在臺灣不屬於管制藥品，是經食藥署認證、能夠合法使用的藥物。然而由於CBD類型多樣，管控不易，衛福部尚未核准在國內販售，目前僅能透過進口取得。民眾可依照「藥物樣品贈品管理辦法」，向食藥署提交文件申請自用。

2 作者按：雖然CBD工業大麻製品一般來說非常安全，但還請務必閱讀本書第六章完整的警告、副作用與禁忌清單，再踏上你的大麻與CBD之旅。

是如此。

另一個成本因素在於CBD的吸收性，透過直接食用來攝取，吸收性會比較差；假如要讓它好吸收，成本就有可能增加，因為這些高科技配方的製作經費都很昂貴。

不過假如這個配方真的很好吸收，並且有資料背書（請查看產品資訊），你可能不必吃那麼多即可獲得同樣的效果——這樣反而比較省錢。

純CBD其實沒那麼有效

除了那些專賣大麻的藥房（在加拿大與美國某些州是合法的），英國以及其他大多數地區的健康食品店，架上的CBD製品都是工業大麻製的養生產品。

這些可直接購買的CBD製品，其原料都是經認證為工業大麻品種的大麻——這代表它們的THC含量低於〇·二%，可以在英國與歐洲合法種植。當人們提到CBD油，正常會想到的就是這種很好買到的產品。

無論品種是工業大麻，還是THC含量較高的醫療用大麻，內含的CBD都是同樣的植物化學成分。不過，**配合少量的THC，可以使CBD對某些病患更有效，尤其是對付嚴重慢性疼痛之類的症狀**。

在我的經驗中，許多患有嚴重疼痛的病人都說，只含有〇·二%THC的工業大麻CBD油，必須服用更多劑量，才能達到與醫療用大麻油（THC一%~二%）一樣的效果。

在某些情況下，可直接購買的產品，在建議劑量下可能完全無效；其實其他天然製品或藥品，只要有分成可直接購買的版本，以及效力較強的處方版本（當你的病情需要下猛藥時，醫生就會開給你），也會發生類似的情況。

不過，可直接購買的工業大麻製ＣＢＤ油，非常適用於許多養生用途，幾乎沒有副作用，而且在英國與美國不需要處方即可購買。

加拿大所有ＣＢＤ製品，無論是不是工業大麻製的，都必須在特許的大麻商店購買，而且要出示身分證與年齡證明。

正如之前提過的，選擇產品時最重要的概念，就是分辨全譜、廣譜與分離物製品，這樣你才知道自己到底買了什麼。

ＣＢＤ分離物

ＣＢＤ分離物是九九％純ＣＢＤ，不含其他任何植物化學成分、葉綠素或其他植物大麻素與萜烯。它無色無味，與全譜ＣＢＤ製品不同，後者會因為萜烯而有程度不一的淡淡泥土味。

一般來說它的效果較差，因為缺乏其他植物化學成分，也就無法產生隨行效應、擴大ＣＢＤ的好處。

ＣＢＤ分離物的優點，在於較容易以粉狀加進食物或化妝品等製品，而且根據某些初步研究，極高劑量的ＣＢＤ分離物（六百毫克）可幫助降低焦慮感。問題在於，如果是可直接購買的製品，你可能要吃一整瓶才能達到這些研究的劑量。

CBD 全譜製品

CBD 全譜製品是由工業大麻品種製成，但還是含有整株萃取物的其他大麻素與萜烯，這表示它們至少會有某種程度的隨行效應。當這些**植物化學成分，協同作用於體內的內源性大麻素系統時，效益會比只有單純 CBD 還大**，因此能夠以更低劑量產生更好的效果。

有一份研究以老鼠為實驗對象，觀察全譜 CBD 與 CBD 分離物的差異，結果如同前文所說：CBD 全譜製品比 CBD 分離物更能減輕疼痛與發炎。

我在加拿大看過的病人，其實多半都使用 CBD 含量高的大麻油，內含〇．五％～一％的 THC。在英、美兩國，人們則普遍使用全譜工業大麻 CBD 製品，因為 THC 含量低的醫療處方用大麻很難買到。

全譜 CBD 製品中可能還含有以下這些次要大麻素：

- 大麻二酚酸（CBDA）。
- 次大麻二酚（CBDV）。
- 大麻環萜酚（CBC）。
- 大麻萜酚（CBG）。
- 大麻酚（CBN）。

此外，此類產品應該會標示油裡頭含量最多的萜烯是哪些，但不會寫出確切的含量，只會寫說「富含ＸＸ萜烯」，例如：

- 蒎烯。
- 月桂烯。
- β－石竹烯。
- Ｄ－檸烯。

ＣＢＤ廣譜製品

ＣＢＤ廣譜製品不含ＴＨＣ（已經被過濾掉），但還是殘留了一些其他的植物化學成分，像是其他大麻素、萜烯與類黃酮。

然而，英國國內有部分群體對不含ＴＨＣ的產品（廣譜製品），提出了必須嚴格檢測的要求，因為他們擔心ＣＢＤ製品只要被測出ＴＨＣ，未來就無法上架供人直接購買，但我在寫這本書時，無論全譜或廣譜製品在英國都還是買得到。

對於體內不能殘留ＴＨＣ的人來說（例如必須接受藥檢的運動員，或住在ＴＨＣ不合法、處於灰色地帶的國家），廣譜製品是最好的選擇。

當你看到「本產品的ＴＨＣ含量超過工業大麻的標準」時，表示這種大麻製品的ＴＨＣ含量通常約為一％以上。這些製品中有許多也富含ＣＢＤ——兩者的比例有非常多種（本章稍後會詳談）。

每個人的「正確劑量」都不相同

大多數國家通常必須持有處方，才能購買ＴＨＣ含量高於工業大麻的製品（或根本買不到）。例如英國就是如此，但是在加拿大或美國某些州，成年人現在不需處方也可購買含有ＴＨＣ的娛樂用大麻，就像酒類一樣。販售這些製品的店家必須持有執照，並要求顧客出示身分證以證明其年齡，而且行銷產品時，必須遵守嚴格的準則。這種娛樂用大麻的管制方式，與酒類、香菸類似，以避免未成年人買到。

富含ＴＨＣ的大麻製品，會比工業大麻的ＣＢＤ製品更難控制劑量，特別是沒用過ＴＨＣ時，更要緩慢且謹慎的嘗試。我認為，假如是為了「健康目的」而使用ＴＨＣ，那只能在醫生的監督下使用，畢竟這並非毫無風險。不過，當患有內源性大麻素系統功能異常時，ＴＨＣ真的對疾病都非常有效。

ＴＨＣ最廣為人知的用途是治療嚴重疼痛、神經疾病中的痙攣、化療後造成的噁心，以及失眠。只要謹慎且正確的開立處方，品種與劑量正確，多數病人的反饋都是自己感覺很正常，不會嗨起來或不舒服。

不過每個人的「正確劑量」其實不太一樣，我治療過的慢性疲勞症候群與憂鬱症患者，更是最好的證明：就算在白天，只要一點點THC，就能緩和疲勞與令人疲軟的憂鬱症狀，讓他們的身體運作得更好。

我也看過罹患注意力不足過動症（ADHD）的成年病患與客戶，使用含有THC的特定大麻品種來自我「藥療」（而且成功了），以幫助強化專注力，減少焦躁與加速思考——有許多同類型的病患都喜歡這種療法，更勝於傳統的ADHD處方藥。

每個品種對於注意力與專注力的影響，似乎都非常不同（至少有程度上的差異）。就我的經驗，效果最好的應該是萜烯（能夠減少THC造成的短暫記憶受損）含量高、刺激作用較少的品種，它們會以某些方式作用於多巴胺迴路，通常被標示為尋常大麻（sativa）或白天使用（daytime）。

就算你選擇富含THC的製品，我還是覺得該製品一定要含有CBD，畢竟它可以減少與緩和THC的潛在副作用，像是心跳加快、中毒與焦慮、妄想症。這讓你在大多數情況下，以最小的風險與副作用獲得THC的好處。

當你服用任何大麻藥物製品時，務必要記得「從低劑量開始慢慢增加」。這句話意思是，一開始只服用極小的劑量（尤其是含有THC），再以非常緩慢的速度，增加到適合你的劑量。

每個人適合的劑量不同，因為我們的內源性大麻素系統都有點差別。就跟其他草藥一樣，**CBD與大麻都極度仰賴病人的自我引導與調整**（意思是病人每天或每隔幾天，以固定且微小的量，緩慢增加劑量），但假如有一些準則協助或引導你，就會更簡單、更成功。

這幾年來我也發現，病人通常不必用到研究與臨床試驗那種極高劑量（尤其是 CBD），也能改善症狀——現已發表的研究，與我實際診療過數千名病患的臨床經驗並不相符，而其他會開立 CBD 與大麻處方的醫師們，也有和我同樣的看法。

關於這一點有許多可能的原因：個體變異、吸收性差異，研究中使用的製品種類（通常是「CBD 分離物、純 THC」與「天然全譜、廣譜 CBD、大麻油」的比較）以及品種的選擇。話雖如此，或許有些人確實需要高於平均的劑量。這是一段個人的探索過程，但需要經驗和方法來引導；這幾年來，我也發現這種循序漸進的方式，對他們的病情會更有幫助。

我會在下一章詳談與大麻相關的警告，請你一定要讀過再實驗，現在讓我們先來研究各種產品，以及如何服用。

不只能抽，還有口服、軟膏、貼片、陰道吸收⋯⋯

大麻是非常獨特的草藥，能夠以許多方式運用，例如外用於皮膚病；做成穿皮貼片，以緩慢釋放的形式作用於全身；做成藥丸或口服油以嘴巴服用，或做成酊劑從舌下吸收；甚至在特殊情況下（例如經痛或腸道問題），還可透過直腸或陰道吸收。大麻也能藉由氣體吸入，可以做成氣喘藥的吸入器類型，或者是電子菸。

至於哪種形式與服用方法最適合你，則取決於許多因素。目前最常見的服用方法就是口服的油或膠囊，但也有許多人認為，大麻蒸氣他們來說非常有效（混合使用這些方法的人也不在少數）。

有些比較少人使用的方法，其實吸收性更強、而且效果持續更久，例如穿皮貼片；只要人們能夠買到更多這種高科技產品，藉此解決低吸收性的問題，就會有更多人使用這些方法。

在接下來的章節，我會提出附加的提示與建議，引導你將CBD養生產品或醫療用大麻（前提是合法而且有醫生協助！）融入你的生活。

首先我將實際解釋每一種使用方式，並舉出一些最佳的使用實例。

舌下酊劑、噴劑與口含錠

草藥醫學使用酊劑已有數千年的歷史，它是除了大麻菸之外，最早的大麻藥物之一。它們的製造方式，是將大麻或CBD花浸泡於酒精中；若是無酒精的甘油酊劑，則是透過高壓的水解過程來製造。

這種服用CBD或大麻製品的方式，會比食品或膠囊更好吸收，因為噴劑或酊劑通常是滴在舌下服用，有些會直接被口腔內的黏膜吸收——這裡有許多微血管。

然而，就算在舌下服用也無法達到最高效益，因為CBD與大麻素其實更「愛好脂肪」，無法藉由口腔或口服途徑來輕易吸收。

口含錠則有點像是糖果，會在舌下慢慢分解然後被吸收，類似噴劑或酊劑，只是釋放的速度較慢；不同口含錠的吸收性可能有差別。目前市面上的產品多半都不是酊劑或舌下形式，而是口服油，因為這樣才能更大批量生產，省下最多成本。

口服攝取

吞食或攝取的大麻與CBD製品，全都會通過腸道，然後在肝臟分解。這個過程稱為「首過效應」（first pass effect），意思是CBD與THC這類有效大麻素，只有少部分會直接進入血流，甚至比舌下酊劑與口含錠還少。口服使用大麻的方式，通常分為以下四種：

- **CBD油與大麻油**：不用處方即可購買的製品中，最常見的就是工業大麻製的CBD油，尤其在健康食品店與網路上最多。

　　如果你是首次使用CBD或大麻藥物製品，那麼它就是最容易取得也最安全的方式之一。若將這種油與正餐或含脂肪的點心（例如一匙堅果醬）一起服用，或許能夠更好吸收，畢竟CBD愛好脂肪；但目前沒有「研究」證實這件事。

- **膠囊**：優點是非常容易服用、沒有氣味、很低調（沒人知道它是大麻，因為看起來很像其他補品），而且你也能知道自己服用了多少CBD與THC劑量，因為瓶身必須標示清楚。但是它會利用消化系統吸收，所以效率可能較差一些。

- **軟糖（小熊軟糖）**：CBD軟糖越來越受歡迎，而在加拿大與美國某些州，含有THC的大麻軟糖也逐漸受到青睞，因為這些地方的娛樂用大麻是合法的，不需要處方。

　　工業大麻製的CBD軟糖除了劑量較低，還含有糖分，而且有些軟糖是CBD分離物製成，所以效果不及其他養生製品。

- **食品**：如果**目的是養生或醫療，我最不喜歡的方法就是食品**，像是布朗尼、餅乾，以及塗在麵包或餅乾上的大麻奶油。**因為你幾乎不可能吃到準確的劑量**，而且吸收量與效果的持續時間（這對於含有THC的食品尤其重要）都毫無規律、無法預測。

假如食物裡頭用的是工業大麻製CBD油，那絕對不成問題，因為就算多加一倍的量也不會傷害你或讓你變嗨；頂多只是讓你的布朗尼很「奢華」。CBD布朗尼通常可在咖啡館或點心吧買到，藥效非常低，絕對不會傷害到你的身體——大概就像在喝薑黃拿鐵。

只有內含THC的食品，才可能有潛在安全問題，因為每批食品都有差異，不小心吃得太多感到很嗨，也就不稀奇了——那些使用醫療大麻的病人，一定要避免這種事！而且，大麻食品也很容易被誤認為一般的布朗尼或小熊軟糖，所以務必鎖好，不要讓小孩誤食。

到底有多少CBD油真的被吸收進血液？

經常有人建議，口服的CBD與大麻油應該含在舌下，這樣它們就會有一部分被黏膜內的微血管吸收，這樣在它們被吞下去之前，會更直接抵達血液。這個建議值得一試，但除非這種油經過高科技系統處理成舌下吸收，否則有些油還是必須通過消化系統再進入血流。

到底會有多少CBD真的被吸收進血液中？每個產品都不一樣。影響的因素包括CBD是否經過壓縮？是否以高科技流程製造（例如脂質體[3]、CBD、囊泡技術或某些微囊化的方式）？

產品越高科技，價格通常就越貴。但正如之前所說，這樣的**好處在於能以較少的量吸收更多**，也就是你吃少一點也可獲得同樣的效果。麻煩的地方在於，許多產品號稱有強化CBD的生物利用度，卻沒有證實自己用了什麼技術。

話雖如此，確實有其他補品（與藥品）是用高科技方法開發、並經過初步研究測試，以強化它們在體內的吸收性，所以同樣的方法也可以用在CBD與大麻素。如果產品內容與宣稱的相符，那麼貴一點也算值得，只是你的使用量必須減到很少。

如果你想嘗試CBD，那一開始最好選擇物美價廉的產品——就跟許多人一樣，把它當成養生補品每天吃，對自己的身體有益。假如你希望自己的錢能花得更值得，那就選擇經過證實的高科技產品。

每個人的代謝速度，以及肝臟內特殊酵素分解東西的速度，都會有些微的差異。**將CBD油與正餐一起服用，可以增加吸收量或生物利用度，因為它跟脂肪一起吃會最好吸收。**

口服大麻製品輸入人體的方式如果沒經過高科技處理（例如膠囊、油與軟糖），它們的生物利用度估計為六％～一〇％，雖然非常低，但對許多人來說還是有效果的。

此外，攝取的油當中有很大的比例，會先與腸壁的特殊受體互動，再透過腸黏膜吸收，這樣的話效果會更好；不過我寫這本書時，這還只是理論而已。不只CBD，來自大麻的萜烯可能也是如此：它們在血液中的濃度低到幾乎測不到，卻能夠藉由與腸道互動來產生作用。

我們仍在學習大麻與CBD在體內運作的各種細節。大麻素是親脂性的（喜歡脂肪、討厭水），所以它在體液與血流內無法分解得很徹底，反而會累積於我們的脂肪細胞，並且隨著時間慢慢釋放回血流，這也讓我們很難測量體內的大麻素濃度。

外用製品

外用製品包含護唇膏、抗皺霜、抗痘霜、護膚油、乳霜以及鎮痛軟膏。外用製品的製作方式可說是五花八門，所以吸收性與功效也各有不同；含有脂質體、奈米粒子與壓縮成分的高科技配方，可以增加穿透皮膚的程度。

其中一個要留意的成分類別就是萜烯（像是芳樟醇與檸烯），因為它們也會強化穿透力。芳樟醇與檸烯是在大麻內自然產生的，亦見於薰衣草與柑橘。薄荷醇（menthol）是另一種有用的萜烯，可見於大麻與許多品種的薄荷。

含有THC的CBD或大麻外用製品（若在美國與加拿大，一般來說只能透過處方或藥房買到），**並不會有過量用藥的問題；它們非常安全**，而且含有CBD與THC的外用軟膏，並**不會讓你變得很嗨**——當人們初次嘗試大麻，或是工業大麻製成的CBD外用產品時，此乃最常見的疑慮之一。

3 編按：具有與生物體細胞相類似的結構，因此有很好的生物相容性。

有一次我的手受傷，有位醫生推薦我大麻外用軟膏，這是我的初體驗。在理性邏輯上，我知道它就算含有一些THC，也不會讓我很嗨或對身體造成傷害，但我還是下意識的有點恐懼，畢竟多年來我都反對大麻，已經產生反射作用。

然而，自從我每天使用外用軟膏高達六次之後，我發現自己根本就沒有不舒服或中毒。話雖如此，假如你工作上要接受藥檢，或者你是職業運動員，使用的製品含有能穿透皮膚深層（並且可能直達血流）的成分，那你最好別使用含有THC的外用製品，因為有些工作場所與體育機構可能會禁止這種物質。

穿皮貼片

穿皮貼片會透過血流，系統性的輸送大麻素（也就是輸送到大腦與身體各處）。這種貼片很像貼在皮膚上的膏藥，但它含有特製配方，可以穿過皮膚直達血液。因此它與外用霜或軟膏不一樣，外用霜或軟膏是用來緩和局部疼痛，或是直接作用於皮膚，例如抗痘。

這些貼片的內容物分成三類：只含來自工業大麻的CBD（在英國無須處方即可購買，跟CBD油一樣）；同時含有CBD與THC；以THC為主（這種屬於需要醫師處方的醫療用大麻）。

穿皮貼片運用專業的高科技方法，協助CBD（以及THC，如果有處方的話）穿透皮膚並抵達血流，將大麻直接輸入體內的循環系統；而且它們的設計訴求就是**既能緩慢釋放CBD或THC**（跟口服或舌下吸收的製品一樣，但是又比這兩者更好吸收），**又能產生類似吸入蒸**

氣的「系統性效果」。

它們的作用方式類似止痛貼片，差別只在於前者含有大麻，後者含有止痛藥。尼古丁貼片與避孕貼片也是類似的道理，因為它們也是貼在皮膚上，運用同樣的技術，讓其中有作用的成分，被身體系統性的吸收至血流各處。

這種製藥技術也可以用於輸送大麻素與ＣＢＤ，是一件很棒的事情，只是還沒有成為主流。這是使用ＣＢＤ時最好吸收的方式，我相信它會越來越受歡迎，最後甚至會取代ＣＢＤ油以及處方上的大麻藥物，成為大家最喜歡的ＣＢＤ使用方法。

貼片也不必先經過消化系統，就能將更多有效的大麻素與萜烯直接輸入血流。因為萜烯會在腸道中被輕易分解，所以除了每天吸入蒸氣好幾次之外，穿皮貼片應該是最能夠讓血液吸收更多種植物化學成分的方法。

從陰道吸收

根據古代文獻記載，這個方法已經有好幾千年的歷史，其中包括古埃及[4]，用它來緩和生產的疼痛，以及協助分娩。**最近有些公司開始生產「ＣＢＤ棉條」，而使用者宣稱它們能有效緩和經痛**。

4 編按：出自伊森・魯索的研究論文《婦產科大麻治療》（*Cannabis Treatments in Obstetrics and Gynecology: A Historical Review*）。

雖然沒有研究證實這件事，但記者經常請我對這種用法發表評論。不過我目前並沒有以這種方式開立CBD或大麻處方，因為目前這個領域的研究還是非常少。

但是，在與許多試過這類產品（例如CBD陰道插入物）的女性聊過後，我認為它確實能緩和經痛；她們大多都表示這比其他東西有用多了，包括止痛藥。代表至少開始有一點口碑了！這種方式值得進一步實驗，因為有些人每個月都需要高劑量的強效止痛藥或消炎藥，才能對抗經期疼痛。真希望不久之後會有更多研究，能夠闡明這種有趣的使用方式。我對它也非常好奇！

我的理論是，既然CBD能發揮局部消炎的特性，那麼它或許也能緩和月經的不適與疼痛。至少到目前為止，我沒聽說CBD會比正常的棉條更可能導致毒性休克症候群（toxic shock syndrome，簡稱TSS），所以一切OK。

還有些公司專注於開發內含CBD（以及THC，如果在該地區合法）、強化性愛快感的潤滑劑，以及緩和月經性抽筋與疼痛的陰道塞劑。

再次強調，這個領域目前沒有發表過研究，但似乎有許多女性，已開始自行嘗試從陰道吸收CBD，因為這對於經痛應該是個風險較低的介入方式。

從直腸吸收

就跟女性透過陰道使用大麻一樣，含有大麻的直腸栓劑，傳統上是用來治療腸道疾病與肛裂（男女皆可），而且已經有數百年、甚至數千年的歷史，但是確切的使用方式與劑量就不清楚了。

現已發表的對照研究，都沒有去探討人類如何透過直腸栓劑吸收THC、CBD與其他大麻素，以及它的效果。儘管如此，許多人已經試過只含有THC、或混合CBD與THC的直腸栓劑，而且都說效果還不錯。

根據某個以老鼠為實驗對象的研究，從直腸吸收的CBD能減少結腸發炎，而這也是此領域迄今唯一已發表的研究。

THC本身無法透過直腸吸收，所以大多數的病患都說，只要透過直腸使用THC膠囊，就不會變嗨或感到興奮。不過，我曾看過有人透過直腸吸收大量的THC，結果還真的有點感覺；所以我們還不清楚劑量能夠用多少，以及需要考慮哪些個體差異。

目前有人正在藉由初步的小型人體實驗，測試全新的THC產品雛形，目的就是要透過直腸給藥。這種藥物已經能使THC順利進入血流，但我在寫這本書時，它還處於實驗階段。等到它正式販售後，對於受噁心與嘔吐困擾已久的病人將會是一大福音（因為雖然THC對他們很有幫助，但他們無法透過口服的方式攝取）。

霧化CBD與大麻，發揮效果最快的方法

來自工業大麻的CBD乾燥花，可以在某些地區買到，但英國目前連販售這種大麻花都是非法的。在加拿大與美國某些州，含有THC的大麻花可以持處方購買，而有些特殊的商店甚

至不用處方也可取得，作為合法娛樂。

傳統上**許多人認為這些乾燥花（或是花蕾）是要捲成菸來抽的，但如果是為了醫療或養生，我不建議這樣抽大麻或CBD**，因為藥材燃燒時對肺部並不安全。

潛在風險包括提高罹患肺癌的機率（雖然相關證據有衝突之處），不過這種癌症風險遠低於抽香菸或菸草，原因在於大麻含有許多消炎與抗癌的化學成分，可以抵消燃燒物質所產生的有害作用。

如果條件允許，我建議你使用高品質的草藥霧化器（herbal vaporizer），來慢慢加熱乾燥的藥材。這樣可以讓藥用植物的化學成分（CBD、THC、次要大麻素與萜烯），從藥材霧化出來，而不必燃燒它。

如果你要**吸入大麻花製品，最重要的是必須確定它通過黴菌、生物毒素與汙染物檢測**，因為吸入這些東西可能導致嚴重的健康問題與副作用（欲知如何挑選安全的產品，請見本章末）。

我有許多病人以前有抽菸，他們不想使用霧化器，因為害怕菸癮又犯了。如果你以前也抽過菸，或許可以考慮其他CBD輸入方法。

可是對於正在戒菸或改抽尼古丁電子菸的人來說，電子菸CBD應該是不錯的選擇，既安全又不會上癮，還能減少焦慮——戒掉尼古丁後這個症狀通常會惡化。

霧化吸入是將大麻、大麻素與萜烯，輸入血流與大腦，發揮效用的最快方法。換言之，它是一種立即發揮效果、非常好吸收的大麻形式。

在使用內含THC的產品時要小心一件事：因為它發揮效用的速度很快，幾分鐘內就能抵達大腦，因此你很有可能會感到有點嗨，尤其是初次嘗試ＴＨＣ，或劑量超過你的容忍度時。

此外，它也可能導致其他短暫的副作用，像是心跳加快、煩躁、甚至妄想與焦慮。這一切都依劑量而定，但是只要使用的花同時含有大量ＣＢＤ、能夠緩和這些作用，那麼這類問題通常可以避免。

最好的方法就是，每次只使用微量，直到你適應為止，然後再與你的醫師合作，調整劑量並監控副作用。我的病人當中，若是對於自我藥療或娛樂用大麻有不好的經驗，通常是因為吸到高ＴＨＣ、低ＣＢＤ的品種（而且吸很多），而我也不建議用它來養生或治病。

醫生建議的大麻霧化器用法

每個人需要的劑量都不同——你是初次嘗試大麻還是已經習慣使用了？你選擇的花是什麼品種？ＴＨＣ與ＣＢＤ的含量比例是多少？你吸得多深入？吸多久？

假如你先使用一個品種、並找到理想的劑量，但之後換成另一個品種、或者品種相同但廠商或產品狀況不同，這樣大麻素與萜烯可能會有差別，所以你必須調整劑量，而且在更換品種或廠商時，務必採取「從低劑量開始慢慢增加」的方法。

如果你使用的是工業大麻花，富含ＣＢＤ、只有微量ＴＨＣ，那就不可能服用過量，所以可以自由調整使用量，但還是要小心，一定要從最少的劑量開始，再慢慢往上加！

・將花朵磨碎，一開始只需要一個火柴頭大小的量（至於要怎麼磨碎並放入霧化器，請繼續往下看）。熟練了之後便可以依照喜好，增加每次使用的量。

・先吸氣三秒鐘，然後憋氣一～兩秒再吐氣。

・吸完第一口氣之後，先等五～十五分鐘再吸第二口（如果你是初次嘗試大麻，或存在任何相關的風險因素，例如心臟方面，那麼間隔久一點會比較保險）。

・如果你使用的花朵含有ＴＨＣ，而且是初次嘗試大麻，請等滿十五分鐘再吸第二口。如果你已經適應了，但覺得症狀還沒有改善，那麼五分鐘過後，你可以再吸第二口。

・五～十分鐘後，記錄你的反應，也就是用追蹤器或症狀日記自行評估反應，再拿給醫生檢閱（例如疼痛或其他症狀是改善、惡化還是維持原狀？）。

・持續以至少五～十分鐘的間隔吸入，直到你得到想要的效果、或體驗到副作用（只有ＴＨＣ才會出現這個問題），像是心跳加速、焦慮等。

・如果你是使用醫療用大麻的病人，一般來說每天霧化吸入〇．五～一克已經足夠了，我甚至有些病人每天只使用約〇．一～〇．二克，搭配富含ＣＢＤ的油，在必要時控制疲勞、情緒低落或焦慮等症狀，這個方法也非常有效。

霧化氣通用指南

將霧化器的溫度維持在攝氏兩百一十七度（華氏一百零二度）以下，以避免蒸發有毒的萘（音同「奈」，俗稱焦油腦的有害物質）——只要超過這個溫度就可能發生這種事。在一百八十五度至二百零一度之間開始吸氣——你可以測試不同的溫度，感受可能會不同。

溫度變化會影響大麻素蒸發的先後順序，因為一百六十種大麻素加上每一種萜烯，沸點都略有不同。所以就算你使用相同的花當材料，但假如選擇不同的溫度，你可能會發現效果與感覺都有點變了。

例如THC的沸點是攝氏一百五十七度，但CBD的沸點是攝氏一百六十度至一百八十度。CBN是THC分解後的產物，也有止痛與鎮靜的特性，它的沸點更高，是攝氏一百八十五度。

霧化後的大麻或大麻花本身都會產生氣味，兩者都是來自萜烯。每個品種的氣味都略有不同。有些人對大麻的味道非常敏感，而有些品種的氣味比其他的更強烈。

這很看個人喜好，有些人覺得聞起來與嘗起來很像柑橘或水果，但有些人覺得聞起來很像臭鼬或泥土。如果你試了一個品種，無法忍受它的味道，那就更換品種，直到你找到喜歡的。

萜烯的組成方式除了會改變氣味與味道，也會改變該品種的效果。所以重點在於：就算初次嘗試的大麻氣味不符合你的喜好，也不要放棄其他品種。

請不要把未經檢驗的街頭大麻當作霧化吸入的材料。這是因為有好幾篇關於街頭大麻樣本分析研究，已經證實裡頭有氨、化學物質與農藥殘留，甚至還有非法的毒品，像是古柯鹼與被稱為「香料」的合成大麻。

你不可能確認黑市大麻的原產地與種植方法，它們通常都是以不安全的方式生產，主要目的是賣給想嗨的人，而不是養生或顧健康。

電子菸型霧化器與電子菸液須知

有些裡頭裝著大麻分離物（形式為油）的筆型電子菸，可能也含有其他化學物質，吸進人體會很危險，例如丙二醇（加熱時會轉換成甲醛）。

其他需要顧慮的汙染物（尤其是黑市 THC 電子菸）還包括名叫「維生素 E 醋酸酯」[5]的天然添加物，它會讓某些人產生嚴重（甚至威脅性命）的肺部反應。

合法的 CBD 電子菸不得含有維生素 E 醋酸酯，所以它們比較安全。目前我發現效果最好的方式，是使用真材實料的大麻（花），搭配針對乾燥草藥的霧化器。

不過，新的高科技大麻蒸氣輸送系統，目前正在研發階段，並且開始在北美上市，它們可以讓全譜 CBD 與大麻以特定的劑量霧化，既不必使用真正的乾燥藥材，還可以避免筆型電子菸內含化學添加物的潛在風險。

草本霧化器使用說明

- 使用不鏽鋼、無塗料的手磨器來磨碎乾燥的大麻花。
- 舀起磨碎的花，塞進霧化器的腔室。大概只需要一個火柴頭大小的量。
- 設定溫度：一般來說裝置的側面即可設定，但有些品牌要用手機的 App 設定，而這個 App 會透過藍牙與裝置配對。請在攝氏一百八十五度至兩百零一度之間調整。
- 每次吸氣的秒數應盡量保持一致，以便盡可能精準估計劑量。
- 每次吸完之後，用刷子清理裝置的腔室與吹口。

大麻與霧化ＣＢＤ的未來

美國與以色列有些公司正在研發類似氣喘吸入器的霧化器，能夠提供精準的ＣＢＤ與ＴＨＣ吸入劑量。它將會克服現有霧化器無法精準測量劑量的問題。

這些新型的霧化器已經預先裝好乾燥大麻花（壓成一小顆），或是一小瓶全譜大麻油。它們對於殘障、虛弱、手腳不靈活、顫抖或視力不佳的病人來說比較好使用，也革命性的改變了人體吸入大麻藥物的方式。但我在寫這本書時，它們還處於研究階段，而且上市後售價應該會非常貴。

如何挑選合適的霧化器？

霧化器主要有兩種，無論你選哪一種，都要盡量挑有保固的品牌與產品，畢竟這是要價一百英鎊以上的投資，你會希望它耐用一點。

・純傳導型（conduction-only）霧化器是最常見的類型，它們加熱的方式是直接讓材料接觸加熱元件。有些品牌用起來很簡單，因為按鈕比較少。

根據使用者的說法，純傳導型霧化器的藥材消耗速度較快，而且加熱也不平均，但這一類

5 編按：主要作用為使電子菸油看起來更濃稠，後來發現會造成急性的肺纖維化。之前美國爆發一連串電子菸引發年輕人罹患肺炎的案例，原本以為是ＴＨＣ所致，但後來研究指出元凶就是此添加物。

霧化器有幾個品牌非常好用，例如 PAX 3 就是我的最愛之一。

- 對流／傳導混合型（convention ／ conduction）霧化器就沒有這麼多品牌與選擇，但有些人喜歡這一種。它會在你吸氣時平均加熱磨碎的藥材，有人說這樣可以保留更多萜烯，但沒有實際的研究證明這件事。它能夠讓每批乾燥花使用久一點，並且改善味道——但這也是滿主觀的看法。

這個類型中我最喜歡的品牌是 Lynx Gaia 與 Mighty，其中 Mighty 比較大臺，多用於醫療，它的腔室比較好裝藥。

什麼是「Kief」？它能為大麻加點料

Kief 是帶有黏性的粉狀物質，從大麻花毛狀體上的樹脂腺，自然分泌出來（葉子也會分泌，但比較少）。

它可以壓縮成哈希塊，或者在某些情況下，撒在霧化器中的大麻花上，增加其效力。Kief 跟大麻花一樣，很難抓準劑量（事實上更難抓！）。它不是普遍的 CBD 或醫療用大麻製品，但在合法地區的娛樂性商店比較常見。Kief 的 THC 含量通常都非常高。

持續且定期服用三到六個月，才有穩定效果

關於 CBD 養生產品的攝取，並沒有放諸四海皆準的正確劑量。每個產品的最佳劑量都不

同，取決於它還含有哪些次要大麻素與萜烯，以及它是否為高科技配方；就算ＣＢＤ的含量相同也不例外，正如我們之前討論過的。

要為所有產品擬定一份通用的劑量指南非常困難，**每個人的內源性大麻素系統，以及對於ＣＢＤ的反應都不同**，因為我們每個人都獨一無二。

假如我們處於壓力很大的失衡狀態，那麼我們對於產品的反應，可能會不同於我們平靜、專注與沒壓力的時候。因為我們是動態的生物，不斷在變動，所以**就算是同一個人，最佳劑量也會根據其他生活因素而改變**。

工業大麻製ＣＢＤ產品非常安全（前提是不含汙染物），所以不會有ＣＢＤ使用過量這回事。話雖如此，一般還是建議從較少的劑量開始。如果發現自己是低劑量就會有反應的人，還可以省下很多錢（每次只要一小劑就夠了）！

畢竟你不可能服用一個月後就停止，然後期待它永久治癒自己的症狀或問題。根據我對病人的觀察，雖然有些問題在服用一到兩週後就能察覺到差異（焦慮或壓力這類狀況通常很快就會有反應），**但某些情況下必須持續且定期服用ＣＢＤ三～六個月，才能看到顯著的效果。**不過，有些人確實只在壓力很大的時候使用，以提振自己的精神。如果是這樣，那就可以使用較高的劑量以更快獲益。

往後每個章節的通用劑量指南，都是以非高科技的一般ＣＢＤ油與醫療用大麻油製品為主，因為它們最為普遍。然而，由於ＣＢＤ與大麻的科學進步，未來我們應該會看到更多新穎的ＣＢＤ形式。

這些製品應該會大幅強化吸收度、甚至生物利用度，這意味著你可以服用得少一點。有些新形式也會提供長效且緩慢的方式，釋放 CBD 與大麻素進入血流，以避免立即釋放所產生的起伏，就像現在其他許多藥品、天然草藥與類藥劑營養品所採用的做法。

雖然在我寫這本書時，這些新產品還沒有市場化，但它們應該會隨著時間越來越普遍、價格也會更親民，跟傳統的 CBD 油擺在一起賣，或許還會引起 CBD 與醫療用大麻的「第二波熱潮」。

這些新方法或多或少會改變平均劑量，但無論你想嘗試哪一種產品，「**從低劑量開始慢慢增加**」仍然是不二法門。

如果你對於任何補品、食物、藥品或非處方藥都極度過敏，或者患有多元性化學敏感症，你應該要從極低的劑量開始。但是對大多數人來說，平均起始劑量就可以了：

- CBD 油的最低起始劑量是每天兩次，一次五毫克，搭配正餐食用。
- CBD 油的平均起始劑量是每天兩～三次，一次十毫克，搭配正餐食用。

維持起始劑量三～四天，接著每劑增加一～兩毫克。維持新劑量兩天，並以日記或追蹤器監控身體的反應：疼痛、焦慮、壓力、體力等。

如果沒有反應，繼續以同樣的方式，每隔幾天就增加劑量（每劑一～兩毫克），直到你想處理的問題有反應為止。

如果你使用ＣＢＤ只是為了養生，你可以追蹤壓力、情緒與睡眠品質等資訊，當作藥效的指標，但要注意這些變化可能很細微。**無論ＣＢＤ養生產品還是處方上的醫療用大麻油，只要使用時間越久、每天使用，應該就能獲得越好的結果**，尤其是要治療疼痛或焦慮之類的慢性症狀時——工業大麻ＣＢＤ製品（只含微量ＴＨＣ）最符合上述的特性。

你服用完ＣＢＤ時可能不會立刻有感覺，但假如每天使用並且緩慢增加劑量，經過幾週或幾個月後，人們通常會開始意識到問題（像是頭痛、壓力、焦慮、睡眠問題、身體疼痛）改善了，即使他們沒有改變生活習慣或使用其他藥品。

有些人最後每天服用二十五～三十毫克的ＣＢＤ，但也有些人發現每天六十甚至八十毫克效果最好。

如果想獲得更強的消炎效果，那麼劑量調高到每天兩百毫克會比較好；假如是為了治療癲癇，而在醫師監督下使用ＣＢＤ，那麼劑量甚至還要更高。這真的取決與你的生活環境、症狀與其嚴重性，以及你獨特的身體結構。

有些人發現自己感覺不錯，而且壓力不大時，低劑量即可保持他們的良好狀態。而在壓力增加、受傷或缺乏睡眠時，他們就需要服用多一點。當壓力與症狀隨著時間而自然起伏時，你可以隨之調整劑量。

英國毒性委員會（Committee on Toxicity，簡稱ＣＯＴ）建議健康的成人，ＣＢＤ用量不得超過每天七十毫克，而且只要有服藥，就不應該服用ＣＢＤ——我不清楚他們是看了什麼資料才做出這個決定，令我感到困惑的是，我沒看過任何的人體數據顯示 CBD 不安全（以適合多數人的建議劑量為前提），而且我在臨床上也絕對沒遇過這回事。

不過，消費者還是要留意這種建議。美國食品藥物管理局（FDA），至今仍然不認為 CBD 符合要求，因此它無法歸類成補品來販售與行銷，不過這種情況在未來可能會改變。

服用 CBD 並不會在一夕之間把你的問題變不見（世上也沒有東西能辦到這種事），不過對於生活忙碌的你來說，CBD 養生產品是非常實用的工具，值得列入你的養生之道。

CBD 會在我的身體裡待多久？

這項研究仍在人體實驗的初期階段，但初步研究顯示一劑口服的 CBD，半衰期為一～兩天。半衰期是指一半的劑量從身體消失所需的時間。

這只是一種估計，因為每個人都會有點差別，取決於代謝或獨特酵素分解物質的速度。而且我們已經知道，大麻素愛好脂肪，因此你每天或定期服用它們的話，它們會隨著時間在身體的脂肪組織內累積。

醫療用大麻，最好從低劑量慢慢增加

只要產品 THC 含量高於工業大麻的標準，我們就一定要採取「從低劑量開始慢慢增加」的方式。先從非常低的劑量開始，在六～八週內慢慢增加到最佳劑量，然後維持這個劑量數週之後再重新評估。

這個方法並非一體適用，它比較像是基於某些準則來自行測量的方式——不過我的數千名病人都覺得這方法很有效。

此外我也發現，因為每個人的系統都是獨一無二的，所以當你開始使用醫療用大麻時，請務必藉機協調你的身體與大腦。**重新連結身體的直覺其實是非常重要的事情**，但可惜的是，許多西方的醫師並不鼓勵這麼做，甚至還嘲笑它。

這種自我發現的過程，以及對於身體舒適度的感受其實非常強大，而且能讓你重新擁有身體的主導權，尤其當你受到不為人知的慢性病所苦，或者西藥已經好幾次都無法治好你的慢性症狀。

你也會發現，普遍很難找到真正精通醫療用大麻與草藥的醫師；有些醫師只會開立大麻處方，卻不是使用它的專家。

理想的情況是，和一位開明的醫師或從業人員密切合作，願意與你一起展開自我發現之旅；而你自己也很快就會變成專家——不只懂大麻，也更懂自己的身體與其需求。

以下這些劑量準則，適用的是非高科技的大麻油、或內含大麻油的膠囊。至於大麻霧化的劑量，更前面的段落有介紹。

- THC的最低起始劑量：睡前一小時服用一毫克。
- THC的平均起始劑量：睡前一小時服用兩毫克。

白天

先從高CBD、低THC的油開始（一〇%～一八%的CBD，〇．五%～二%的THC；或者約二十：一～二十五：一的比例）。

起始劑量：每天兩～三次（早上、午餐、睡前），每次五毫克；每隔四～五天，一劑增加一～兩毫克。

利用日記或追蹤器監控身體的反應：疼痛、焦慮、壓力、體力等。如果沒有反應，請持續以同樣方式，每隔幾天就增加劑量（每次增加一～兩毫克），直到你想處理的問題有反應為止。

如果不習慣的話，請避免在白天使用任何THC含量高的油或產品。

晚上

若有必要，一開始可先使用一～兩毫克的高THC、印度大麻為主要原料的油，治療嚴重的夜間疼痛與失眠。睡前服用可幫助你習慣THC的效果，這樣你在白天就不會感到過於興奮或出現其他副作用。

每隔幾天就增加一～兩毫克的劑量，直到疼痛緩和或睡眠改善，或者THC的副作用太嚴重為止（例如早上感覺宿醉、頭暈、昏昏欲睡、心跳加速或心悸）。

每個人的最佳劑量都不同，並且取決於許多因素，包括症狀的嚴重性、其他同時服用的藥物、睡眠功能異常，以及大腦與身體處理THC時的個體差異。許多人的劑量追加到十毫克時就會有效果，但有些症狀比較嚴重的人，可能需要十五～二十毫克（於約六週內慢慢追加的劑量）。

較新的使用形式，像是醫療用大麻與ＣＢＤ的穿皮貼片，只需要每隔幾天使用。它會持續且緩慢的發揮效果，而且可以降低副作用的風險，讓某些人不必口服太多油也能獲得同樣的效果。但它目前還不是標準形式，並不容易取得。

以上建議是針對初次嘗試大麻與ＴＨＣ的人。

我知道有經驗的病人在白天能夠忍受更多ＴＨＣ（尤其當他們在白天有嚴重疼痛時），而不會感到副作用。

在這類情況下，我會先花兩～四週的時間，讓他們在晚上也習慣ＴＨＣ後，再追加白天的劑量。只要白天使用ＣＢＤ與ＴＨＣ比例更均衡（五：一，或甚至一：一）的大麻油，來取代原先ＣＢＤ含量較高的油，就可以辦到這件事。

另一個選項是白天依舊以ＣＢＤ含量高的油（二十～二十五：一）為主，再追加含有ＴＨＣ的霧化大麻，以治療疼痛與疲勞等症狀。假如這個人稍後要開車或工作，那麼這個選項還不錯，因為他們可以在早上使用霧化器緩和症狀，但不會在數小時後感受到副作用。

霧化大麻會比口服油、膠囊或舌下酊劑消退得更快，舌下酊劑幾乎會殘留一整天的時間。總而言之，目標是初期先維持「ＣＢＤ高於ＴＨＣ」的比例，並於必要時使用最小有效劑量的ＴＨＣ控制症狀。

如果病患已經每天自行服用約兩公克的高ＴＨＣ街頭大麻（抽大麻菸），我會採取以下做法將他們過渡到醫療大麻：

・白天的基本治療：每天三次，每次十～十五毫克的高CBD、低THC油或膠囊，再隨時間慢慢累積。

・夜間（如果睡眠會中斷）：睡前五毫克THC，形式為油或膠囊，再慢慢增加直到症狀緩和或產生副作用。

・蒸氣：選擇THC與CBD均衡的品種，白天吸一次。如果有夜間的疼痛或症狀，需要助眠，那麼THC可能要多一點。起始劑量為每天〇・五～一克。

THC會在我的系統裡待多久？

THC的半衰期因人而異，似乎也是取決於你多常使用THC。如果你越常服用它，它就會累積越多，你的身體就要花更多時間擺脫它。半衰期可能介於四到十二天。

如果你用THC用得非常頻繁，就算過了三十天，也可能還有一些殘留在你的系統內。如果你必須接受大麻的藥檢（通常就是要驗THC），就要注意這個問題。

如果你有（或曾經有）THC副作用，那該怎麼辦？

對大多數人來說，THC的副作用（例如心跳加速或感到醉意）是依劑量而定的，而且如果有醫師監督、並採取「從低劑量開始慢慢增加」的方法，副作用通常非常小。

只要你從建議的劑量開始慢慢增加，並確定產品的CBD與THC至少是均等的，那麼一般來說就沒什麼副作用。如果一開始就有副作用，通常在服用兩～四週後就會消失，因為身體已經發展出藥物耐受性。這個主題會在第六章詳談，而最常見的THC副作用為心跳加速、醉意、嘴巴或眼睛乾燥、頭暈。

幸好，**就算耐受性增加，THC對於症狀（像是疼痛、痙攣、睡眠問題）的有益效果也不會逐漸變小**。一旦達到最佳劑量，這些益處通常會持續下去，不需要再增加劑量。

但是假如你或你的家人有心臟病或其他健康問題，THC對你來說可能非常不安全，或者只能在醫師的嚴格監督下使用極小的量。為了確定你不是這種體質，請先讀過第六章再嘗試任何產品（當然還是要不斷請教醫生，看看什麼東西適合你）。

假如你服用含有THC的大麻油治療夜間的疼痛或失眠，結果你遇到副作用，那麼你有三個不錯的選擇：

- 下次將劑量減少至你遇到副作用前所能忍受的劑量。維持該劑量三～五天，然後重新評估過再增加。
- 增加與THC油一起服用的CBD量以緩和副作用：比方說目前CBD與THC的比例為一比十，那就在你的THC產品劑量中，追加工業大麻製CBD油，或是改用低THC（〇・五％）、高CBD的油。
- 如果你遇到的副作用，是早上覺得昏沉或有點宿醉，但你睡得很好，而且晚上的症狀也緩和不少，那麼你可以提早一小時服用油，這樣它在你醒來之前就會消退。

你也可以在日常養生計畫中，加入草本的解毒劑來解 THC 的副作用，有些人說這樣有幫助，但已發表的研究中並沒有這一招。解毒劑包括：

- 冰檸檬汁。
- 胡椒粒：可以撒在食物上，或加到薑黃粉或薑黃汁裡頭，泡成熱拿鐵。
- 菖蒲根酊劑：這種草藥有抗焦慮、鬆弛劑與瀉藥等特性，古埃及與印度的傳統草藥（阿育吠陀）都有使用它，將它與大麻混合。根據印度的傳統文獻，它可以阻擋或中和大麻的某些中毒作用。

最重要的事，讀懂產品標示

大麻是能夠淨化土壤的植物，它可以吸收所有髒東西，尤其是生長在汙染區戶外時。最好的做法，是**盡可能選擇經過第三方或獨立實驗室檢驗的產品**。[6]

這樣可以讓檢驗客觀公正，而且任何經過此流程的產品，都有檢驗證明書，這樣你就知道產品內容是符合標示的（裡面也沒有你不需要的東西，像是汙染物或重金屬）。

只有獲得認可的（也就是合法的）檢驗實驗室，才能發出檢驗證明書。這在每個國家的名稱都不一樣，但在英國，這種實驗室被稱為「ISO 17025 認證分析實驗室」。這些實驗室檢驗大麻素的設備與方法都要經過認可，例如有一種技術叫做「高效液相層析」（high performance liquid chromatography，簡稱ＨＰＬＣ），它是檢驗ＣＢＤ養生產品，與醫療用大麻產品的業界標準。

還有一個更好的方法叫做「超高效液相層析」（ultra-performance liquid chromatography，簡稱ＵＰＬＣ），但是比較昂貴，沒有什麼人在用。

至於檢驗萜烯，多數專家都同意標準的ＨＰＬＣ並非最佳或最準確的方法，他們更推薦另一個叫做「氣相色譜法」（gas chromatography，簡稱ＧＣ）的技術，但不是所有實驗室都能採用它。

實驗室報告（也就是檢驗證明書）應包含以下資訊：

ＣＢＤ含量

ＣＢＤ油與任何可直接購買的ＣＢＤ產品，都應該準確標示每瓶／每毫升／每顆膠囊的ＣＢＤ含量，依據產品形式而定。

比方說，假如某產品的標示寫說它含有五百毫克的ＣＢＤ、且瓶子的容量為三十毫升，那麼每毫升就含有約十七毫克的ＣＢＤ。這被稱為「報告值」（reported value）。

在檢驗證明書中，第三方實驗室測出的值與產品標示上的報告值，差距必須小於一〇％。

6 編按：目前臺灣對醫療使用的大麻素製劑，因所含成分不同，有不同管理規定，僅以ＣＢＤ為成分者，不屬於管制藥品，但目前國內未核准任何含ＣＢＤ成分之藥品。至於藥品內含ＴＨＣ成分，或以大麻成熟莖及種子所製成之製品，若含量超過〇．〇〇一％，則屬於第二級管制藥品。

所以假如你想知道每次服用了多少CBD，而且產品附的滴管為一毫升，你就將瓶中CBD的總量除以毫升數，即可得到每劑的CBD量（在此例中，五百毫克除以三十等於每滴管十六・六六毫克CBD）。

THC 含量

無論工業大麻的CBD養生產品還是醫療用大麻製品，皆應標示準確的THC含量，即使它不含THC。許多CBD養生產品儘管一開始標示為工業大麻，卻在檢驗時被發現含有大量THC。

工業大麻製CBD養生產品的THC應該要低於〇・二%，這樣的話正常劑量就不至於使人中毒（除非你一次豪飲十瓶，但就算這樣也很難中毒！）。

假如你是運動員或必須接受THC藥檢的人，或你的國家不允許非處方CBD製品含有THC，那你一滴THC都不能碰。你只能使用「不含THC的廣譜CBD製品」，並且要確定它有獲得檢驗證明書的認證。

至於醫療大麻製品，THC的百分比必須與THC的毫克數一併標示（每瓶／每毫升／每顆膠囊），依製品形式而定。THC的劑量算法與上述的CBD劑量算法相同。

次要大麻素

如果產品是全譜或廣譜工業大麻製的CBD養生產品，這表示它除了CBD之外（如果是醫療用大麻製品，那就是除了CBD與THC之外），至少還含有微量的次要大麻素，像是THCA、CBDA、CBDV、CBN、CBC、CBG；如果不含其他大麻素，那就是CBD分離物。

萜烯

檢驗結果通常不會提到萜烯，因為HPLC不太能測量它們。就算有測量，通常也很難給出正確的量，所以只會寫成「富含XX萜烯」。

不過還有另一種技術叫做質譜法（mass spectrometry，簡稱MS），它是比較好的萜烯測量方法，但正常來說也不會大批測量，所以大多數產品除了現有的成分研究，並沒有關於萜烯的詳細報告。

汙染物、溶劑殘留與重金屬

實驗室應檢驗農藥殘留、溶劑殘留、重金屬與其他化學物質，例如「香料」之類的合成大麻素，它們會毒害某些器官，所以人類不應該食用（它們並非天然大麻）。

微生物檢驗

這項檢驗是為了找出黴菌與其他微生物，像是可能有害的細菌。這裡的有害黴菌，並不像在食物裡那樣用肉眼即可看見，但是吃進去或吸進去還是不安全，而且環境太潮溼的話，它可能還會長在大麻上面。

有些黴菌還會產生毒素，例如麴菌屬的黴菌會製造黃麴毒素，它可能會導致癌症或肝中毒。大麻內的病原菌包括大腸桿菌與葡萄球菌，所以檢驗這些東西很重要，這樣才能保證你買到的產品安全、無毒。

哪裡能找到產品的檢驗證明書？

許多企業會將產品的檢驗證明書列在網路上，或提供檔案下載，而在某些情況下，你也可以透過電子郵件索取。有些非常在地的企業，可能沒有檢驗證明書，所以假如你想使用這些產品，我建議你先寄一份樣本（或要求賣方幫你寄）給經過認證的第三方檢驗實驗室，以確定它安全無虞。

「過期」的實驗室報告

假如產品在生產時經過檢驗，但已經放了很久，或暴露在溼氣（大麻花應特別注意）、光線下（瓶身不是深琥珀色而是透明的），那麼它可能已經失去許多有效成分。

最先消失的是萜烯，再來是某些大麻素，它們會被紫外線分解。假如花朵存放於沒有防潮的包裝，也很有可能長黴菌。

第六章

醫療用大麻，
比你常吃的頭痛藥還安全

在你嘗試任何新的大麻或CBD製品之前，我必須建議你去請教醫師或保健專家，找出適合你的東西，尤其要考慮幾個主管機關的CBD官方建議，因為書籍只能當成教育工具，不該取代醫師的建議。

不過據我所知，CBD截至目前為止造成的健康問題（肝酵素增加與肝臟問題），僅見於老鼠（每一公斤體重服用兩千四百六十毫克）以及少數幾位兒童——他們服用了高劑量（一千毫克）的純CBD和其他癲癇藥物（就算沒有CBD，這些藥物本身也會造成肝臟問題）。這跟多數人用來養生的低劑量CBD完全是兩回事，而且就算是認真治病的病人，劑量也沒那麼高。我從來沒看過病人或客戶使用CBD後出大事的，而在其他CBD的人體實驗中（比動物實驗更值得參考），人體能夠忍受六百毫克、甚至一千五百毫克的劑量。

總而言之，即使我們還沒弄懂所有事情，至少有件事是確定的：**CBD，甚至含有THC的醫療用大麻，只要使用得當，中毒風險非常很低，甚至比許多人毫無顧忌就會吃下成藥與草藥還安全**。

我的看法是，因為CBD來自大麻，而說到使用大麻就會扯出一大堆黑歷史，所以相較於其他植物製成的補品，主管機關與安全機構會更謹慎看待它。

只要我們有更多關於CBD的資料，我相信CBD的安全問題（以大多數人使用的劑量為準）將會迎刃而解，而我的個人經驗與臨床經驗也反映出了事實。

大麻既是藥品也是草藥，所以大家很容易誤以為它百分之百安全，只因為它是「天然」的。但我提醒病人與客戶，天然的東西不代表沒有風險。

有許多有毒的植物性藥材可能會造成嚴重的傷害、甚至要你的命，即使它們來自植物、而且完全天然。

CBD養生產品，有免疫系統問題要注意

一般來說，CBD對人類與動物都是無毒性的物質，低劑量使用它時幾乎沒什麼風險；不過還是有一些要小心的地方，就跟其他對身體有生物作用的物質一樣，所以一定要先請教醫生。

在英國，CBD養生產品（也就是產品內所有CBD皆來自工業大麻，且THC含量低於〇・二％）被歸類為健康與養生補品；假如是吃進身體裡的，則稱為「營養補充品」（food supplement），例如CBD油、酊劑、噴劑、軟糖、食品、飲料等。

它們並不是藥物或醫療用品，不同於有處方才能買到的醫療用大麻。話雖如此，CBD當然還是有藥性，而且它對每個人的作用都不同，會依據產品、劑量與用途而定。如果產品用於醫療，通常就會使用高劑量的CBD。

根據目前的初步研究，CBD劑量就算高達每天一千五百毫克，對人體還是安全且無毒性（另外給你們參考：非處方工業大麻CBD養生產品，平均劑量為每天三十～六十毫克）。

就跟大多數的草藥補品一樣，CBD會影響一些藥物，因此你至少必須小心幾種藥品與草藥之間的交互作用。根據我們目前掌握的證據，比較明顯的交互作用，多半發生於劑量高於每天一百毫克時，所以低於這個劑量的CBD養生產品，應該沒什麼風險，但最好還是小心點。

依據我的臨床經驗，CBD跟其他養生補品沒出現過問題。但CBD可能影響你的免疫系統以及其他與免疫反應相關的藥品，所以如果有以下情況，還是那句話，「請教醫生」：

- 心臟問題、心絞痛、心跳不規則、心律不整等病史：一般來說你還是能使用CBD，但要有醫生指引。根據初步研究，CBD對心臟有問題的人甚至是有益的，但為求安全起見，在開始嘗試任何東西之前，一定要請教醫生。
- 中風或短暫性腦缺血發作（TIA，俗稱小中風）的病史。
- 遺傳性凝血異常的病史。
- 任何免疫系統異常的病史：假如你正在服用免疫治療藥品，或者你的免疫系統受損，例如癌症病患、愛滋病或遺傳性免疫不全疾病。
- 假如你正在服用抗凝血劑或其他心臟藥物。
- 假如你剛動完器官移植手術，正在服用抗排斥藥物。
- 假如你正在服用抗癲癇藥品，尤其是「氯巴占」（clobazam）這種藥。
- 假如你正在服用免疫治療藥品以治療癌症：CBD可能會減少免疫系統對於藥物治療的反應。

雖然低劑量的工業大麻製CBD養生產品，對大多數人幾乎沒有副作用，但對於某些補品或藥物敏感的人，可能會有輕微且短暫的副作用，包括：

・頭暈與輕微低血壓：CBD是效果輕微的血管舒張劑，這表示它會放鬆血管、使其變寬。這會使體內的血壓稍微降低，而本來就低血壓，或患有「姿勢性直立心搏過速症候群」（POTS）的人，就會因此頭暈，尤其是突然從坐姿或臥姿起身時。

這些症狀包括低血壓、昏倒或差點昏倒、心跳加速，並且伴隨持續性的疲勞。假如出現這種低血壓作用，一般來說只要先減少劑量，然後依照耐受性慢慢增加，就足以克服這個問題。

・昏昏欲睡：有些人說他們服用CBD後會有點想睡，這通常會在單劑三十毫克以上時發生，不過嚴格來說這不算真的副作用。純CBD通常不會造成睡意，所以昏睡的反應，可能是富含月桂烯的工業大麻品種造成的，因為月桂烯會使人放鬆與想睡。換個月桂烯比較少的品種，或許就能完全擺脫這個症狀。

此外，假如你因為皮質醇（**壓力荷爾蒙**）**的濃度太高**，而感到壓力很大或很緊張，那麼，**CBD對於神經系統與壓力系統的鎮靜作用，可能會使你感到異常的疲倦**。如果是這樣，就表示身體要你慢下來，並開始減壓了。

就算有以上的警告，工業大麻製的CBD產品目前還是很安全，尤其是平均劑量低於每天一百毫克時；但前提是它們真的是CBD，而且沒被THC、化學物質與其他毒素汙染。

許多天然補品與草藥，尤其是源自某些國家（根據過往經驗，中國與印度製造的產品有很多問題），曾在寄去給獨立實驗室分析時，發現內含水銀與鉛等重金屬。

CBD 也不例外，假如種植在糟糕的環境，就會從土壤吸收汙染物。基於這個原因，你應該只使用經過第三方實驗室檢驗、附有檢驗證明書的產品（見上一章）。

市面上有許多產品的品質可能有問題，英國對於 CBD 養生產品的規範仍然很寬鬆，所以品質參差不齊，不過隨著工業大麻與 CBD 產業進步，以及法規與時俱進，這種情況已經開始改善。

躁鬱症、思覺失調，最好避免 THC

大麻素對器官無毒性，而且使用過量也不會致命，不像鴉片類藥物或某些成藥，吃太多會傷到器官。話雖如此，大麻的 THC 含量如果高於 CBD 工業大麻製品的那種微量，那就不是所有人都適合使用。

跟許多大家常用的處方藥與成藥相比，大麻更不容易造成副作用，而且對於大多數健康的人來說無害。如果劑量很低，並且按照（懂大麻的）醫師指示來使用，就更加安全。

有些風險較高的族群，不應使用含有 THC 的產品，除非有精通此領域的醫師負責監督；畢竟風險可能會比益處還多。比方說心理健康出問題，像是**精神病**、**思覺失調症或躁鬱症**，**通常就應該避免 THC**。

話雖如此，有人初步研究了 THC 與思覺失調症的關係，發現一件有趣的事情：在某些情況下，大麻能減少藥品的副作用，而且少量的大麻甚至能與其他藥物一起緩和（但不能治癒）

某些症狀。

然而，若以醫療用大麻的使用與安全性來看，這件事對於罹患這些疾病的人有什麼意義，目前還言之過早。就目前來說，只要符合前述情況（患有精神病、思覺失調症或躁鬱症），最安全的做法就是完全不碰含有THC的大麻。

就跟醫學上大多數的事情一樣，並沒有對所有病人都適用的原則，而且我們也還在持續學習，關於大麻與其醫療用途的知識。

THC可能會稍微提高心臟出問題的風險，尤其是那些本來就罹病的患者（如心臟病或中風），所以假如你正處以下這些情況，使用前一定要先請教醫生：

- 精神病（自己或一等親罹患，例如父母、兄弟姊妹或子女）：包括思覺失調症、分裂情感性障礙，以及其他精神病的成因。
- 狂躁（mania）或躁鬱症。
- 懷孕期或正在哺乳。
- 不穩定的心血管疾病。
- 最近心臟病發作過。
- 任何心律不整，包括：

■心房顫動（盡量別碰大麻，除非狀況穩定、心跳受到控制，且使用時嚴格遵照心臟專家的醫學指南）。

■長 QT 綜合症（跟心律或心血管有關的疾病）。

■未被診斷的心悸，可能與心臟病有關[1]。

・正在服用抗凝血劑，例如脈化寧（warfarin）：抗凝血劑與 CBD 可能有交互作用，在某些情況下它們可以一起使用，但必須有醫師嚴格監督，並監控驗血報告中的凝血因素（在報告中會有一種叫做「國際標準化比值」（INR）的凝血指標，會隨著 CBD 變動）。

・正在服用癌症免疫治療藥品：這種藥若與大麻混用，可能會減少身體對藥物的反應（目前我們認為這跟 CBD 含量比較有關，而非 THC 含量）。但如果好處多過風險（例如正在接受舒緩治療〔palliative care〕），倒是可以考慮混用。

・肝硬化（很嚴重的肝病），尤其跟 C 型肝炎有關：THC 可能會讓這種病更快演變成肝纖維化，不過證據尚未定論，而且有些專家覺得這種風險極小。

・正在使用氯巴占或其他抗癲癇藥物，且服用的醫療大麻 CBD 劑量大於每天一百毫克：抗癲癇藥物可與醫療大麻一起使用，但必須受到醫師嚴格監督，並且監控此藥物在血液中的濃度，確定它在安全範圍，因為 CBD 可能會稍微提升這個濃度。

我發現使用高 CBD、低 THC 醫療大麻製品的病人當中，只要遵照我建議的劑量準則，大多數人都很少遇到任何明顯或持續的副作用。就算遇到了，這些副作用也很輕微，而且等到幾週後身體發展出耐受性，副作用就消失了，就算製品的 THC 含量較高也一樣。

比方說，假如我們嘗試使用醫療大麻，來減少大量嗎啡與其它鴉片類止痛藥的劑量，那麼THC的毒性與有害程度，通常都比鴉片類藥物本身還低。

許多病人再三告訴我這件事：**就算是THC含量高的醫療大麻，使用時的感覺都遠比使用嗎啡或吩坦尼（fantanyl，強效止痛劑）還清醒**。

話雖如此，也有一小群人只要少量THC就會產生副作用，尤其是他們以前從未服用過時。所以如果要盡量降低醫療大麻內的THC所產生的副作用風險，還是那兩個原則：從低劑量開始慢慢增加、與醫生合作。

含有THC的大麻最常見的副作用，通常都很輕微與短暫，但假如你沒有事先做好心理準備，還是很有可能嚇一跳。我接過很多慌張的家人、朋友與病人打來的電話，說他們不小心搞錯大麻油的劑量，結果用量過度，嗨到比天還高。

我發現這種事情在加拿大大麻合法化之後特別容易發生，因為顧客可以從合法的商店直接購買THC含量高的大麻，而且不用處方。

這些產品名義上是娛樂用的，但許多人因為健康方面的理由，把它們當成藥物使用，而不是想變得飄飄欲仙。

這些商店的店員通常都很好心，但他們是銷售員、不是醫生，沒受過醫療訓練。雖然「飄

1 作者按：任何有心臟問題的病人，都應該請教心臟內科醫師，以確定心臟問題穩定，並且監控病人的THC相關副作用。在少數情況下，我建議這些病人使用低THC、高CBD的大麻，但這項決定要依照情況而定，而且要有醫師監督。

飄欲仙」聽起來很好玩，但也可能非常痛苦；如果你以前沒碰過毒品、深受焦慮所苦、討厭失控的感覺，那更是如此！

這些潛在的ＴＨＣ副作用，也是依劑量而定——意思就是，只要劑量低於十毫克就不太會出現，低於五毫克的話更是罕見。但是假如你不小心服用了七十毫克的ＴＨＣ（尤其是你還不習慣它時），接下來幾個小時就會「很有趣」。

那麼最嚴重的情境會是怎樣？美國某些娛樂用大麻合法的州所販賣的大麻巧克力棒，ＴＨＣ含量足以引起心臟病（一百～兩百毫克），但前提是吃的人本來就有高心臟病風險，而且一次吃完。

任誰我都不會建議他服用這麼多劑量，而且我在醫療時使用的劑量絕對低得多（正常是每天五～二十毫克）。

如果ＴＨＣ的副作用真的發生了，最常見的有以下幾個：

- 心跳加速。
- 疲勞或昏沉（甚至頭暈）。
- 覺得失控或受驚。
- 口乾舌燥。
- 食慾增加。
- 妄想症／煩躁（罕見）／焦慮／恐慌。

・協調性受損。

有些研究指出，長期服用ＴＨＣ可能會造成短期記憶受損，以及擾亂專注力。不過值得注意的是，這些研究用的是高ＴＨＣ、低ＣＢＤ的娛樂用大麻菸，而非醫療大麻。然而這些作用，包括對大腦的作用，**都會在停用ＴＨＣ三個月內消失**。

比方說，長期使用ＴＨＣ所造成的大腦變化之一，就是ＣＢ１受體濃度降低，而受到這種作用的大腦區域，多半會在二十八天內恢復正常，除了海馬迴，但它也會恢復，只是比較慢。將ＴＨＣ與ＣＢＤ一起服用的話，或許能夠保護大腦免受這種作用，不過我們還需要更多研究來確定這些案例。簡單來說，大腦為了適應四處流動的大量ＴＨＣ，必須清除一些ＴＨＣ與內源性大麻素的受體。

許多慢性病藥物在服用時也會發生這種事，這是大腦與身體試圖持續調節自己的方式。重點在於，當你停用含有ＴＨＣ的大麻，大腦的受體數量就會回到服用大麻前的水準，並不會喪失自我調節的能力。

停藥後有戒斷症狀？頂多兩週就能恢復正常

大麻停藥症候群（cannabis withdrawal syndrome）是指停用含有ＴＨＣ的大麻時會出現的症狀，工業大麻製ＣＢＤ產品並不會有這種問題。症狀包括：失眠、易怒、焦慮、食慾改變與噁心。

如果使用醫療大麻的病人去國外旅遊，在當地無法服用大麻，就可能發生這種事（他們每天使用ＴＨＣ油助眠，或者在白天使用ＴＨＣ製品治療疼痛與其他症狀）。

為了避免這種情況發生，我會請他們在離開加拿大之前告知我，這樣我們就能見面並討論替代方案，假如他們要去的國家，無法從醫生那裡取得醫療大麻，必要的話，我會幫他們在出國前慢慢停用大麻，或使用其他方式代替。

有次，一位和藹的年長病人問我，他可以帶著醫療大麻去沙烏地阿拉伯拜訪家人嗎？當然不可以！所以我必須趁他出國前幫他慢慢停用大麻。他跟我說，中東有些人真的會為了治病去抽（非法的）哈希，但只會關起門來偷抽。我建議他旅途中最好別碰任何黑市大麻，因為在那個地方，不管使用哪種大麻都會受到嚴重的法律制裁。

大麻停藥症候群通常都很輕微，並不危險，而且持續時間通常少於兩週（其實大多數人不到七天就好了）。**醫療大麻多半同時含有ＣＢＤ與ＴＨＣ，所以症狀也非常輕微。**

至於抽娛樂用大麻（ＴＨＣ含量高、而且幾乎沒有ＣＢＤ）的人，如果在沒有緩慢減少劑量的情況下突然不抽，可能會造成更嚴重的症狀——雖然不危險，但短期間會不舒服。

使用醫療大麻的患者如果停用大麻，最大的問題就是無法緩和疼痛或控制症狀；此時他們可以改用其他藥品協助控制症狀，直到可以重回大麻療法為止。

高ＴＨＣ大麻菸對青少年大腦的影響

若在大腦完全成熟之前（青少年時期）長期抽大麻菸，似乎真的會改變腦中負責決策與記憶的區域，並導致長期影響；至少某些人是這樣。如果過了二十五歲才使用大麻，只要停抽一陣子就不會有這種影響。

這就是**我強烈反對青少年使用娛樂用大麻**的原因，**尤其是高THC、低CBD的大麻**。但這個年齡層其實滿適合使用醫療大麻，只是必須先由醫師謹慎評估，權衡它相較於其他方案的益處與風險，再遵照醫學指南使用。如果真的要用，那應該先嘗試低THC、高CBD的大麻，形式也最好適合長時間服用，例如油或膠囊。

THC與生育能力

服用THC還有另一個要小心的地方，就是正處生育年齡的人們，因為生育能力可能會受影響。雖然THC可能會影響某些女性的月經週期，但目前沒有證據證明，一定會損害女性的生育能力。有些對於男性的初步研究已顯示，THC會減少精子的數量與運動性（詳見第十三章與第十四章）。這些影響很可能是依劑量而定，而且多半是因為長期每天大量使用所導致。

大麻最嚴重的「副作用」——欣快感

念醫學院時，關於大麻我們只學到一件事，就是它會使人精神錯亂，而且其中一個副作用是「欣快感」（euphoria），講白一點就是愉悅或快樂。

我從來就想不透欣快感為什麼是壞事（也沒人跟我解釋）——假如你有輕微憂鬱症的話，

欣快一點不是挺棒的嗎？話雖如此，但假如你有躁鬱症又發生欣快，結果讓你變得狂躁的話，可就得不償失了（所以有躁鬱症的人應該避免高劑量的THC）。

欣快被大家貼上可怕的標籤，而令我驚訝的是，這張標籤正是出於現代西醫的缺失之處。西醫對人體的態度是「消毒、理性、簡化」，而這樣有可能會忽視快樂、人際關係與人生經驗的重要性——例如「高峰經驗」（peak experiences），這些是會讓人覺得活著有價值的體驗，並且使身為人類的我們團結在一起，但西醫不知道怎麼創造這種經驗。

我還覺得大多數的醫師對於大麻、以及賽洛西賓[2]之類的迷幻藥[3]，都沒什麼經驗可言；而我們對於沒經驗或不了解的事物，一開始通常都會怕。

比方說，我們現在知道，賽洛西賓就跟大麻一樣可以治病。在美國，賽洛西賓才剛被FDA認可為憂鬱症的「突破性藥物」；而在英國，一些頂尖大學正在進行多項大型研究，想看看這種天然化合物，如何用於治療難治型憂鬱症，以及其他令現代藥物束手無策的心理疾病。

醫療大麻比止痛藥還不易成癮

大麻與THC不像嗎啡與其他鴉片類藥物，有生理依賴的風險。但長期使用高THC、低CBD的大麻，尤其是在未受監督時用於娛樂，可能會導致大麻「使用疾患」[4]或成癮。而根據目前的資料，上癮的大麻慣用者約占九%[5]。

成癮的意思是發展出心理依賴，極度渴望，以及儘管會對生活造成負面後果，卻仍然增加使用量。我必須重申，這些數據是關於未受監督的娛樂用途，並非醫療大麻使用者——他們是在適當的引導下使用，成癮非常罕見。**我治療過數千名病人，從來沒遇過有人對醫療用大麻成癮。**

性別與年齡等因素，會影響大麻與內源性大麻素系統互動的方式；劍橋大學的莉莉·加林多（Lili Galindo）博士正在調查這件事，以了解含有THC的大麻對哪些人比較容易造成負面的心理影響。

我認為對任何潛在成癮風險都保持警覺，是很好的心態，尤其是你曾經對其他物質成癮時。假如以下徵兆與症狀，你經歷了兩個以上，那麼你可能已對大麻產生依賴：

- 每天使用的大麻超過控制症狀需要的量。
- 需要的大麻與THC劑量越來越高，遠超過正常的量。
- 對於大麻極度渴望，只要能取得就會想使用，不只是用於醫療。

假如你擔心自己有風險，就算沒有符合這些判斷標準，也要盡快去看醫生！

---

2 編按：Psilocybin，迷幻蘑菇的主要成分。
3 編按：Psychedelic drugs，指主要功效為改變認知與知覺的精神藥品，誘發心智產生與一般意識有差異的體驗。
4 編按：use disorder，指一個人使用一種或多種物質之後，導致臨床上出現顯著損害或是不適症狀。
5 編按：出自二〇一九年的研究：《大麻和心律不整》（*Marijuana and Cardiac Arrhythmias*）。

假如你不小心服用太多 THC，該怎麼辦？

一般來說，不慎使用過量 THC 並不會危及性命，除非你有不穩定的心臟問題（如果是這樣，請見下文）。在大多數的情況下，這種感覺很不舒服，但在家就可以控制了，不必看醫生。

假如你感到醉意、恐慌或失控，請放一些平靜的音樂，待在安全的空間，像是躺在床上或沙發上，並開始練習緩慢且輕柔的呼吸。我有個技巧叫做「面紙盒呼吸法」（有時又叫「療癒呼吸」）；我經常與焦慮、壓力大的病人練習這個技巧。

我會請他們躺在診療床上，然後在他們的肚臍上放一個面紙盒。當他們呼吸時，面紙盒會抬高。接著他們以「哈啊啊啊」的聲音吐氣，再看著面紙盒降低。這雖然聽起來簡單到有點好笑，卻能夠立刻讓神經系統平靜下來，並取回對於身心的控制感。

假如你感到醉意，你應該（當然要）避免開車、使用機械或去上班；等到醉意消失就對了。假如你吸了太多霧化大麻，最糟的狀態通常不到一小時就結束了，而且藥效通常在兩到三小時內就會完全消退。

假如你是吃大麻食品，或口服大麻油，那麼藥效就會持續比較久——大概六個小時左右。如果是這種情況，就在家裡用舒適的衣服、毯子、熱茶與平靜的音樂築一個巢，再準備幾部電影逗自己開心，舒舒服服的等到藥效消退。

我必須補充一點：服用醫療大麻後的不適，很少會這麼嚴重。我給病人的劑量是很明確的，所以就算他們稍微弄錯，頂多也只是有輕微的醉意。但假如你真的服用過量，最好還是照著前面說的去做。

我也建議你打電話給可靠的朋友、伴侶或親人，讓他們知道你的感覺，這樣他們就可以在必要時照顧你。

然而，假如你服用ＴＨＣ後覺得胸痛或呼吸困難，一定要打緊急電話，立刻獲得緊急醫療服務。如果你是沒有心臟病的健康人士，那麼服用太多ＴＨＣ之後的胸悶與呼吸困難，就是輕微的恐慌發作所致，而不是心臟病發作；但由於你幾乎不可能自行辨認這些症狀，所以最好還是立刻找人檢查。

如果你已經有心臟病（或你覺得有），那更要盡快去醫院。千萬不要覺得找醫生檢查是很丟臉的事——我對所有病人都強調這點。如果覺得身體不太對勁，請馬上求醫，做法就跟你有其他嚴重的藥物反應時一樣。

就算是天然藥材，燃燒吸入也會有肺癌風險

如果長期且大量抽大麻菸，會有罹患肺炎的風險，這是藥材燃燒所導致的；接著，某些人

得到慢性阻塞性肺疾病（chronic obstructive pulmonary disease，簡稱 COPD）的風險，可能也會隨之增加，不過相關研究尚未明朗。

目前仍然不清楚大麻菸是否會造成肺癌。不過，大麻菸確實有一些致癌的化學成分，叫做「碳氫化合物」（例如苯芘，香菸裡面也有）。然而，香菸裡頭只有會致癌的壞東西，大麻菸卻同時含有抗癌與抗發炎的化學成分，可以抵消（至少某種程度）這些壞東西。

然而，大麻菸有可能會增加發炎的機率，尤其對於使用醫療大麻的病人而言（十個人裡面有九個人，至少有一個小毛病跟發炎有關），所以如果**要減少肺部受傷害的風險，最好的方法就是完全不抽大麻菸**。

只要使用霧化器，並讓溫度控制在攝氏兩百一十七度以下，就可以避免大部分燃燒大麻花藥材所產生的風險。大麻素當中，CBC 與 THCV 是最後霧化的兩個（攝氏兩百二十度），所以你可能吸不到這些化學成分，但是為了避免壞東西（像是有毒的萘）也霧化，溫度低一點是值得的。

由於缺乏相關的重量級研究，我會基於目前已知的科學，採取最謹慎的做法。第一次使用時，建議在還沒放置大麻前，先加熱以清除霧化器在製造流程中的化學殘留物。

品質好的霧化器會附上精確的操作說明書，而且 YouTube 也有很多影片，教你怎麼在初次使用前清潔乾燥草藥霧化器（也可以參考第五章）。

如果你已經患有 COPD 或其他肺病，像是復發的支氣管炎或纖維化，那你最好別吸大麻蒸氣，改用別的方法吧。

只要病人符合以上情況，我通常就會這樣建議他。不過，**對於某些會突然痙攣的嚴重疼痛，大麻蒸氣是最有療效的**，所以假如某人的COPD與氣喘很輕微，我們就會評估是否要將大麻蒸氣加入療程。

在這些情況中，THC擴張氣管的效果，通常能夠暫時緩和氣喘與COPD的急性發作，有點類似泛得林定量噴霧劑[6]（但這並非該症狀的標準療法）。

有心臟問題，千萬不要自己當醫生

陶德（Todd）是一位五十幾歲的男性，因為慢性疼痛，跑來找我索取醫療用大麻。他對醫療用大麻並不陌生，另一位醫生已經開過處方給他；可是這位醫生其實不太懂草藥和大麻，所以開了一張空白的處方給陶德，讓他去試試看自己最喜歡哪一種。我們閒聊的時候，我發現他沒有密切監控自己使用大麻的方式。

原來陶德是抽THC含量高的大麻菸，而不是吸蒸氣或口服CBD較高的產品——這才是我推薦給病人的東西。這令我很擔心，因為他患有一種心律問題，叫做「心房顫動」，而THC會觸發或惡化這種病。

剛見到陶德，我就詢問他的用藥史，顯然他的心房顫動症狀，在開始使用高THC大麻後

6 編按：短效支氣管擴張劑。

更加嚴重了。

最近一次急性發作使他必須掛急診，而事發當天與前一天，他都抽了大量的高THC大麻菸，希望能抑制疼痛復發。之前的醫生並沒有明確指示他該使用哪種醫療用大麻。

我跟他說，我覺得他挑選的品種含有大量THC，雖然有助於緩和疼痛，但他的心臟病可能也因此復發更多次。經過我初步好言相勸之後，他同意完全停抽大麻菸，並改使用蒸氣與口服油。

我讓陶德服用高CBD、低THC的醫療用大麻油（約五比一），當作基本的治療；他還是需要一些THC，因為他的背痛非常嚴重，而在使用醫療大麻之前，他也曾經依賴鴉片類藥物來控制疼痛。

如果突發性疼痛發作，我們就追加一種成分較均衡的大麻蒸氣，CBD比THC稍微多一點（二比一），但THC還是足以迅速緩和他的急性發作。簡單來說，我等於立刻將他攝取的THC減半。

追加富含CBD、且THC也足夠的油製品，讓緩和疼痛的效果能夠長時間作用，幫助陶德戰勝疼痛與發炎，進而減少急性發作的次數。從抽大麻菸改成吸蒸氣，減少了肺部的風險，以及任何會負面影響心血管系統、導致發炎的副產品。

經過這些改變之後，陶德的心臟病就變穩定了，他不再因為心悸而跑醫院；他的疼痛減輕了，整體感覺變好，也比較不會昏沉。

陶德的故事是個非常好的例子：任何人只要心臟有問題，務必要請醫生密切監控，確保治療是安全且有效的。

THC會增加心臟的工作量，對於心臟衰弱或心律不整的人來說有危險，因為THC會讓心臟緊繃到跟不上。劑量較多時，THC也會提高壓力與焦慮反應，尤其是不習慣它的人；這會對心臟的跳動造成更多壓力。

假如你是心臟病發作或中風的高風險群、或者你已經罹患心臟或血管疾病，然後又服用高劑量THC，就有可能會觸發危及性命的心律不整、心臟病發作或中風。

然而在極端的情況下，假如THC觸發嚴重的心臟病發作、而且病人沒有即時得到醫療照護，就有可能會致死。

我唯一聽過的「高劑量THC造成心臟病發作致死」案例，是因為當事人在未受監督的情況下使用娛樂用大麻，而非醫療用途。我從來沒聽過醫療用大麻在醫師監督下致死的情形，而且我看過的已發表研究也沒提過這種案例。

有人研究大麻與心臟疾病之間的關聯，但對象是THC含量較高的娛樂用大麻菸，而不是低THC、高CBD，跟其他藥物一樣必須受醫師監控的醫療大麻。

話雖如此，假如病人有不穩定的心臟病，卻還要我開含有THC的醫療大麻給他，我會拒絕。這種對話不一定愉快，但我的責任就是先講求「不傷身體」。

就跟我們攝取的所有東西（從食品添加劑到藥品與草藥）一樣，大麻與大麻素會在肝臟中被特殊的酵素分解；所以醫療大麻與CBD，有可能發生藥品與草藥之間的交互作用。

藥品與草藥之間的交互作用

大麻與大多數藥品之間，在臨床上並沒有顯著且經過證實的交互作用，但小心一點總是最好的，就跟你服用任何新藥一樣，即使是避孕藥或成藥。如果說到肝臟內的代謝，THC 與 CBD 是被研究得最透徹的大麻素。

分解它們的酵素也會分解其他許多藥品與草藥，涉及肝臟酵素系統的複雜藥品／草藥交互作用，有非常多可能性，如果要全部探討，那就超出本書的範疇了。

但可以確定的是，大麻（尤其是高劑量）對於其他藥品的作用，是無法量化的。基本上，就是「不知道」的意思，因為藥品與大麻的組合方式有數千種，沒什麼人對於這個主題發表過研究。

這聽起來很嚇人，但其實大多數藥品也有同樣的問題。對於藥品／草藥、藥品／藥品交互作用的研究，主要聚焦於特定幾種高風險藥品，因為它們會相互影響，造成血壓上升或下降。如果該藥品的治療指數（安全性指標）很狹窄，這種作用會很明顯。幸好大麻的治療指數很寬，只有少數幾種藥品有公開證據，證實它們如何與 CBD 或 THC 互動。

以下是幾個重大的藥品／草藥交互作用，需要小心：

- 脈化寧：THC 與 CBD 會提高脈化寧的濃度。
- 酒精如果與 THC 一起服用，可能會提高 THC 濃度。

・茶鹼（用來治療COPD或慢性肺病的藥品，但現在沒有十年前那麼普遍）：大麻菸會降低茶鹼的濃度。

・氯巴占：用CBD治療兒童癲癇時，CBD會增加氯巴占的濃度。

・用於非小細胞肺癌、腎癌與黑色素瘤的免疫治療藥物：根據以色列的回溯觀察研究，大麻會降低這些藥物的藥效，但不會影響病人的無惡化存活期與整體存活期。

・塔克利馬斯（Tacrolimus）：這是一種用於抗器官排斥與免疫治療的藥品。它可能會與極高劑量的CBD（該研究的CBD劑量超過一千毫克）產生交互作用。

・其他抗器官排斥藥品，像是山喜多（CellCept）：雖然沒有公開證據，但這種類別的藥品類似塔克利馬斯。

・聖約翰草（St. John's wort）：雖然沒有研究指出聖約翰草會與大麻、THC或CBD互動，但聖約翰草是以藥品／草藥交互作用而聞名的草本補品之一，因為它能夠促進酵素活動，進而影響許多不同藥品的濃度，所以我通常不會與大麻一起使用，尤其是病人服用許多其他藥物時。

整體來說，本書中談到的其他草藥與天然補品，我都已經讓數千名病人搭配大麻藥物一起服用過，並沒有任何問題；大多數情況下都是採取「從低劑量慢慢增加」的方法，而且一次只追加一種新藥。

就跟所有藥物與草藥一樣，避免兒童或寵物誤食大麻，是很重要的事情。對於患有特定疾病的兒童來說（像是難治型癲癇或其他嚴重的發展障礙），大麻或許非常有幫助，前提是醫療環境受到控制，而且負責照護的小兒科醫師了解大麻與 CBD。不過，我們不建議健康的兒童使用大麻。

THC 會讓寵物失去方向感，這是因為它會影響動物大腦的平衡中心，而動物的大腦又比人類敏感，所以務必將大麻放在寵物碰不到的地方（尤其是外號「吃垃圾機」的拉布拉多犬）。

另一方面，工業大麻製的 CBD 油，THC 含量極低，可以讓焦慮的寵物平靜下來，而且很安全，但假如你想嘗試，還是一定要先請教獸醫。我有許多病人服用 CBD 後效果極佳，於是也讓寵物服用；我見過 CBD 緩和狗（也有貓，但比較少）的關節炎疼痛、分離焦慮和過動。

大麻籽油對寵物也是健康的油，能保養牠們的毛皮。越來越多寵物用 CBD 製品，正在美國與加拿大興起，不過目前英國法律禁止將 CBD 當成寵物用藥或食物成分（但是人類就可以合法使用，我覺得真奇怪）。

為了確保所有人的安全，請將大麻製品鎖在箱子裡，只有你有密碼或鑰匙。而紫外線（例如陽光）會破壞你的 CBD 與醫療用大麻製品，所以箱子最好是不透明的。

數千名病患見證，大麻幫他們拿回人生控制權

雖然含有 THC 的大麻有許多地方要小心，但是工業大麻製 CBD 產品或高 CBD、低 THC 的醫療用大麻製品，就幾乎不會出現副作用。

我親眼見證過數千名病人，在大麻藥療期間出現正向副作用，我覺得一定要把它們講出來：

- **對於正念與冥想的接受度變高**：根據許多研究顯示（包括哈佛大學對於正念冥想的研究），人們必須每天練習並持續八週左右，才會開始出現持久的益處。然而，只要人們使用 CBD 或醫療大麻，協助自己放鬆心情到足以從事冥想或鬆弛練習，他們就能夠持續這些練習，直到心理健康與壓力水準改善為止。
  在使用大麻或 CBD 之前，只要是有慢性疼痛、壓力太大或焦慮的病人，多半都練習不到幾天就放棄了，因為他們無法每天讓身體平靜一段時間，以撐過學習技巧時的不適。
- **強化醫病關係**：我有許多病人對於醫療體系感到徹底失望，所以跑來找我索取醫療大麻處方。只要配合醫師使用大麻，他們就會重拾對於醫師的信任，並且能夠與自己的醫療團隊攜手合作，改善健康結果。
- **內在控制感與希望**：當病人面臨嚴重的慢性病，而且疾病無法治癒，那就應該以提升生活品質為目標。由於大麻對於先前無法控制的症狀，通常都有很好的效果，所以它能緩和痛苦，協助病人取回對於症狀與生活的控制感。
- **減少藥丸負擔**：大麻通常能夠大幅減少患者每天要服用的藥物量（無論處方藥或成藥），這些藥是為了應付疼痛、發炎、焦慮、睡眠不足、壓力與疲勞。在最好的情況下，病人可以不用再吃止痛藥、鴉片類藥物、苯二氮平類藥物、安眠藥與其他副作用很強的藥品。
- **減重**：我有許多病人在開始使用醫療大麻後體重減輕了，這跟「大麻零食會使人變胖」的想法完全相反。使用 CBD 含量高的大麻品種，似乎能夠改善血糖控制；這個發現已經開始受到初步研究的支持——研究主題為CBD與其他大麻素對於糖尿病（或糖尿病前期），與代謝症候群患者所產生的正向作用。

- **運動量增加**：人只要疼痛與發炎減少，就會有更多體力，也就能開始並維持規律的運動計畫。
- **重回職場**：與「大麻使人懶散」的概念相反，我有許多病人因為大麻而能夠以某些形式重回職場，無論是全職或兼職。
- **大幅改善生活品質**：每週都至少會有一個病人跟我說，大麻改變了他們的人生。他們通常都很堅持我把這些事情寫下來，因為他們非常熱情，想要在醫療社群記錄自己的經驗與成果（尤其因為使用大麻被妖魔化了好幾十年）。

總而言之，儘管大麻過去一百年來都被大多數國家當成危險的毒品，醫療大麻與CBD養生產品，通常都有非常良好的安全保證。

不過就跟任何療法一樣，大麻對特定人士還是有些風險，主要是來自含有THC的製品（而且同時與其他藥品一起服用），所以在開始使用大麻製品前，一定要請教醫師。

大麻可以配酒嗎？

ＴＨＣ會強化酒精的作用，反之亦然；所以**ＴＨＣ只要配一杯酒，不舒服與酒醉的感覺，就會比只喝酒或只服用ＴＨＣ還強烈**。這種反應非常因人而異，因為每個人肝臟內的分解酵素都不一樣。

重點在於，假如你是大麻新手，還在摸索最穩定的劑量，或是你換了產品，那麼直到狀況穩定下來之前，最好別用酒配大麻。接著你可以在吃飯時（這是為了讓吸收速度變慢）配一杯酒服用大麻，看看你的感覺如何。

假如你真的要用大麻配酒，我會建議挑個週末在家實驗，這樣在身體出狀況時才好處理。一劑大麻本來不會有什麼問題，但是配上一杯酒或其他酒精飲料，可能就會讓你不舒服。話雖如此，一旦狀況穩定下來，我有許多病人真的會在吃飯時，服用醫療大麻並搭配一杯酒。

第2部

藥廠不想讓你知道的……這些人都靠醫療大麻重拾人生

第七章

超級綠汁，對抗大腦老化

達到「巔峰的大腦效能」與罹患「神經退化性腦部疾病」（例如失智症），乍看之下並沒有什麼共通之處。然而，「最佳的大腦狀態」與「慢性腦神經疾病」，正是大腦健康光譜的兩個極端。

當我們發現越多關於大腦與其運作方式的新知，就越清楚一件事：讓大腦保持健康、快樂與高效能的因素（例如緩和發炎與毒性、清除廢物、維持大腦化學物質平衡的能力），有可能因為其異常而造成大腦疾病。

最極端的功能異常可見於**阿茲海默症與其他「腦神經疾病」**——意思就是「大腦出錯」。當然這些疾病都略有差異，但它們也有很多相似之處，而且**全都涉及內源性大麻素系統的功能異常**，所以想當然的，植物大麻素可以協助治療這類疾病。它能夠透過內源性大麻素系統，對大腦與神經系統產生作用。

多發性硬化症（本章會談到）既是神經退化性疾病，也是自體免疫性疾病。至於它為什麼兼具這兩種病的特性？以前這對科學家來說是個謎，但現在的醫學已經發現，免疫系統、大腦與神經系統，這三者有著錯綜複雜的連結關係。

就連「β-澱粉樣蛋白」（beta-amyloid）這種蛋白質，起初被視為阿茲海默症的成因，現在也被認為是免疫反應出錯的產物。

我除了替人治病，也在提升大腦效能的領域下了功夫。我曾舉辦過「巔峰效能計畫」與「恢復力訓練」，客戶包括《財星》（*Fortune*）五百大執行長、職業運動員與演員，他們都是為了將大腦效能極大化而參加。

我們使用各種工具，包括腦電圖腦部掃描（根據大腦的特徵，協助引導與量身訂做養生計畫）、腦神經回饋訓練、飲食、身心生活方式，以及草藥與補品。

CBD，尤其是來自工業大麻的CBD（畢竟它比較能夠被許多國家的客戶接受），已成為我們「補品全餐」中的主菜，而且客戶對於CBD帶來的新感受，可說是讚不絕口。有幾位住在美國與加拿大的客戶，還會策略性的混用大麻與微量THC，以獲得最佳的效果。

所以無論你目前患有神經退化性腦部疾病（或者家人患病，而你想幫助他），或是想提升大腦效能（有備無患）、改善大腦老化情況，CBD與大麻或許都能幫得上忙。

加拿大農夫的長壽祕訣，超級綠汁

我在加拿大英屬哥倫比亞省（主要城市為溫哥華）執業，有許多病患來自西海岸社區，他們過著健康、獨立的生活，自己種菜，活到九十幾歲。他們有些人也會在自家土地上種大麻，但不是用來讓自己變嗨，而是在早上將大麻葉與菜園的菠菜一起放進果汁機，榨成非常獨特且無毒的「超級綠汁」（special green juice）——他們信誓旦旦的說，這玩意兒讓他們一直都健壯如牛。

此時我還沒開立大麻藥物給病患，但我很好奇這種養生方法，於是開始研究生大麻裡頭有什麼有益健康的東西。我發現他們把葉子（甚至花）榨成汁，其實喝到的是THCA，也就是THC的無毒前驅物。

ＴＨＣＡ似乎有很多有益健康的地方，而且沒有副作用，但需要很多原料才能榨出足夠的汁（除非你在室外種了一大堆大麻，才有可能負擔得起）。這雖然不是最有效率的用法，但是很有趣，而且這些老人家這麼健康，我哪有資格質疑它的效果？

治療阿茲海默症最好的藥物，來自植物化學成分

最近有一份觀察了病患大腦與認知功能的研究指出——這些病患因為慢性病而接受醫療用大麻的治療。他們會先接受大腦功能檢查，再開始使用醫療大麻，接著三個月後再檢查一次；而最終結果顯示，他們的認知效能都已經改善。

改善的部分包括大腦效能，以及大腦中涉及執行功能的區域（扣帶皮層、額葉）。研究結論是**大麻並不會傷害大腦功能，反而還可以在大腦沒有以最佳狀態運作時，使其功能正常化**。

研究人員也發現，這些使用醫療大麻的病患，心臟方面的數據與整體健康狀況都有所改善，並且能減少使用可能傷害腦部的成癮藥物，像是鴉片類藥物與苯二氮平類鎮靜安眠藥物（要注意的是，這個研究是以醫療大麻為主，而不是娛樂用黑市大麻菸；沒有研究證實後者可以改善認知功能）。

另一份以老鼠為實驗對象的研究也證實，大麻其實能夠大幅逆轉大腦老化（至少比較老的老鼠是這樣）。

還有一份關於ＴＨＣ治療與年齡相關之認知能力下降的研究發現，大麻能夠強化學習與記

憶、改變大腦結構與大腦網絡，使腦年齡更年輕。

ＴＨＣ雖然對老年人的腦部有正向影響（正如前文探討的），**但它對青少年（甚至到二十幾歲）的健康大腦，卻可能有完全相反的效果**：它可能會打亂本來很平衡的內源性大麻素系統。**唯一的例外是患有癲癇與其他神經疾病的青少年**，因為他們的大腦無法正常運作；在這些情況下，ＣＢＤ搭配低劑量ＴＨＣ或許會有幫助。假如其他藥物已經無效，那麼由小兒科醫師開立大麻並密切監督病患，就可能利大於弊。

如果你的大腦目前沒生病，但你想改善大腦老化、提高大腦效能，根據初步證據顯示，老年人服用低劑量的大麻素或許有益健康。它們甚至能恢復老年人遭到擾亂的生理時鐘。

有些研究人員提議服用某些植物化學成分，來協助對抗大腦老化。雖然這乍聽之下很像在放棄現代科學，走回傳統療法的老路，但用來治療阿茲海默症最有效的藥物「膽鹼酯酶抑制劑」，就是從許多植物分離出來的化合物；其中一種植物成分叫做「加蘭他敏」（galantamine），可在雪花蓮中找到。

根據細胞研究與動物實驗，大麻素對於成人大腦的神經生成，以及腦細胞成長都很重要，尤其是海馬迴之類的區域。雖然大量ＴＨＣ可能會暫時損害短期記憶，但其他大麻素其實會協助記憶。

我們也知道萜烯（來自大麻與其他植物）可以跨越血腦屏障，這表示它們可以直接作用於大腦。萜烯、類黃酮與類似的植物化合物，都有神經保護作用，對於各種神經精神疾病與神經退化性疾病非常有益。

有好幾份研究已經證實，許多種鼠尾草，尤其是西班牙鼠尾草，都有強化認知的效果，對於異常的大腦老化疾病或許有幫助。

有一份近期的研究發現，鼠尾草可以幫助預防大腦老化，還有另一份研究發現，它能強化健康老年人的記憶與注意力。有趣的是，造成這些效果的主要植物化學成分——單萜，也是大麻裡頭主要的生物活性化學成分，其中包括一種特別的單萜，叫做α-蒎烯，因為能夠強化記憶而聞名。

假如我的客戶很健康，想要結合天然補品與草藥，強化大腦效能與抗老化，我就會用其他草藥搭配大麻，以天然方式增強大腦。我自己也會使用這種搭配療法，輔助大腦的專注力、記憶與認知功能，使大腦能夠承受現代生活的壓力。

別喝酒了！CBD晚餐派對能讓你更開心

大麻（尤其是CBD）除了對大腦老化與神經保護有直接的正向作用，也有助於促進更健康的生活方式，包括幫助我們戒掉一些大腦的壞習慣，例如飲酒過量。

根據一份近期研究，CBD療法能夠降低癮頭，並減少人們的飲酒量，同時保護他們的肝臟免受酒精毒害。

近幾年來，「CBD晚餐派對」與「大麻晚餐」，已經在加拿大、加州、科羅拉多州、紐約等地區興起，更近期甚至連倫敦都有。

我個人也參加過幾場CBD晚餐派對，大家幾乎沒喝酒，而是盡情享用含有CBD的食物與飲料；在這種派對上我感覺非常自在，因為我通常也都會為了健康而不喝酒。

每次這種聚會，都會聽到一些從未嘗試過CBD或大麻的人，在散會（滴酒不沾）後開心的說，他們感到比平常更放鬆、更舒服；而他們每個人大概吃了六十毫克的CBD。

CBD能夠改變我們社交方式，以及我們用來拉近距離的東西（酒精）。越來越多人正在減少飲酒，或甚至選擇滴酒不沾作為健康生活方式的一環。**CBD與大麻在不久的將來，或許能取代酒類成為社交必需品**，它們幾乎沒有缺點！（至少工業大麻CBD與低THC、高CBD的大麻是這樣。）

藝術家與創作者使用大麻已有數百年的歷史，這有助於創意與改變大腦狀態，而CBD的推廣運動也已經將這種用法引進主流，將其塑造成與黑市大麻不同的超安全選擇！

如何用CBD、大麻製品維持大腦健康

CBD產品

- 使用全譜或廣譜CBD油。
- 多攝取CBC——這種次要大麻素有強大的消炎作用，並可能促進細胞內的神經生成（新大腦細胞）。
- 多攝取以下這些萜烯：

■ α－蒎烯：特別有助於記憶。
■ β－石竹烯：抗發炎。

如果是為了大腦健康，其實並沒有標準劑量；如果要符合成本效率，你一開始可以每天兩～三次，每次五～十毫克，搭配正餐。

假如你是因為其他理由才嘗試CBD（例如慢性疲勞、倦怠、焦慮等），便可以從較高的劑量開始，然後參考跟你的問題有關的章節，對症下藥；或者你也可以嘗試更好吸收的高科技產品，不必攝取這麼多CBD就能得到同樣的效果。

請記住：**沒有對所有人都適用、效果都一樣的完美劑量，因為每個人的內源性大麻素與其平衡，都是獨一無二的**。所以你的「大腦健康全餐」要加入多少CBD？重點在於自己拿捏，從低劑量慢慢增加。

如果把CBD當成「聰明藥」（nootropic）來吃，對於大腦的健康與效能是最有幫助的。聰明藥是指促進顛峰效能的藥物，輔助大腦效能的補品之一。它也包含天然補品與草藥。其他能促進大腦健康的聰明藥，請見本章末。

醫療用大麻製品

請務必在醫師監督下嘗試，而且前提當然是你的家鄉可合法使用含有THC的醫療大麻：

- 一開始先用高CBD大麻油作為基礎，這樣最能夠減少THC相關的副作用，同時又能提供微量的THC（它與其他植物化學成分都能保護神經）。
- 平均起始劑量：每天兩次，每次五毫克CBD，最好使用高CBD、低THC的大麻油。
- 如果你的主要目標是把它當成補品（跟其他聰明藥一起服用），便可以維持這個低劑量；假如你想治療其他健康問題，那麼你可以在必要時增加劑量（詳見與特定問題相關的章節）。
- 如果你遇到THC的副作用，像是醉意、心跳加速或焦慮，請參考第五章來應對THC的副作用，並且評估該怎麼繼續下去（並告知醫生你遇到副作用）。
- 多攝取以下有益的萜烯與次要大麻素：
  - ■ α－蒎烯：特別能幫助記憶。
  - ■ β－石竹烯：抗發炎。
  - ■ THCV是食慾抑制劑（零食再見！），可協助調節健康的代謝（也就是抗肥胖與抗第二型糖尿病，這兩種病會對大腦老化產生有害影響）。

此外，以下這些建議也值得考慮：

- 考慮使用長效且緩慢釋放藥效的產品，例如穿皮貼片，這樣就能避免THC的起伏。
- 假如你有晚上使用大麻幫助放鬆的習慣，請挑選富含月桂烯的產品，它是能使人平靜的萜烯。

大麻霧化器

一開始先用高ＣＢＤ、低ＴＨＣ的花，尤其是你從未沒碰過ＴＨＣ時（大麻菜鳥）。假如你有服用ＴＨＣ的經驗，就可以選擇ＴＨＣ更多的品種，也就是「均衡品種」，但還是要小心，吸過蒸氣後數小時內，可能會有醉意或不舒服的感覺，畢竟每個人的反應都不一樣。一開始的量只要一個火柴頭的大小，尤其是ＴＨＣ較多的品種。

對新手來說較好的ＣＢＤ：ＴＨＣ比例，應為十五：一至二十：一，例如：

- Avidekel：ＣＢＤ含量約為一五％～一八％，ＴＨＣ含量約為〇．八％～一％。
- ＡＣＤＣ：這是高ＣＢＤ、低ＴＨＣ的品種，ＣＢＤ含量高達二〇％，ＴＨＣ含量約一％以下（平均ＣＢＤ和ＴＨＣ比例為二十四：一）。
- Cannatonic：這個品種的ＴＨＣ含量最高可達六％，有點偏高，但這會隨著種植方式與特定的子類型而改變。假如你選擇這個品種，請先確定ＴＨＣ含量低於三％，且ＣＢＤ含量高於一〇％，這樣比較理想。
- 任何ＣＢＤ栽培品種：嚴格來說，任何品種的大麻都可以培育成高ＣＢＤ品種，包括那些原本ＴＨＣ含量較高的，也可以藉由人工繁殖來消除大量ＴＨＣ。這些高ＣＢＤ品種並沒有標準的名稱，但它們會標示成「ＣＢＤ栽培品種」（CBD cultivars）或「ＣＢＤ花」（假如是乾燥大麻製品）。

大腦疾病，很多都和大麻素受體變化有關

神經疾病的患者（尤其是帕金森氏症與失智症）的大腦發生了什麼事？為什麼他們的大腦會出現狀況？了解這些問題，並不只是我職業上的興趣，也跟我的家庭經驗密切相關。

在我了解大麻與ＣＢＤ前，就已經看過我老爸跟糟糕的腦神經疾病奮戰多年。他遇到嚴重的車禍，一開始被診斷為嚴重腦震盪；好轉之後，他的生活「幾乎」恢復正常，但從來沒有完全康復。他的感覺再也不像以前那樣正常，而我媽也從他會遺漏一些小事情開始注意到了。

接著我爸被診斷出輕微認知障礙，最後演變成晚期惡性神經退化性疾病，或許是因為多年來一連串的損傷所觸發，而且還有其他可能的風險因素，像是他的家人曾經罹患失智症、年輕時因為工作吸了太多農藥，甚至也可能是乾洗化學藥品害的。

潛在的風險因素太多，實在複雜難解。老爸最後罹患了複雜的神經退化性疾病，包括其中一種失智症（一開始病狀發展很慢，接著就迅速奪走了他的身體與大腦功能），以及帕金森氏症、幻覺與譫妄等病徵。

看著聰明、風趣又外向（無論在工作還是生活）的老爸，自主能力被一個接一個奪走、世界也越來越小，我真的很心碎。他最後連說話與吞嚥的能力都沒了。

我懷疑他在得到任何可診斷的疾病之前好幾年（甚至在我念醫學院之前），身體就已經出

問題了。不過多年以來，最優秀的專家都跟我說老爸沒問題，結果當病情突然出現時，我完全幫不上忙。

假如我以前就明白我現在才懂的事情，我會在他嚴重腦震盪後，請他進行腦神經回饋訓練，作為他復健療程的一部分。而且從康復過程的第一天起，也就是他被診斷出末期腦神經疾病的二十年前，我就會讓他服用大麻藥物。

假如我爸能夠用大麻來治療自己，而且我當初就知道其他一切使大腦健康的方法，說不定他現在還活著，或至少在晚年有較好的生活品質。天曉得？

回想二〇〇一年，當他第一次經歷到認知變化的初期症狀時，加拿大已經可以使用醫療大麻，但沒有醫師提到它，更別說膽敢推薦它了。大多數人都不知道有這個選項。

當時即使將大麻用於醫療是合法的，卻不是實際的選項。幸好我們走過這漫長的二十年，現在有越來越多證據顯示，大麻絕對不是對大腦有害的毒品，只要使用方法正確，**大麻可以保護成人的大腦與神經系統，免受各種毒素侵害，甚至還能減緩大腦過早退化的過程**。

而因為大腦疾病牽涉到大麻素受體的變化，所以人們對內源性大麻素系統產生濃厚的興趣，把它視為阿茲海默症與帕金森氏症等疾病的治療目標。

其中一個改變是CB1受體減少，而且CB2受體增加太多。CB1受體能夠保護神經，所以假如它們開始消失，就是有哪裡不對勁了；CB2受體過多可能會造成免疫系統功能異常，這是上述這些疾病的構成因素之一。

我們現在也知道（正如之前提過的），阿茲海默症患者腦中累積的澱粉樣蛋白斑塊，應該是一種免疫反應，而多發性硬化症也是大腦與神經系統的免疫功能異常所造成的疾病。

在這兩種疾病中，來自大麻且作用於內源性大麻素系統的CBD與THC，似乎能緩和疾病的症狀，甚至可望在未來治癒這個疾病。

多發性硬化症，短期記憶最受影響

專家仍在爭論多發性硬化症到底是因為發炎而觸發的退化性大腦疾病，還是自體免疫性疾病。不過這只是在計較用字而已，因為多發性硬化症其實兩者都是。

它是自體免疫性疾病，因為大腦與神經系統（尤其是神經鞘）會攻擊自己；它也是神經退化性疾病，因為它讓富含脂肪的神經鞘退化或衰弱，進而使神經受損。

這個過程叫做「脫鞘」，意思是這種病會把富含脂肪且有保護力的鞘，從敏感的神經纖維上剝下來；鞘能夠讓神經彼此傳送信號，以維持正常的大腦與神經系統功能。

有一種形式的多發性硬化症叫做「原發進行性多發性硬化症」（Primary progressive MS），它的退化既嚴重又快速，而其他比較輕微的症狀，可能會穩定好幾年再復發。多發性硬化症的症狀非常多變，所以它們通常存在好幾年後，才會被診斷出病因。

症狀包括疼痛、疲勞、身體部位虛弱或麻木、視力問題、頭暈、行走與平衡問題、腸胃與膀胱問題、肌肉痙攣。它們會無預警的出現，且在發作時造成極度疼痛與失能。

我們現在知道，多發性硬化症牽涉到內源性大麻素系統的失調。就像本章談到的其他腦神經疾病，多發性硬化症也沒有解藥，就連西醫中最好的治療，通常也不足以控制症狀。

根據幾篇研究與大型資料回顧，以及數千名病患的臨床證明，大麻有強力的證據證實它能治療痙攣——多發性硬化症主要症狀之一。痙攣會使人動彈不得，它會讓肌肉與四肢感覺很沉重、難以移動，還會造成不舒服、甚至疼痛的抽搐。

一般來說，THC具有解痙藥的效果，使用適量的CBD可以緩和THC的副作用——其中包括大量THC對於認知與記憶的副作用，而認知與記憶本來就已經是多發性硬化症患者的難題。

CBD與THC都能減少大腦小膠質細胞（輔助細胞）內的發炎性化學物質。這可能也是很重要的作用，因為腦炎也是病程中舉足輕重的角色，會讓疾病隨著時間惡化。

有些研究人員認為，極高劑量的CBD（超過醫療用大麻的平均劑量），或許能透過它的抗發炎作用，減緩、甚至停止疾病惡化。

「Sativex」是一種植物藥材製成的大麻藥物噴劑，THC和CBD的比例為一：一；英國與其他許多歐盟國家，以及澳洲、加拿大、以色列，都允許使用Sativex來治療多發性硬化症。這種藥對許多人來說都是很棒的選擇，如今已是被廣為接受的療法，我也開過這種藥給病患。這真的是一大進展。

然而就我的經驗，大多數病患都比較偏好全譜大麻油與大麻花蒸氣製品，或許是因為價格（在加拿大，醫療大麻遠比一般治療多發性硬化症的藥品便宜），也可能是因為我們會**調整CBD對THC的比例，並使用不同品種的大麻來治療不同類型的症狀**（例如許多多發性硬化症患者，都同時受疲勞與憂鬱症所苦），滿足顧客的特定需求。

重點在於，**要盡可能給病患更多大麻藥物的選項**，我預測未來植物製的大麻素藥品，數量與種類都會隨著大麻相關科學的進步而成長。我也希望這個趨勢能造福所有病患。

有幾份研究已證實，各種形式的大麻能有效緩和多發性硬化症的諸多症狀，包括疼痛與疲勞。就我的臨床經驗，我發現大麻對這些症狀很有用，也能協助改善生活品質、睡眠，以及多發性硬化症帶來的焦慮與憂鬱。

它不但能減少藥物的副作用，還能減少許多藥物的必要劑量。我治療過的多發性硬化症患者，自從持續服用醫療大麻好幾個月之後，症狀大幅改善，而且發作次數也減少了。

使用大麻與CBD治療多發性硬化症

以下只是一般原則，我發現這樣做對多發性硬化症患者最有效：

- 白天：高CBD、低THC的油、酊劑或膠囊。我通常會從高CBD、低THC的口服或舌下錠開始，作為白天的治療基礎，每天服用三次、搭配正餐。

也可以試試工業大麻製CBD油，但對於加拿大的病患，我的處方通常是醫療用品種（含有約〇．五％～二％的THC），或者CBD對THC比例為二十比一的製品，一開始每劑五～十毫克，再慢慢增加劑量以緩和症狀。

要挑選標示為「混合品種」或「尋常大麻為主」的製品，因為它們含有各種萜烯；其中β-石竹烯可以消炎，D-檸烯能夠振奮情緒，α-蒎烯有助於記憶。

- 夜間的疼痛、失眠與肌肉痙攣：我通常會採用高THC、低CBD（或比例為一：一）的油，從極低的劑量開始（一～兩毫克），睡前一小時服用。THC可以治療睡眠中斷、肌肉痙攣與疼痛。
- 如果想立刻舒緩平時的痙攣或疲勞：一旦你已經習慣THC（晚上使用含有THC的油四～八週後），可嘗試成分均衡的乾燥大麻蒸氣（見第五章）。

帕金森氏症，常常會併發憂鬱症

就跟其他神經退化性疾病一樣，帕金森氏症與類似的疾病都牽涉到內源性大麻素系統。大麻素是大有可為的療法，尤其**目前現行藥物治療的選擇有限，不但無法延緩病情惡化，通常也不足以控制症狀，或大幅改善生活品質**。

利用大麻藥物治療帕金森氏症，就早期已發表的研究看來值得期待的，而且正向的研究結果每個月都在增加。現在有幾份研究已經發現，醫療大麻能改善症狀，而且有越來越多本來只使用傳統藥物的神經科醫師，也開始考慮給病患使用大麻。

近期一份研究發現，許多帕金森氏症患者已經在嘗試大麻，把它當作自我治療的方式，但他們不一定會跟醫生分享這個資訊。

這些病患發現，大麻對各種症狀都很有效，包括顫抖、僵硬，以及其他運動與步伐的問題，還有憂鬱症、焦慮、睡眠與疼痛……。其中以CBD油的效果最好、而且副作用最少，蒸氣則能夠最快緩和顫抖。

這份研究也反映出我的臨床經驗——**CBD含量高的醫療大麻，通常能夠治療許多帕金森氏症患者的症狀**，例如睡眠中斷、行為方面的症狀（從輕微病徵到精神病），以及提高整體生活品質。

我發現只要在密切監督下微調CBD對THC的比例、測試不同產品，如此持續數個月，成功率會比報告上的數據更高。

比方說，在沒有醫師指引的情況下自我治療的人，最常遇到的副作用是健忘與頭暈；只要謹慎壓低劑量、慢慢增加，這兩個副作用都可以極小化，因為帕金森氏症會使神經系統對於變化極度敏感。

只要你想新增某種藥物，包括大麻這種天然藥草，請務必抱持極度謹慎與耐心的態度，從低劑量開始慢慢增加。我還發現高CBD、低THC的製品在白天的效果最好，但也要保留一些THC含量高的製品，用來治療睡眠中斷與焦躁——包括不寧腿症候群，這是帕金森氏症與類似疾病患者常見的問題之一。

白天服用太多THC（尤其是劑量加太快又太高），可能會損害平衡與協調性，並且若以過快的速度改變僵硬的肌肉，使肌肉過於放鬆，可能會無法支撐病患的身體行走。

在開始使用醫療大麻的前幾週，務必要小心低血壓，因為大麻會稍微降低血壓，而帕金森氏症患者通常本來就很難將血壓維持在正常範圍，這會使他們有昏倒或跌倒的風險。

帕金森氏症對大腦情緒平衡的作用會導致憂鬱症，這是極為常見的症狀，**而且經常被忽視或疏於治療**。我發現大麻對憂鬱症很有效，但有時候要嘗試幾次才能找到最好的製品與品種。

憂鬱症是生活品質降低的一大元兇，因為**它會惡化帕金森氏症造成的社交孤立與絕望**。

我之所以踏入整合醫學這個領域，接觸其中的大麻藥物，原因之一就是我很重視生活品質，尤其是當病患無法痊癒時。即使無法完全治癒病患，但我們還是能想辦法讓病患感到舒適並緩和其痛苦，其中就包括減輕憂鬱症。

大麻對於情緒與憂鬱症的改善，是我從病患身上見過最深刻的改變。自從將大麻加入療程後，他們會變得比較不孤僻，能夠再度與親朋好友聯繫感情。之前這種聯繫通常會被帕金森氏症打斷，因為疾病會造成臉部表情消失——就像戴著面具一樣，越來越難露出笑容。

使用大麻與 CBD 治療帕金森氏症

以下只是一般原則，我發現這樣做對帕金森式症患者最有效：

- 白天：最好使用高 CBD、低 THC 的油，因為它的效果釋放得較慢（也就不會造成低血壓），而且比膠囊好服用（對於吞嚥有困難的人來說）。

我通常會從高 CBD、低 THC 的油開始，作為白天的治療基礎，每天服用兩～三次，搭配正餐；也可以嘗試工業大麻製 CBD 油，或者如果能夠取得處方，不妨嘗試 THC 含量為〇．五%～一%的醫療用品種（我在加拿大會開給病患），一開始每劑五毫克，再慢慢增加到症狀緩和為止。要特別留意頭暈、低血壓、思緒惡化或精神錯亂等副作用。

最好選用含有各種萜烯的產品，其中 β－石竹烯可以消炎，D－檸烯能夠抗憂鬱，α－蒎烯有助於記憶。

・夜間的疼痛、失眠與肌肉痙攣：我通常會採用高THC（或CBD對THC比例為一：一）的油，從極低的劑量開始（一毫克），睡前一小時服用，可治療睡眠清醒週期中斷、夜間不適、一般的焦躁與不寧腿症候群。

・如果想立刻舒緩平時的痙攣：一旦你已經習慣THC（晚上使用含有THC的油二到四週後），可嘗試成分均衡的乾燥大麻蒸氣（見第五章），前提是血壓要穩定（假如有昏倒的風險，最好別嘗試）。

阿茲海默症與失智症，最難解決的健康問題

過去一百多年來，壽命增加當然是人類的一大勝利，只要想到人類史當中有九九%的人類壽命低於十八歲（根據老年學家肯・戴克沃德〔Ken Dychtwald〕博士的說法），你就明白了。

然而，壽命延長也帶來新的健康問題——這些問題通常會影響六十歲以上的族群，不過遺傳與環境因素，或許會讓大腦健康問題提早浮現。這些大腦老化疾病中，最有名也最可怕的就是阿茲海默症。

此外，還有其他各種相關的疾病，非常可能導致失智症，像是路易氏體失智症（我爸就是得了這種病和帕金森氏症）與血管性失智症（有點像大腦版的心臟病，深受生活因素影響，例如糟糕的飲食習慣與吸菸）。

最近的研究顯示，英國的失智症患者多達一百萬人，六十五歲以上的老年人，每十四個就

有一人罹患此病。而美國在二〇一九年時，光是阿茲海默症患者就已經達到這個數字。這或許是戰後嬰兒潮世代[1]最花錢、最難搞的健康問題，而且至今仍然沒有解藥或明確的預防策略。不過有越來越多研究指出，**失智症的元兇可能是內源性大麻素系統與免疫系統的功能異常**。

若想採取整合醫學的方法來治療失智症（尤其是阿茲海默症），似乎越早用天然草藥介入越好，這樣就能延遲或減緩疾病的惡化，甚至可能逆轉早期的變化——此結論出自戴爾．布雷德森（Dale Bredesen）博士的開創性研究，主要在探討各種代謝因素以及生活方式的影響，像是飲食、補品、壓力荷爾蒙與發炎程度。

大麻，尤其是CBD含量高的品種，與其他天然草藥同一類，都是整合醫學中，用來預防認知（思考與記憶）衰退與失智症的策略。如果你（或你的家人）正經歷輕微的認知變化，但還不是失智症，請參考本章關於大腦健康的段落，看看該如何使用CBD與醫療大麻，改善大腦健康並保護神經。

假如你（或你的家人）已經是阿茲海默症或其他失智症的晚期，大麻也是有緩和症狀的效果。我曾經使用大麻油，幫助緩和失智症患者的行為、情緒與睡眠變化。

而對於本來就有慢性疼痛，後來又罹患失智症的病患，我也會用這個方法緩和他們的不適。大麻油的療效非常全面，可以一次緩和好幾個症狀——畢竟病患總有說不出哪裡痛的時候，或者無法詳細解釋自己為何睡不著……有時候大麻療法還能促進食慾，進而增加患者的體力。

如同其他神經退化性疾病，大麻用於阿茲海默症患者的研究，雖然尚在初期，但是未來大有可為。話雖如此，早在維多利亞時代，就有使用大麻治療失智症的報告。

一八九〇年，英國醫學會主席兼皇室御醫約翰・雷諾茲爵士（Sir John Russell Reynolds），就已經在《刺胳針》（*The Lancet*，從當時到現在都是世界上最受推崇的醫學期刊之一）寫文章擁護醫療用大麻；他說自己三十年來開立大麻治療各種疾病，從偏頭痛、神經痛到「老年失智症」——你猜對了，就是阿茲海默症。

更近期的實驗室研究與人體研究也都提出證據，證實大麻有助於治療失智症；**許多大麻素與大麻內的其他植物化學成分**（例如大麻類黃酮），**都能夠消除阿茲海默症患者腦內累積的β-澱粉樣蛋白斑塊**——目前沒有任何藥品能夠做到這件事！

另外也有研究則證實CBD的抗阿茲海默症效果。雖然這還只是人體實驗的初期階段，大麻素的組合與劑量也正在摸索中，但光是這樣就令人非常期待，因為至少可以確定一件事：未來一定能夠找出更有效的療法。

更務實一點的話，如今有幾份研究已顯示，大麻能有效治療失智症在行為方面的症狀，以及食慾不振；而另一份研究使用了CBD和THC比例約二：一的醫療大麻油，發現這種油不但能改善行為方面的症狀，也能緩和身體僵硬（帕金森氏症的常見症狀）。

如此一來就可以減少其他藥物的需求，包括鴉片類藥物——它通常會惡化記憶、情緒與平衡，還可能造成嚴重的腸胃問題，例如便祕。大麻與這些藥物相反，病患對它的耐受性非常高。

1 編按：指約一九四六年～一九六四年出生的族群。

越來越多醫生正在考慮將大麻列入自己的藥單，給護理之家的病患使用，這些病患通常都有失智症，以及其他疼痛的慢性病。

就連比較謹慎的正向研究報告都說，雖然我們仍然缺少大型的隨機對照研究，但可以確定的是，大麻用於失智症的風險與有害作用都很低，尤其跟少數幾個有效療法相比更是如此。

說實話，**既然大麻是複雜的草藥，那麼用來檢驗藥品的隨機安慰劑對照試驗，根本不可能拿來檢驗大麻**；大麻素製成的藥品，必須再花十年的時間，才能完成隨機對照研究並發表。等這些藥品問世還要再等個五到十年，對於「現在」就能因為大麻而受益的人來說，實在太虧了，畢竟這類疾病有太多症狀，而且我們都已經知道，目前所有藥物對它們都沒什麼效果，有時反而還會讓人更痛苦！

使用大麻與 CBD 治療阿茲海默症與失智症

以下只是一般原則，我發現這樣整合運用大麻，最能有效控制失智症患者的症狀。還是那句話，我建議你與擅長使用醫療大麻的醫師合作。

- 白天：最好使用高 CBD、低 THC 的油或膠囊，因為它們釋放效果的速度比蒸氣製品還慢。我通常都從高 CBD、低 THC 的油開始，作為白天的治療基礎，每天兩～三次，搭配正餐食用。

可以嘗試工業大麻製 CBD 油，或者如果能夠取得處方的話，不妨嘗試 THC 含量為〇．

五％～一％的醫療用品種，一開始每劑五～十毫克，再慢慢增加到症狀緩和為止。要留意頭暈、低血壓、思緒惡化或精神錯亂等副作用。

選用含有各種萜烯的產品，其中β－石竹烯可以消炎，D－檸烯能夠抗憂鬱，α－蒎烯有助於記憶。

• 夜間的疼痛、失眠與肌肉痙攣：我通常會採用高THC（或CBD和THC比例為一：一）的油，從極低的劑量開始（一～兩毫克），睡前一小時服用，可治療睡眠清醒週期中斷、「日落症候群」（在日落前變得躁動），以及其他同時發生的疼痛與夜間不適。

我發現睡前服用少量THC，可以使病患戒掉其他安眠藥，例如抗精神病藥（通常用於其他藥物都無效的失智症患者）。**安眠藥與抗精神病藥的副作用都很大**，而且通常會讓記憶、精神錯亂與失智症症狀更加惡化，所以**任何能夠減少其用量的東西都很有幫助**。

腦震盪症候群，當下可能沒有感覺

這是很常見的症候群，當某人在受傷的當下沒有完全昏倒或失去意識，或是一段時間內發生數次輕微腦震盪，就會有潛在的腦震盪症候群（通常掃描的結果沒有大礙）。

症狀可能非常模糊，並且在頭部受傷後持續好幾個月、甚至好幾年。它們包括頭痛、慢性疲勞、腦霧、躁動，讓本來很理智的人變得情緒不穩。

有許多病患因為這個問題跑來找我，他們沒辦法明確指出自己哪裡不舒服，但自從受傷之後，感覺就不再跟以前一樣；或者雖然有開始好轉，但「心智」與體力都不如以往——這會令人非常洩氣，因為磁振造影掃描或血液檢查都沒有出現異常，而且醫生通常只會跟病患說：「你只能去習慣這種感覺。」

如果你有類似的情況，請照著本章關於大腦健康的段落來使用大麻，或許會有幫助；亦可搭配其他輔助腦部的補品，以及改變生活方式，例如每天冥想一次。

你可以嘗試 CBD 油或製品（假如你有慢性疲勞、頭痛、焦慮、情緒平衡或其他特定症狀，請參考本書中應對這些問題的章節）。除了 CBD，我們也發現腦神經回饋訓練能幫助大腦回到均衡狀態，不妨試試看。

促進大腦健康的聰明藥全餐

這些草藥派上用場已經有數千年的傳統，能協助大腦功能、認知、心智敏銳度與減緩老化。

更近期的研究已經揭露它們對腦部真正的有益效果，如同前面章節所說，草藥是藉由綜效而產生作用，所以將它們結合在一起，會比只單純使用一種草藥的效用更強。

・銀杏：有數百年歷史的中國傳統草藥，在體內循環系統不佳時用來改善記憶（改善大腦與神經系統內血管的健康）。

・假馬齒莧，又稱過長沙：它是印度阿育吠陀的傳統草藥，有數百年的歷史，被當成神經保護劑與大腦滋補劑，強化記憶與學習，並協助緩和壓力與焦慮。它還含有數十種造成這種效果的植物化學成分，也是印度老年人最常使用的草藥。通常會與其他草藥一起使用，例如睡茄。

・石杉鹼甲：萃取自中藥材蛇足石杉，是一種天然的膽鹼酯酶抑制劑，效果類似多奈哌齊（donepezil）——最常用來治療失智症患者認知受損的藥品。根據某些書籍的說法，石杉鹼甲的功效等於（或甚至可能超過）人造藥品，而且副作用比較少。有些小型的初步研究也指出，它能有效強化阿茲海默症患者的認知。

・薑黃素配黑胡椒：薑黃素來自生薑黃或整株薑黃根萃取物，能夠保護神經、抗發炎，還能預防退化性腦部疾病。這是因為它能夠強化腦源性神經營養因子（brain-derived neurotrophic factor，簡稱BDNF），而BDNF會刺激健康神經元（腦細胞）的成長與生存。

除了服用草本補品，有些飲食上的改變，也能幫助大腦健康運作：

・地中海飲食：攝取大量橄欖油、豆科植物、天然穀物、水果和蔬菜，適量魚、乳製品（乳酪）及紅酒，少量肉製品。

- 低升糖指數飲食。
- 攝取富含 Omega-3 的食物：例如鮭魚之類的高脂魚，以及鯷魚與鯡魚等小魚。
- 將綜合植物油換成特級初榨冷壓橄欖油：高度加工的綜合植物油，可能會促進發炎，並缺乏冷壓橄欖油所具備的類黃酮與其他植物化學成分——它們可以促進大腦與心臟健康。
- 大蒜與蔥（大蒜素）：富含硫，能保護神經並協助肝臟解毒。
- 紅葡萄、紅酒、番茄：這些全都含有白藜蘆醇，它是強力的抗氧化劑，並能保護神經免受毒素、壓力與腦細胞過早死亡所害。
- 綠茶：「表沒食子兒茶素沒食子酸酯」（epigallocatechin gallate）的來源之一。這種兒茶素是強力的抗氧化劑與神經保護劑，能夠避免 β-澱粉樣蛋白之類的大腦斑塊——失智症患者的腦中就有這個東西；此外**只要每天喝一杯綠茶，罹患帕金森氏症的風險就能降低八%**。
- 辣椒：含有辣椒素，能幫助大腦細胞之間的交流，也能抗氧化、保護神經。
- 富含類黃酮的食物：像是蘋果、莓果、黑巧克力與柑橘；類黃酮能夠跨越血腦屏障，協助保護大腦與抗老化。
- 各式各樣的烹飪香料與草藥：盡量在你的飲食中添加草藥與香料，它們能夠抗發炎與抗氧化，保護大腦的神經，也能抵擋外在環境的毒素、汙染物以及壓力導致的傷害。

第八章

霧化大麻，幫你克服壓力與疲勞

壓力是生活的一部分，我們在現代生活經歷的壓力，通常都是慢性且持續不斷，可能會嚴重破壞我們的神經系統、體能甚至身心。

人類大腦和身體的構造與演化，最初都是為了應付緊急危機與短暫的壓力，像是逃離老虎等即刻反應，且在度過危險後會冷靜下來。事實上，野生動物不像人類會受慢性壓力所苦，因為牠們的大腦處理壓力的方式跟我們不一樣。危機過後牠們能夠迅速擺脫壓力，不會卡在壓力的漩渦裡。

如今我們身處的環境，每天都會不斷經歷心理壓力，使得神經系統難以招架，壓力系統與內源性大麻素系統也被搞得一團糟，造成大腦與身體兩方面的變化，使我們覺得疲累不堪、易怒、腦袋迷糊。

CBD與大麻都非常有助於重回身心平衡。內源性大麻素系統處理慢性壓力的方式很精密，所以當它失去平衡時，植物大麻素或許能幫上大忙。但在我們探討如何使用大麻與CBD應對壓力、倦怠與慢性疲勞之前，我們一定要了解倦怠到底是什麼，以及它如何影響我們。

世界衛生組織現已承認「倦怠症候群」（burnout syndrome）是一種可經診斷的疾病。聽起來好像只有薪水太高的企業主管才會有這種經歷，但現代社會的高壓可不是開玩笑，而受倦怠所苦的人也越來越多。

過去五年來，我把大半心力放在幫助別人（與組織）從倦怠中康復。我自己以前也有輕微的倦怠（其實還發生過兩次），但我第一次並沒有學乖。

本章其實可以獨立出一本書，但我會把重點放在大麻與CBD，以及治療計畫中其他幾個亮點（對象為受到倦怠、慢性疲勞與毒性壓力所苦的人）。

就跟其他健康問題一樣，大麻與ＣＢＤ並非倦怠與慢性疲勞的立即解藥，它們只是經過深思熟慮後，想出的全面性方法之一。

當其他許多方法都失敗時，我把它們視為神奇的藥材，能夠幫助人們在疾病中重回平衡，減少症狀並開啟康復之路。

根據定義，**倦怠症候群是一種身心俱疲的狀態，起因於過度且長期的壓力**。也有人把它定義為一系列的症狀，起因於負面的慢性壓力未受控制，而對大腦與身體產生長期影響。

這些症狀包括持續疲勞（儘管睡滿八小時）、焦慮、情緒低落，對工作的幹勁與成就感下降，而且更加厭世。

二十五年前，研究人員克莉絲蒂娜．馬斯拉赫（Christina Maslach）發現這個問題越來越普遍，於是設計出一份問卷來測量倦怠程度。現在則有一整本的醫學研究期刊（給醫生跟研究人員看的雜誌），專門在談倦怠症候群。

現代人無時無刻都與電子裝置連結，所以越來越沒時間讓大腦與身體休息、好好睡一覺恢復精神。再加上各種螢幕與職場壓力（不計代價提高生產力）過度刺激我們的大腦，於是倦怠流行病就這麼爆發了。

每個人都有可能「患有」倦怠。我治療過的客戶從家庭主婦、企業主管到醫生都有。只要你倦怠過一次，就很有可能再倦怠好幾次，所以務必要一次就打破這個循環。而這也是大麻與ＣＢＤ可以幫上忙的地方。

倦怠看起來是什麼樣子？總共三階段

第一階段：「壓力激發階段」，腎上腺會釋放越來越多壓力荷爾蒙，整個神經系統進入高度警戒模式，引起易怒、失眠、健忘、心悸、無法專注、分心等症狀。病患有時候會突然很有精神，他們會變得對咖啡因極度敏感，發現咖啡因會讓他們心悸或非常振奮，但接下來就垮了。

第二階段：「能量保留階段」，神經系統與細胞會失去動力，以保留大腦與身體的能量。大腦進入退縮與保護模式，導致許多問題，例如拖延症、週末需要三天才能恢復精神迎接下週的工作、性慾降低、持續疲勞、社交退縮、逃避朋友與家人、對咖啡因的需求增加、工作時覺得厭世或不滿，或者覺得工作的滿足感減少了（假如倦怠與工作有關）、先焦慮後憂鬱的複雜感受（心情宛如雲霄飛車）……。

第三階段：「衰竭階段」，體內負責應付壓力的系統與腎上腺跟不上進度、皮質醇過低，與第一階段剛好相反。這會使全身更加疲勞且無法消除、大腦開始憂鬱，腸道等其他身體系統出問題，並出現許多症狀。

例如慢性憂鬱、慢性腸胃問題（包括大腸激躁症）、即使睡了八小時以上，早上起床還是覺得疲憊不堪、持續不斷的慢性身心疲勞、每天慢性頭痛、被診斷出慢性疲勞症候群……。

慢性疲勞症候群通常是倦怠引起，但就算是完全健康的人，也可能因為被病毒感染而觸發這種病。這個疾病非常複雜，涉及神經系統、免疫系統與粒線體（細胞產生能量的工廠），但本章談到的大麻、CBD以及其他補品與建議，在療程初期還是挺好用的。

腸漏症[1]**也可能是慢性疲勞症候群的病因之一**，有時候還會增加毒性壓力，造成倦怠症候群；所以**照顧好腸道，對許多罹患慢性疲勞的人來說也非常重要**，他們應該接受醫師（熟悉腸道健康與整合醫學或功能醫學）的審慎評估（見第十五章）。

適當的「好壓力」，才能發揮最高表現

如果壓力程度並不大，而且讓我們有成功、興奮愉快、掌控全場的感覺，那就是好壓力；例如賽跑的生理壓力，或第一次公眾演說，得到聽眾的正面回應。

另一方面，壞壓力是長期的，它會令人身心俱疲，最後甚至對神經與免疫系統造成危害。這種持續不斷的壓力，會大肆破壞我們的荷爾蒙與內源性大麻素系統平衡，並觸發一大堆問題，例如：

- 慢性疲勞。
- 失眠。

---

1 編按：腸道黏膜細胞出現漏洞，讓細菌、病毒、未消化完全的食物，從縫隙跑進血液和淋巴液中，進而引發各種發炎反應。

- 腦霧。
- 經常被細菌感染，而且康復所需的時間高於平均值。
- 記憶力變差，難以保留資訊。
- 沒來由的焦慮症狀，或是憂鬱症發作。
- 自體免疫性疾病。

回到一九〇八年，有兩位心理學家，找出了壓力程度與績效之間的關係。他們發現**某種程度的壓力，其實能改善我們的身心功能**——所以**重點在於承受適度的好壓力，並確保它不會變成壞壓力**。這個原則就以兩位心理學家命名，叫做「耶基斯－多德森定律」（Yerkes-Dodson law）。

如圖8-1所示，某種程度的壓力會使人在身心雙方面發揮出最佳績效。這個好壓力的甜蜜點被我稱為「生氣蓬勃區域」（thrive zone）。但假如你累積越來越多持續的慢性壓力，大腦與身體中的平衡系統就會不堪負荷，於是好壓力開始變成壞壓力，導致倦怠症狀出現。

採用CBD與大麻藥物等療法，作為全面抗倦怠計畫的一部分，就能改變大腦的壓力負荷量，並保有你的生氣蓬勃區域。近期的研究證實，CBD能夠減少總壓力負荷；如果負荷過重（稱為「生理恆定負荷失衡」）就會導致功能異常、倦怠，極端情況下還可能會出現PTSD——神經系統喪失使自己平靜下來的能力。

然而，CBD之所以能夠減少壓力，是因為它會作用於大腦海馬迴內的神經生成——也就

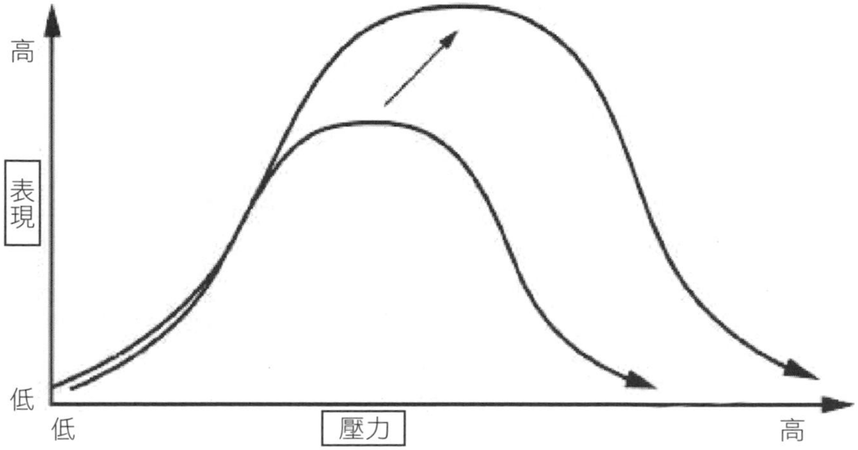

圖 8-1　耶基斯－多德森定律：適當壓力才能發揮最佳表現

是**在涉及記憶與壓力調節的區域內，產生新的神經元**。

內源性大麻素系統也會編譯與影響壓力所引起的記憶，並改變我們想起壓力經驗的過程。所以只要使用ＣＢＤ之類的療法來平衡內源性大麻素系統，讓壓力反應最佳化並擴大生氣蓬勃區域，我們就能夠在身、心、靈的顛峰狀態下運作，承受更多壓力且不會產生倦怠或慢性疲勞。

西醫對於倦怠的態度：你沒有病啊！

科學家已經研究這條壓力績效曲線一百多年了。雖然已有幾十份研究證實慢性壓力對身心健康有害，但大多數的醫生還是不了解倦怠症候群與其療法。他們給的建議通常是「去度假吧」或「壓力很正常，每個人都有，所以我們只能與它共存」。

驗血結果正常，醫生告訴病患「你沒有病」，沒有倦怠症候群、腎上腺疲勞或慢性疲勞——一切都是心理作用！這是因為我們在醫學院學到的東西，正如我們所學到的大麻知識與內源性大麻素系統，全都過時了。

對於真正罹患倦怠症候群的人來說，這是非常洩氣的過程，而且幾乎每個來找我的病患，都經歷過這樣的事情。我通常是他們遇到的第一個「真懂」、不覺得他們瘋掉或過於誇張的醫生——當病患的症狀被承認，心情就會如釋重負，尤其是你有辦法治療它時。倦怠並不是無期徒刑！

醫生開的藥，可能只會讓病情更嚴重

許多來找我的病患，都有嚴重的倦怠與慢性疲勞症候群。對這些人來說，大麻藥物正是他們重拾人生的催化劑。安妮特（Annette）就是其中之一。她因為許多問題而被別的醫生轉介給我——她本人表示這些問題如果列成清單的話「大概有一英里長」。

她找過所有專家，並被診斷出慢性疲勞症候群、憂鬱症、焦慮症、失眠、大腸激躁症，以及一些慢性疼痛疾病。**她必須吃一大堆藥來治療這些疾病，然而這些藥也有副作用，所以又要吃其他藥來治**。

儘管藥吃了這麼多，她卻完全沒好轉。直到有一位醫生跟她說：「這全部都是妳的幻想。」

結果她又跑去做心理治療。

但在我第一次訪談安妮特時，就已經明白她並不厭世，也沒有想放棄人生，只是因為無力做自己想做的事而感到洩氣。我覺得比起單純的憂鬱症，慢性疲勞與倦怠是更精確的診斷，不過她倦怠的症狀確實跟憂鬱症一致。

我告訴她這件事時，她充滿希望而且非常興奮，因為她並不覺得憂鬱，只是虛弱的身體讓她很無奈——大家都同意這是正常反應吧！

我一開始先讓她每天服用高CBD、低THC的油，再加上極小劑量的THC油，讓她晚上睡得好。六個星期後，她身體好多了，睡得也更熟，但起床時還是覺得「像被卡車撞到」，需要幾個小時才能動身（這也是她必須辭職、繼續癱在家裡的理由之一，因為她常請病假或嚴重遲到）。

於是我又請她早上起床時，立刻先用霧化器吸入一到兩口劑量極小的大麻（使用以尋常大麻為主的製品）。這樣不但沒讓她覺得很嗨或不舒服，還啟動了她的神經系統（五年來第一次！）。安妮特已經嘗試過這麼多藥品都無效，大麻對她來說，簡直就像奇蹟一樣。

倦怠的實際情況：大腦的開關壞了

倦怠是一種樣貌多變的病，有可能是好幾年來慢慢累積的慢性壓力，而你幾乎沒察覺到，但會在不知不覺中使你精疲力盡，直到某天突然崩潰——通常發生於剛承受極大的壓力之後。

假如慢性疲勞是你的主要問題，那麼它很可能是病毒引起的；以我自己為例，我在峇里島染上了第二次登革熱（第一次是在泰國）。被病毒感染後，我有好幾週都被腦霧與疲勞搞得很虛弱。

幸好我用了本章介紹的所有方法，得以成功治療這些症狀，不到三個月就完全恢復了。假如我沒有努力治療，最後我可能會臥床三年——就像我的某些客戶一樣。

有些患有慢性疲勞疾病的人，在腸漏症治好之後就立刻好轉，這是整合醫學界的醫師已經注意了好幾年的事情，但直到最近才有人發表初步證據證明它。

但無論是什麼原因觸發了倦怠或慢性疲勞疾病，一個精力充沛、績效極佳的人，一夕之間突然只能整天躺在床上，而且記不起一小時前發生的事，這應該是全世界最可怕的事情吧！往好的方面想，我自身的染病經驗，讓我更深入理解客戶與病患的遭遇，以及如何幫助他們重拾人生、克服倦怠、恢復他們的精力與抗壓性。

我剛開始跟別人解釋倦怠時，都會說它就像腦內的斷路器扳錯邊，然後扳不回來。另一種說法是：大腦持續卡在高度警戒，或是「戰鬥或逃跑」模式，然後關不掉。

我想知道倦怠的病患是怎麼放鬆的，於是曾問過幾位患者：「你們的開關要怎麼關掉？」他們通常會很嚴肅的回答：「哪有什麼開關？」

當交感神經的「戰鬥或逃跑」模式隨時都開著，腦內的下視丘就會指示腎上腺釋出更多壓力荷爾蒙化學物質，像是皮質醇。這些壓力荷爾蒙會繞全身一圈再回到腦部停留，啟動杏仁核（大腦的一部分，會提高悲傷、恐懼與憤怒情緒的強度）並阻擋大腦在海馬迴內產生新的知識與記憶。

這也會讓內源性大麻素系統失衡——它能透過「HPA軸」[2]（見第二〇〇頁圖8-2）協助控制壓力反應，並透過大腦下視丘區域內的受體來控制皮質醇。

慢性且不受約束的「戰鬥或逃跑」模式，將會實質上改變大腦中負責控制與駕馭壓力反應的區域，例如海馬迴、下視丘、杏仁核與腹內側前額葉皮質（ventral medial prefrontal cortex，簡稱vmPFC）。這些變化可能非常明顯，甚至會被磁振造影掃描發現。

所以不必多說，**只要使用來自大麻的CBD與大麻素，調節內源性大麻素系統**（進而調節我們的壓力反應），**就能協助大腦重回平衡**。利用CBD來做這件事也很安全，因為不需要THC就能發揮調節作用。CBD本身就有能力，透過HPA軸控制壓力反應；因為CBD會作用於一種血清素受體，叫做「5-HTR1A」。

倦怠的另一個原因（也是慢性疲勞症候群的原因之一），是我們的細胞能量工廠（粒線體）功能異常，無法正常生產細胞能量。而大麻素也能調節每個細胞內的粒線體能量工廠，以及調節一種叫做BDNF的腦蛋白，它負責製造新的腦細胞、強化大腦功能，同時保護大腦免受毒素與外傷所害。

所以許多人嘗試CBD養生產品後（就算劑量很低），都說他們的體力與精神清晰度大幅

2 作者按：HPA的意思是「下視丘－腦下垂體－腎上腺」（hypothalamic-pituitary-adrenal），而此軸的主要途徑是由大腦控制，讓腎上腺釋放壓力荷爾蒙；內源性大麻素系統會在腦部調節HPA軸。

圖 8-2　控制壓力反應的 HPA 軸

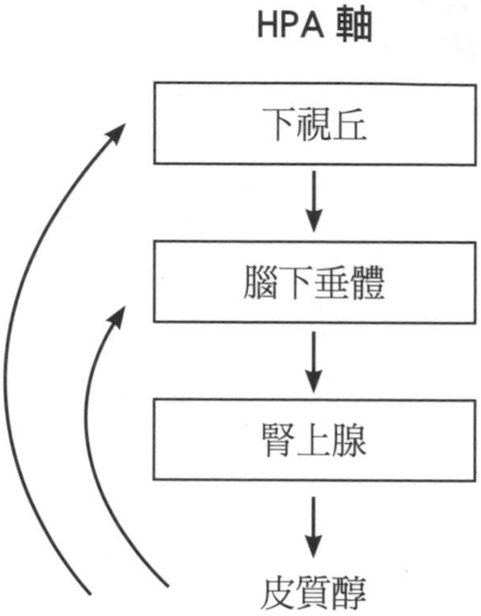

改善——因為基本上這些產品，也含有抗大腦老化的植物化學成分！

救兵 CBD：抗倦怠的適應原

我們在第一章提過，大麻可視為一種強效植物，就算較低的劑量也能對大腦與身體產生強大的作用。但是與其他強效植物不同，大麻可以用來恢復體內平衡，並協助調節壓力反應系統。這是因為內源性大麻素系統的工作之一，就是平衡壓力，而CBD與其他植物化學成分，似乎能幫助內源性大麻素系統做這件事。

在草藥醫學的領域中，只要作用於人類體內、幫助身體更加適應慢性壓力的草藥，都叫做「適應原」[3]；它們能幫助我們調節皮質醇或壓力荷爾蒙的濃度。若要符合適應原的條件，草藥必須安全（毒性低），而且不會使人感到有醉意與上癮——CBD完全符合。

除了ＣＢＤ含量高的大麻製品與工業大麻養生產品，我也經常推薦其他適應原，幫助病患找回身體平衡與管理壓力。其中包括一種叫做「睡茄」的印度草藥，它與藥用菇類（白樺茸、靈芝、冬蟲夏草、猴頭菇）有各種不同的組合形式；以及五味子、五加等中國草藥……。

如何用ＣＢＤ、大麻製品治療倦怠、調節壓力

ＣＢＤ產品

- 全譜（或廣譜）ＣＢＤ油。
- 如果疲勞的情況很嚴重，請多攝取能夠振奮精神的萜烯：

■ α－蒎烯：有助於記憶。

■ D－檸烯：聞起來像檸檬，同時兼具抗焦慮與抗憂鬱的效果，因此被視為能平衡情緒的萜烯。

早上起床就立刻服用十毫克ＣＢＤ，然後在中午（十二點～兩點）與晚餐時間各服用十毫克，每天總共三十毫克。

3 編按：adaptogen，近年歐美養生圈非常流行用以食療。

維持這個劑量一～兩週，追蹤症狀以測試你的感受：

- 壓力程度改善了嗎？
- 疲勞改善了嗎？
- 其他症狀呢？像是易怒、腦霧、覺得被壓垮？
- 心情如何？
- 一天當中還是有特定時間不舒服嗎？
- 還是很難睡著或維持熟睡嗎？

每天早上、下午與晚上（晚餐後）替你的活力高低計分，尺度為零到十，零＝完全不焦慮，十＝無法忍受／最糟糕的焦慮，然後將結果寫在症狀追蹤表中。

你可以每週慢慢增加劑量，但要留意的是，它可能需要幾週或幾個月才能完全見效。假如你的每日 CBD 劑量達到六十毫克，那就維持這個劑量四～六週，然後再增加（因為 CBD 對某些人必須花費幾週才有效果，這樣做能避免非必要的劑量增加）。

請記住：沒有對所有人效果都一樣的特定完美劑量，因為每個人的內源性大麻素系統與其平衡都是獨一無二的。所以該服用多少 CBD？最重要的是自己拿捏，從低劑量慢慢增加。

大多數工業大麻製 CBD 油都是印度大麻與尋常大麻兩個品種混合，但假如你發現你選的工業大麻製 CBD 油會使你更疲勞，那它可能富含月桂烯，如果你有慢性疲勞，那麼在白天使用鎮靜作用可能會太強。請查看標示，假如真的是這種情形，那就換個品牌，而且要找月桂烯含量低的，以供白天使用。

醫療用大麻製品

請務必在醫師監督下嘗試，而且前提當然是你的家鄉可合法使用含有THC的醫療大麻：

- 一開始先以CBD含量高的大麻油作為基礎。若要治療倦怠與慢性疲勞，這是最適合入門的製品，建議攝取方式為口服。倦怠、疲勞與THC，都是越少越好！
- 白天的平均起始劑量：每天三次，每次五毫克，總共十五毫克。THC劑量依製品而定，但一開始白天最多只能服用一毫克THC（如果油的THC和CBD比例為一：二十，你每攝取二十毫克的CBD就會吃到一毫克的THC）。
- 持續增加劑量，直到你覺得症狀改善。
- 因為大多數患有倦怠與慢性疲勞的人，身體都「又累又興奮」（尤其是第一、二階段），所以就算他們累到不行，睡眠也還是會中斷，變成只有淺眠沒有沉睡，完全沒恢復精神。對於這些睡眠問題，請嘗試於睡前一小時追加兩毫克的THC，並選用標示「印度大麻」且富含月桂烯與CBN的THC油（見第十一章）。

大麻霧化器

大麻霧化器可以搭配油使用，大麻油或工業大麻製 CBD 油都可以。

就跟油一樣，一開始先使用高 CBD、低 THC 的花。CBD 和 THC 比例約二十：一的大麻品種包括：

- Avidekel：CBD 含量約為一五%～一八%，THC 含量約為〇・八%～一%。
- ACDC：這是高 CBD、低 THC 的品種，CBD 含量高達二〇%，THC 含量約一% 以下。
- 任何 CBD 栽培品種：嚴格來說，任何品種的大麻都可以培育成高 CBD 品種，包括那些原本 THC 含量較高的，也可以藉由人工繁殖來消除大量 THC。這些高 CBD 品種並沒有標準的名稱，但它們會標示成「CBD 栽培品種」或「CBD 花」（假如是乾燥大麻製品）。

有些人發現，霧化大麻可以取代酒類，在晚上冥想或鬆弛練習之前先放鬆自己，所以**假如你正受倦怠與慢性疲勞所苦，我建議你完全戒掉酒精與咖啡因三個月**。如果焦慮是你的倦怠症候群中最主要的病徵，我會使用 CBD 含量高的大麻蒸氣，取代處方上的焦慮藥物，成功幫助病患戒掉苯二氮平類藥物（但這件事需要在醫師監督下進行）。

大麻花也可以在睡前使用，幫助你更容易入睡，並且放鬆忙亂的思緒。假如你只是難以入睡，但沒有淺眠、睡眠間斷或太早醒來的問題（這些問題用油來治療是最好的，因為油的效果比較持久），你可以試試月桂烯含量較高的品種（見第十一章）。

我發現霧化大麻對於早上極度疲勞的病患很有用。雖然已發表的文獻中沒提到這回事，但我親眼見證它一次又一次的見效，尤其許多病患都跟我說他們有慢性疲勞。疲勞可能來自各種原因，包括多發性硬化症、纖維肌痛與慢性疼痛，而且沒什麼東西能幫助這些病患（至少西藥絕對沒用），他們能吃的都吃過了！

早上的疲勞等於毀了他們一整天，因為光是起身就很痛苦，更別提比較費心的事情，像是做家事、煮飯、運動、社交或上班。我習慣使用以尋常大麻為主的均衡品種（一開始採用THC和CBD比例為一：五），富含檸烯與α－蒎烯，然後請病患起床前先吸一～兩口。

這個方法對他們來說就像一劑強心針（生理或心理都是），讓他們能夠再度過著正常一點的生活。而且一旦大腦更有動力，所有事情都會變得更簡單一點，並且朝好的方向發展。

第九章

焦慮與 PTSD，長效「穿皮貼片」最好用

大多數人會在某些特定時刻經歷到焦慮，而對許多人來說，焦慮更是每天如影隨形。無論是胸悶、渾身不對勁、心驚膽跳甚至肚子痛，焦慮都會讓人心煩到想罵髒話。

焦慮到底是哪裡來的？為什麼它在現代生活中成了流行病？有一部份原因跟文化有關：我們生活在高度刺激與高度連結的世界中，隨時與手機、電腦、電視與社群媒體黏在一起，但我們彼此的「現實」生活卻經常失去聯繫。

現代社會的「正常」生活步調，應該會把我們的爺爺奶奶輩搞瘋，他們花一星期才能做完的事情，我們大多數人要擠在一天內完成；我們捨去自己的休息時間，只為了多一小時生產力，緊繃的情緒從來沒停下來過！

這會影響我們的神經系統，以及內源性大麻素系統，它們的工作就是幫助我們放鬆，並保護我們免受壓力與焦慮所苦。

好消息是，無論你現在的焦慮程度如何，都有辦法可以控制它；而更好的消息是，CBD與大麻可以幫上忙。

焦慮，就是大腦忘記怎麼放鬆

光是英國，每六個成人就有一個，在過去七天經歷過某種形式的「神經健康問題」（也就是焦慮）。英國有三百萬人符合焦慮症的臨床準則（最嚴重的焦慮程度），經歷症狀的人數之多，讓焦慮成為最常見的健康問題之一，在人生每個階段影響我們的健康。

焦慮的症狀可能出現在體內任何地方，而且形式也有很多種。有些人會體驗到被壓垮的感覺，本來很簡單的小事，變得幾乎不可能處理。

對於某些人來說，它可能是生理方面的問題，例如喉嚨腫起來、心跳加速、胸悶、出汗，或是在毫無預警之下，突然覺得視野變窄。對於另一群人來說，它更偏向大腦的問題，就像精神層面受到持續不斷的嘮叨，幾乎不可能當作沒聽見。

儘管市面上的抗焦慮藥品越來越多，但這個問題完全沒改善。**抗焦慮的藥丸或許在短期內有暫時性的效果，但它有明顯、甚至可怕的副作用，而且長期效果令人失望**。很可惜的，這些藥品不太能幫助神經系統「重回平衡」，所以患者有時會需要越來越多藥品來維持身體運作，但神經系統還是持續緊張。

人們通常會默默承受焦慮，尤其在提倡養生的社群之中，大家會覺得自己應該先完全弄清楚，再教導其他人。

我有數百位客戶就是身心健康教練、瑜伽老師與冥想老師，他們還是會受到焦慮所苦，而且還患有我稱之為「瑜伽老師罪惡感」（yogic guilt）的症狀——因為他們還沒完全解決自己的焦慮，卻要教別人怎麼克服，才能夠討生活。

但現實是，對抗焦慮是一段漫長的旅程，有時候狀況好、有時候沒那麼好，沒有人能夠隨時都維持完美的平衡。將CBD加進療法中，已經幫助許多從業人員解決過「當下」的焦慮——它可能突然就發作，需要快速的應急方法（特別推薦能夠快速生效的霧化大麻）。

趁著CBD生效的期間，他們例行的身心練習（例如冥想），就能逐漸消除神經系統長期以來的緊張狀態。有些人甚至還把 CBD 加進冥想中，如今更是到處都有人在開 CBD 瑜伽課程，原因都一樣——CBD 是舒緩身心的最佳拍檔。

如果使用得當，大麻與 CBD 都是能幫助神經系統恢復平靜與平衡的有效方法，儘管最近有主管機關擔心大麻的安全性，我還是相信它和其他許多抗焦慮藥品與補品一樣安全（甚至更安全），但前提是劑量要適當。

CBD 與高 CBD、低 THC 的醫療大麻，只要適當管理，就連非常嚴重的焦慮都能夠舒緩。如果搭配一些簡單的放鬆技巧，效果會更好。

某些人的生活自主權曾被嚴重的問題奪走，影響了一切，從人際關係、職場、社交生活到身體功能（例如排便習慣與大腸激躁症），但在大麻幫助之下，他們得以重新掌控人生。CBD 與醫療大麻就像草藥版的冥想助手，幫助大腦進入更平靜的狀態，而且能持續更久，協助長期對抗焦慮。

從整合醫學的觀點來看，焦慮（以及與其相近的憂鬱症、倦怠）是中樞神經系統調節方面的問題，也就是體內平衡（維持神經系統平靜的必要條件）失衡，在壓力事件觸發「戰鬥或逃跑」系統後，身體無法回到正常水準。本質上，焦慮就是一種無法放鬆的毛病。

焦慮的成因是「多因子」（multifactorial）的，講白一點就是很複雜。形成焦慮的原因不只一個，而是有許多因素，包括社會文化、個體人格傾向、基因、食物與環境。這種永遠上緊發條的感覺，會持續好幾個月、好幾年，逐漸改變大腦化學物質，例如 GABA（γ-氨基丁酸，Gama-Amino Butyric Acid）減少，而 GABA 正是能安撫神經傳導物質的化學物質。

缺乏 GABA，再加上大腦化學物質與內源性大麻素系統的相關變化，會使我們幾乎永遠都疲憊不堪，而且**隨著時間經過，我們的大腦路徑會改變，焦慮甚至就變成本能反應了**。

如果這個過程好幾年來都沒有受到抑制，神經系統最後就會持續處於過度警覺的狀態。換句話說，焦慮就成了大腦的新常態。

對付腦內焦慮，娛樂用大麻不是好方法

所以這跟大麻與 CBD 有什麼關係？我們的內源性大麻素系統，會協助調節所有大腦化學物質（神經傳導物質）系統，包括 GABA。它能讓上緊發條、高度警戒的神經系統重回平衡，是非常重要的角色。

腦內的大麻素也會減少「戰鬥或逃跑」反應，降低身心雙方面的壓力，並協助恢復熟睡。所以我們又要回頭談到特定幾種大麻與 CBD，它們會幫助內源性大麻素重回平衡，並且讓神經系統平靜下來。

我們必須打破腦中的「焦慮漩渦」，因為它會讓 GABA 濃度下降，使大腦無時無刻都卡在「戰鬥」的狀態，而且邊緣系統（腦內負責恐懼與情緒記憶的區域）會變得極度敏感，讓大腦開始把所有事物都當成威脅，再也無法熟睡，神經系統的發條也越轉越緊、難以停止。

大麻藥物與養生產品，尤其是 CBD 含量高的，可以成為逆轉前述這些變化的催化劑。它們會立即見效，快速壓制焦慮，這樣你就能平靜到足以說服大腦，開始做（而且一直做！）其

他真正有用的事情，像是冥想與放鬆，藉此打破焦慮循環，一勞永逸。

合法的娛樂用大麻，現在可以在加拿大、美國某些州、阿姆斯特丹與烏拉圭的店家買到。也因為這樣，有個問題變嚴重了——人們試圖自行用藥來治療焦慮。許多案例中的當事人都缺乏專業知識，無法從非醫療用途的藥房，正確挑選出符合自己症狀的大麻製品。

我接過很多朋友的抱怨電話，也聽過病患的故事，他們想要治病或養生，卻買到完全不適合的大麻製品，結果不小心服用太多 THC，變得很嗨或有點不舒服。

我有位朋友聽了好心工讀生的建議：直接把一整瓶 THC 酊劑倒進水瓶裡，然後「隨便喝」。不幸的是，我朋友從來沒服用過 THC，只有用過 CBD 油來治療焦慮。結果這個建議害我朋友整個恐慌發作，還跑了一趟醫院，因為她以為自己心臟病發作了！

假如你可以買到很多種治療焦慮的大麻製品，卻不知道從哪裡入門，希望本章能引導你找到正確的產品，避免「浪費」大麻。

就連冥想都令我焦慮，我該怎麼辦？

艾莉克絲（Alex）向我求助，她為了控制焦慮，幾乎嘗試了所有方法。她的焦慮有許多種形式——平時的壓迫感無處不在，而當她處於人來人往的公共場所時，還會感受到更加強烈的焦慮感，有時甚至會急劇惡化成完全的恐慌發作。

這使她越來越少離開家門，變得更孤僻。諷刺的是，每當她想去尋求治療時，反而會讓焦慮的發作次數變多，因為她必須強迫自己去掛號，並且坐在醫院忙亂的等候室裡。情況嚴重到她好幾次掛號都沒到，被醫生威脅說以後不幫她看病了。

艾莉克絲必須每天服用苯二氮平類的鎮靜安眠藥物（容易造成依賴、成癮），每次藥效只有幾小時，而且有一大堆副作用，包括焦慮復發以及討厭的戒斷症狀。

此外她白天要吃SSRI（跟「百憂解」〔Prozac〕同一系列的藥物，可治療焦慮與憂鬱症），晚上要吃安眠藥，幫助她入睡與維持熟睡。她曾說道：「我一整天都被焦慮折磨著。」

艾莉克絲也試過冥想，結果反而更惡化她的焦慮，嚴重到她再也不想練習，而這讓她特別內疚與洩氣，因為她本身就是瑜伽老師。她也做過幾次認知行為治療（cognitive behavioural therapy，簡稱CBT），雖然多少有點幫助，但因為她的神經系統在大部分時間都很緊繃，所以很難在當下打破焦慮迴圈，並使用CBT技巧。

她聽說CBD與醫療大麻或許有用，但她不敢嘗試，因為她在少女時期對大麻有不好的經驗，光是一根大麻菸就讓她嚴重恐慌發作，甚至必須跑醫院，因為那時她覺得自己快死了。她害怕自己如果嘗試任何形式的大麻，會再度發生這種事。

除了更有效控制焦慮發作、讓她能夠出外社交，她還有一個目標，就是戒掉苯二氮平類藥物。她覺得自己對它們上癮了，而且她是對的，因為長期使用這些藥物，的確會發生這種事。

在她開始服用這些藥物時，醫生沒告訴她會有這麼大的風險——依賴藥片度過餘生並不是她想要的，她希望用更天然的方法對付自己的焦慮。緊接著還有副作用，像是戒斷症狀、身體無力思考與運作……上述這些情況只要她少服用一劑就會發生。

除了焦慮藥片，她也想戒掉安眠藥。安眠藥會讓她早上渾身不對勁，而且雖然大部分的晚上都是一吃就睡著，但她從來不覺得自己有好好休息過，這類藥物會介入慢波睡眠（第一階段）與快速動眼睡眠。可怕之處在於，我有許多病患，儘管每天吃這些藥吃了好幾年，醫生卻從來沒告訴他們這些事。

他們在知道這些副作用之後，通常很震驚、憤怒與困惑，而且大多數人都說，假如一開始就知道的話，他們絕對不會吃這些藥。不過這些病患的睡眠確實需要真正的幫助，所以我認為正確的大麻製品會是個低風險的替代方案。

我第一次透過視訊遠距醫療看到艾莉克絲，她正與自己的貓——麥斯（Max）坐在客廳。她立刻就坦承，光是等待這次看診就已經讓她非常焦慮，她差點就取消掛號，而最後選擇保留的理由只有一個，就是她可以在家諮詢醫生，不必跑診所。

我們一開始先聊了她的貓。當我透過視訊會議與待在家裡的病患看診時，我喜歡先認識他們的寵物；所以視訊看診先從聊寵物（通常都坐在病患的大腿上）開始，已經成為我的習慣。這樣做不但很好玩，也能與病患快速發展堅定且融洽的關係，進而獲得更好的成果。

我從頭深入了解艾莉克絲的焦慮史、她的日常生活與健康史。在我評估過，並聽了她的故事之後，我們的結論是：何不試試大麻呢？

我向她保證，我們會使用高CBD、低THC的形式，以免出現她年輕時曾遇過的不良反應，而且我們會一起觀察各種形式，找到最佳方法。我向她解釋道，她當時的恐慌發作，是因為抽到高THC、低CBD的大麻（這在黑市很常見），畢竟高劑量的THC確實會造成焦慮。

但另一方面，微量THC搭配大量CBD，卻是非常有效的抗焦慮療法。

我也告訴她，因為冥想而焦慮惡化，在整合醫學中其實是一種常見現象，但只要有教練稍微指導一下，在服用一劑高CBD油之後採取簡短的冥想，我相信她一定能克服這個問題，並再度愛上冥想。她聽完之後非常興奮並充滿希望——這是好幾年來的頭一次！

我一開始先讓艾莉克絲使用高CBD、低THC的油（比例為二十五：一），以及極低劑量（兩毫克）的THC印度大麻油，幫助她入睡。六個月後，她戒了苯二氮平類藥物與安眠藥，SSRI也壓到最低劑量。

如今她每天能夠做到十五分鐘的冥想練習，而且樂在其中，並開始發現冥想真的能安撫她的思緒。她甚至能報名參加冥想訓練課程，還能夠外出與朋友吃晚餐，以及開始約會。

黑市大麻也有療效？但你永遠不知道自己抽了什麼

丹（Dan）被他的家庭醫師轉介給我，希望能治療他的焦慮，但他的理由有點不一樣。他已經自行用藥治療焦慮症好幾年了，只是用的是娛樂用大麻；他因為副作用而戒掉抗焦慮藥物，而且他也想試試更自然的療法。

丹將黑市大麻與朋友自己種的大麻混在一起使用，導致品種與THC、CBD的含量只能用猜的。因為不是正規的醫療大麻製品，所以也不知道有沒有含化學汙染物與其他髒東西。

以上這些就是他來找我的理由。第一，他想知道自己到底服用了什麼，以確定這個東西安全且無汙染。第二，他想每次都複製同樣的效果。他抽大麻菸好幾年了，直到最近聽說霧化大麻比一般大麻菸安全，所以想換個方式。

然而，就算吸了非醫療用的霧化大麻，舒緩焦慮症狀的效果還是時好時壞。就算大麻對當下的焦慮有效，有時過了一、兩小時後，他的感覺反而更糟糕。這就這有點像在玩「大麻版俄羅斯輪盤」，賭看看哪個品種對他的焦慮有效？他需要服用多少？他會經歷哪些副作用？

他有一位朋友本來長期抽大麻菸，後來換成醫生開的醫療大麻之後，慢性疼痛大幅改善，而且沒任何不舒服的副作用。這讓他也想試試合法的醫療用大麻處方（也就是品種與劑量都很明確的那種）。

這種故事滿常見的，因為大多數的黑市大麻都含有極高的THC，但CBD非常少。假如想要治療焦慮，這件事非常重要，因為THC有「雙相效應」（biphasic effect）：對大多數人來說，含有大量CBD、微量THC的大麻品種有助於緩解焦慮；但是過多THC就會造成相反的效果，甚至還會一開始先緩和焦慮、然後再引起焦慮。

所以**抽高THC大麻菸（或電子菸）的人**，一開始會覺得焦慮感減少，但一、兩個小時後，**他們的感覺可能比抽之前更糟糕**。因為焦慮反應不會在抽的當下出現，所以他們常常沒發現這回事——**然後再用更多THC試圖停止焦慮**。

結果就是他們的情緒與焦慮程度宛如雲霄飛車，令他們覺得很困惑、備感壓力。而且並不是每個人在同樣的劑量下都會發生同樣的事情，所以兩個人就算服用的THC量相同，也會有不同的反應。

而假如他們拿到的黑市大麻是高 CBD、低 THC 品種，他們的焦慮緩和之後就不會復發。所以每次都是在猜謎——而且光是猜謎就會引起更多焦慮了，簡直就是惡性循環！

我跟丹解釋這件事，打破他對於「THC 治焦慮，量多比較好」的迷思，也讓他開始期待嘗試不同的品種。我們選用高 CBD、低 THC 的電子菸，加上高 CBD、極低 THC 的油作為基礎，讓他的神經系統能夠整天都維持平靜，而不是在焦慮程度已經加劇時才狂抽電子菸。這樣做很有效，他能夠自己準確拿捏劑量，焦慮也不再復發，全身感官更平靜、精神清晰度也提高不少。

丹也有難以入睡的問題，一般人睡著只要十～十五分鐘，但他要花兩小時。不過他一旦睡著了就不會中途醒來，所以我們採用印度大麻為主、月桂烯含量高的鎮靜用品種，在睡前以霧化器吸入，作為晚上放鬆身心的習慣之一，並且搭配我的「晝夜節律重設守則」——聆聽冥想節目，戴上抗藍光眼鏡，關掉螢幕，遠離咖啡因、興奮劑與宵夜。

對我的所有病患來說，大麻（尤其是 CBD）如果使用得當，就能成為很好的催化劑與療法，但它也不是萬靈丹。它最好搭配其他全面性方法，才能在長期獲得最大的掌控與紓解——大麻只是療程中的一重要因素。

然而，根據幾份研究與大型資料回顧，以及與病患合作時的臨床證據，足以證實 CBD 能夠協助緩和焦慮。事實上，CBD 與大麻的心理健康用途，是所有指標中研究最深入的。**CBD 的抗焦慮作用，來自腦內的許多路徑，而其中一條路徑似乎會影響我們的快樂荷爾蒙——血清素。**

現在有許多人體實驗在研究大麻（尤其是 CBD）對於焦慮疾病的有益作用，其中一份研究發現，CBD 對於嚴重焦慮的效果，與大多數焦慮處方藥相同，而且副作用比較少。

二〇一七年有一份研究回顧報告指出，CBD 對人體有抗恐慌作用，另一份報告則發現 CBD 不但是有效的抗焦慮物質，也能緩和 THC 的副作用。

二〇一九年有一份研究發現 CBD 能有效治療多數病患的焦慮、睡眠中斷與睡眠品質不佳，只有少數人有極少且輕微的副作用。CBD 的效果遠高過最佳的藥品治療，而且副作用低很多。如果這些結果是來自新發明的藥品，它早就被稱為「奇蹟之藥」了！

此外還有幾十份動物實驗研究，畢竟科學家直到最近都只能研究動物，這是因為大麻與 CBD 被當成「第一級毒品，無醫療價值」，不能用在人類身上。幸好自從過去幾年來的 CBD 與大麻革命之後，每個月都有新研究發表，數量正快速增加中。

服用 THC，能有效減少 PTSD 患者的惡夢

PTSD，全名是創傷後壓力症候群，會在經歷重大創傷之後出現，而且與焦慮是不同的診斷。不過，它也可以想成是**非常嚴重的焦慮**，**大腦失去了回歸平靜的能力**，因為恐懼、壓力與警覺迴路被觸發，卻又關不掉。

當創傷經驗卡在大腦中，就會發生 PTSD。經歷創傷事件是稀鬆平常的事情，世界上超過三分之二的人都曾在人生某個時刻經歷重大創傷；但不是每個經歷創傷的人都會得 PTSD。

人在天然災害、意外或襲擊之類的創傷後（無論是你自己經歷，還是你親眼目睹這樣的事

件），感到害怕、悲傷、焦慮與魂不守舍，都是很正常的現象。但假如這些感受沒有消退，危機感不減反增，你開始閃現記憶、做惡夢，一次又一次重新體驗這次創傷，那可能就是正在經歷PTSD的徵兆。

一個人是否會因為創傷經歷而得到PTSD，取決於大腦如何處理創傷，以及創傷本身的特性。假如創傷危及你的性命或個人安全，或者它很嚴重或持久，那麼得到PTSD的風險就會提高，因為這容易對大腦產生更大的壓力，影響它處理事件、復原的能力。

PTSD患者會整天困在危機感與威脅感當中，而他們無法控制或合理化這種感覺。此外還有其他風險因素，會提高大腦困在創傷當中的機率，例如出乎意料且無法逃避、當事人無法掌控的事件；個人因素，像是童年的創傷經歷；PTSD家族史、憂鬱症、焦慮或其他心理疾病；濫用藥物的經歷，或是遭到肉體、性虐待的經歷。

假如你懷疑自己得了PTSD（有時候很輕微，甚至好幾年來都沒察覺），我建議你向經驗豐富的創傷輔導員、心理師或醫師求助，他們是這個領域的專家。

當精神科醫師把PTSD患者轉介給我時，我通常會跟這位醫師合作，在使用大麻藥物前先看看病患的情況。我們會非常謹慎的將大麻納入療法，治療他們的睡眠中斷與惡夢，這樣他們才會更能接納其他療法。

有些病患會靠著睡前喝酒來減少惡夢與閃回，他們把酒精當成某種形式的自我藥療，而且還真的有點效果，因為它會減少快速動眼睡眠（惡夢就是在這時出現）。一旦我們在睡前採用低劑量的高THC印度大麻油，就能大幅減少病患們的飲酒量。

來找我索取大麻處方的PTSD患者，以前多半都沒試過它。他們有許多人是警察或軍隊的老兵退伍，所以嘗試大麻對他們來說可謂放手一搏，因為他們職涯自始至終被灌輸的概念，就是避免使用「毒品」！

現在有越來越多人研究大麻，與其他影響精神層面的草藥（包括特定種類蘑菇內含有的賽洛西賓），並且在搭配心理治療的引導下成功使用它們，幫助人們從PTSD與創傷康復。

目前沒有任何已發明的西藥能做到這件事。由於這些植物已能合法用於醫療，並且逐漸成為主流，我們對它們就必須更加了解。像我目前就是從學術觀點來參與這件事，因為我親眼見證過無數次大麻在適當使用時所產生的效果。

我發現CBD含量高的醫療大麻，臨床上對於治療PTSD症狀很有用，初步研究的證據也支持這個看法——有證據顯示它對白天與晚上的症狀都有效。在醫師監督下，於睡前服用THC油或膠囊，可抑制腦內的恐懼反應，以減少惡夢與閃回，而且還能治療失眠。

因為THC對焦慮有雙相效應，因此病患唯有在醫師監督下，才能使用含有THC的醫療用大麻，以確保它們是幫助人而不是傷害人。

如何用CBD、大麻製品治療焦慮

CBD產品

- 試試全譜或廣譜CBD油。

• 多攝取有鎮靜效果的萜烯：

■芳樟醇：聞起來有花香，像薰衣草。

■月桂烯：聞起來有泥土、胡椒味，像啤酒花，是最常見的萜烯之一。

■萜品烯：聞起來很清新，像是鮮花與松樹混合。

■D-檸烯：聞起來像檸檬，兼具抗焦慮與抗憂鬱作用，因此被視為能平衡情緒的萜烯。

早上起床就立刻服用十毫克CBD，然後在中午（十二點～兩點）與晚餐時間各服用十毫克，每天總共三十毫克。維持這個劑量一～兩週，並檢查你的感覺：

• 焦慮程度降低了嗎？

• 一天當中還是有特定時間會不舒服嗎（例如晚上更不舒服）？

• 還是很難睡著或維持熟睡嗎？

每天早上、下午與晚上（晚餐後）替你的焦慮程度計分，尺度為零到十，零＝完全不焦慮，十＝無法忍受／最糟糕的焦慮，然後將結果寫在症狀追蹤表中。

每週慢慢增加劑量，直到焦慮改善為止。維持起始劑量一～兩週後，可嘗試在每天的其中一劑增加五毫克劑量，至於要增加哪一劑，取決於你焦慮最嚴重的時段。比方說，假如焦慮在傍晚或晚上最嚴重，那就增加中午的劑量；假如睡前依然無法冷靜下來，那就增加晚餐的劑量。

假如你的每日CBD劑量達到六十毫克，那就維持這個劑量四～六週，然後再增加（CBD對某些人必須使用幾週才有效果，這樣做能避免非必要的劑量增加）。

請記住：治療焦慮，並沒有對所有人效果都一樣的特定完美劑量。每個人的內源性大麻素系統平衡都是獨一無二的。所以最重要的是自己拿捏。

醫療用大麻製品

請務必在醫師監督下嘗試，而且前提當然是你的家鄉可合法使用含有THC的醫療大麻。

- 一開始先以CBD含量高的大麻油作為白天的基礎。若要治療焦慮，高CBD、低THC的品種是最適合入門的製品，攝取方式為口服；建議多攝取具有鎮靜作用的萜烯。
- 起始劑量為每天三次，每次五毫克：早上起床、中午（十二點～兩點）與晚餐時間各一次，每天總共十五毫克。注意：這裡的劑量低於CBD養生產品，因為醫療用大麻油的THC含量比工業大麻CBD略高。這表示低劑量時前者的效果會比後者好，因為你攝取了微量的THC。

初期結束後，可嘗試在每天的其中一劑增加五毫克劑量，至於要增加哪一劑，取決於你焦慮最嚴重的時刻。比方說，假如焦慮在傍晚或晚上最嚴重，那就增加中午的劑量；假如睡前依然無法冷靜下來，那就增加晚餐的劑量。

因為這些油也含有少量THC，所以劑量增加的速度要放慢，每週視需要加個幾毫克，以緩和焦慮。

當你每天的CBD劑量達到三十毫克（假如你的醫療用大麻油含有〇．五%以上的THC，那麼你也有攝取到一點THC），維持這個劑量四～六週，然後再增加劑量，以你的感覺為依據（每個人都有點不一樣）。

經過這段期間後，假如你的焦慮沒有大幅改善，那就再度每週慢慢增加劑量。

除了醫療大麻，你也可以嘗試加入不含THC的工業大麻製CBD油，或者長效的工業大麻製CBD產品（像是穿皮貼片），這樣你不必增加醫療大麻油的劑量，就能攝取更多CBD，也就不必擔心吃太多THC了。

大麻霧化器

大麻霧化器可以搭配油使用，大麻油或工業大麻製CBD油都可以。一開始先使用高CBD、低THC的花，它能有效阻止劇烈的焦慮與恐慌突然發作。假如你從未服用過THC，這是最好的入門方法。

就跟油一樣，一開始先使用高CBD、低THC的花。常見大麻品種中，CBD和THC比例約二十：一的包括：

- Avidekel：CBD含量約為一五～一八%，THC含量約為〇．八～一%。

・ACDC：這是高CBD、低THC的品種，CBD含量高達二〇％，THC含量約一％以下。

・任何CBD栽培品種：嚴格來說，任何品種的大麻都可以培育成高CBD品種，包括那些原本THC含量較高的，也可以藉由人工繁殖來消除大量THC。這些高CBD品種並沒有標準的名稱，但它們會標示成「CBD栽培品種」或「CBD花」（假如是乾燥大麻製品）。

如果沒有明顯效果，你可以嘗試THC稍多的品種，例如CBD與THC含量相同的均衡品種。開始的量只要一個火柴頭的大小，尤其是THC較多的品種。

若要舒緩一般的焦慮與壓力，霧化CBD花是既安全又有效的方法，讓你不必借酒澆愁（打個比方）。大麻花可以替代抗焦慮藥物，幫你逐漸戒掉苯二氮平類藥物（但要有醫師監督）。也可以在冥想或鬆弛訓練之前吸入蒸氣，讓內心平靜下來。

抗焦慮的神隊友

一旦CBD的劑量達到對你有效的程度，你也可以開始加入其他抗焦慮法寶，讓CBD的效果更好，並且真正長期重整大腦的焦慮路徑：

- 冥想：我推薦你去試試幾種簡單的冥想技巧，看看哪一種最適合你。接著開始每天練習，一開始只要五分鐘就好，然後每隔幾天增加一分鐘，直到達到二十分鐘為止，這是大多數人最能接受的程度。
- 有鎮靜效果的草藥，像是啤酒花、纈草根、黃芩、洋甘菊。
- 把咖啡換成聖羅勒茶，獲得更天然的能量，不讓咖啡因惡化焦慮。
- 有鎮靜效果的天然補品，像是茶氨酸、肌醇。
- 晚餐後進行夜間儀式，放鬆神經系統：儀式內容包括輕柔且平靜的音樂、昏暗的燈光、練習鬆弛呼吸或輕柔的伸展、瑜伽，以及關掉螢幕與社群媒體。
- 早上起床後幾分鐘，養成一些能讓你既清醒又平靜的習慣：例如不要一醒來就查看電子郵件與社群媒體；做個兩分鐘的正念呼吸小練習；留點時間吃頓健康的早餐——攝取既營養又使你平靜，而且還能輔助GABA的養分。

第十章

對抗情緒低落與憂鬱的天然方法

大麻之所以會以現代草藥之姿再度興起，是因為現代社會比以前更加意識到心理健康的重要性；我們逐漸了解心理健康並不是只有二元狀態——「完全健康」與「心理有病」。尤其是我父母那一代，如果你不是正常人，那你就有精神病，沒有中間地帶，以前心理健康不但沒人討論，還極度遭到汙名化。

在開始開立大麻處方之前，我已經是小有名氣的整合醫學醫師，所以只要病患想用更全面、更不需要藥物的方法來改善心理健康，都會來找我。處理心理健康，這幾年來已成為我醫療事業的重點以及專業，包括治療病患的憂鬱症、情緒低落、焦慮、失眠、壓力相關疾病與倦怠。

這些疾病全都有關聯，在現實世界中很難梳理清楚，而且我的病患通常都是同時得到好幾種病。不過，為了本書的目的，我還是把這些病分開寫，提供最有用的指南，而本章會將重點放在憂鬱症與情緒平衡，同時也會談到躁鬱症。

若要治療複雜的心理健康問題（以及隨之而來的好幾種疾病），我的處方通常都是正念與呼吸技巧，搭配藥物與補品。不過很顯然的，處於憂鬱狀態的病患，通常都沒有動機與心力去長時間練習一項技巧。我這才了解到，**他們需要立即見效的方法先改善身體，才有辦法善用正念與呼吸療法**。

我發現一件事：當我使用非藥物療法時（尤其是治療憂鬱症），重點不在於病患的心智訓練，或只是請他們更努力一點；假如你同時患有焦慮、憂鬱症或其他心理疾病，就算你很想要練習冥想、運動或接受認知行為治療，你的腦中總是有個路障擋住你。而我發現大麻可以有效清除這些路障，讓病患產生初步動力改變自己——如果只靠自己，他們可能一輩子都辦不到。

當我開始使用大麻藥物與CBD，讓病患能立即打起精神時，他們就逐漸能夠持續進行更細微、更緩慢作用的非藥物治療，像是身心訓練、冥想與運動。因為終於得到了舒緩，他們的心智頻寬（mental bandwidth）自然就會增加，進而更相信自己有可能好轉。

許多**憂鬱症病友們**的這場艱困戰爭打了好幾年，覺得自己能試的都試了，而我的療法徹底改變了他們的人生，更別提他們的**自尊與自信，也都奇蹟般的跟著恢復了**。好幾年來，他們嘗試了許多自己非常想做的事卻全部失敗，自尊與自信早已遭受重大打擊。

我總是說大麻不是萬靈丹（世上也沒有這種東西！），但許多病患都說它是最接近萬靈丹的東西。在幾乎試過所有可取得的藥品之後，醫療大麻是第一個能幫助他們控制症狀、不必承受可怕副作用的神藥，給予他們初步動力讓人生重回正軌。

心理疾病，其實都和內源性大麻素系統有關

醫生在談論醫療大麻的「危險性」時，有個地方真的讓我覺得很煩，就是他們把愉悅感（也就是前文曾提及的「欣快」）當成副作用。

含有THC的大麻，對於憂鬱症患者確實會產生振奮心情的作用，可是只要他們使用THC時沒有過量（並且搭配CBD使用），也沒有精神病史或狂躁史（我不會讓這樣的病患碰THC），我真的不覺得輕微欣快是一種可怕的副作用。

事實上，許多受慢性憂鬱症所苦的人，以及被慢性情緒低落影響精神的人（情況比前者輕

微許多），他們的內源性大麻素系統的情緒平衡功能都有異常。

只要一小劑 THC 搭配 CBD，就能夠讓他們的內源性大麻素系統功能恢復正常。另一方面，從未經歷過憂鬱症的人，或許會覺得 THC 的振奮情緒效果太強（我就是其中之一）。

憂鬱症，無論是輕微或是重度憂鬱症，都是非常普遍的疾病。儘管如此，許多人得到憂鬱症的人卻不敢說出來，因為它總是被社會汙名化。

我目前住在英國，這裡幾乎沒人會公開討論心理健康的問題（尤其是憂鬱症）。雖然情況正開始改變，但通常只有在看似正常的某人突然崩潰時，才會有人小聲討論這個主題。我有許多親朋好友都患有憂鬱症，所以我親眼見證過它能使人衰弱到什麼程度，以及「好心的建議」有多常幫倒忙。

過去數十年來，我運用整合療法治療過數千名憂鬱症病患。甚至在我當實習醫生時，就已經很清楚憂鬱症並不是用藥就能治好的病（儘管百憂解剛問世時，許多醫師認為它是神藥）。

憂鬱症比想像得更複雜、更多因素，而且所有憂鬱症都不一樣，所以並沒有能夠治好所有人的萬靈丹。**憂鬱症就像過動症或慢性疲勞**——雖然得到相同的病症，但**觸發與構成這個疾病的因素，每個人都不同**。

對某些人來說，病因有可能是幼年時期的創傷；對另一群人來說，腸漏症或許是主要原因，也有可能是心裡遭受一連串的打擊，或甚至是頭部受傷。

憂鬱症通常是許多因素結合在一起，使得大腦卡在剎車被踩住的狀態（我喜歡這樣比喻）。當大腦遭遇威脅，就會進入「保護與退縮」模式，減少左額葉的活動，所以人只要經歷某種型態或形式的憂鬱症，都會出現極為類似的症狀：

- 提不起勁。
- 社交退縮。
- 陷入不斷的負面思考。
- 遇到要做決定時會覺得不知所措，所以乾脆一開始就什麼都不做。
- 食慾改變——有時候超想吃碳水化合物，或完全沒食慾。
- 無精打采。
- 思考遲鈍。
- 無法從興趣、日常生活中得到快樂。

有個理論說，上述這些跡象都顯示大腦覺得不安全、想保留能量，因為它感覺有威脅存在——也可以說這是大腦在保護自己。至於人一開始是怎麼得到憂鬱症的？原因可說是五花八門，初次發作通常都跟巨大的壓力事件有關。

憂鬱症發作後會使人更脆弱、也就更容易復發，這是因為大腦會驅動一種流程，叫做「點燃」（kindling）——意思是大腦變得更頑固、卡得更緊，無法打破憂鬱的大腦網絡，也無法適應環境與改變現況。然而研究指出，**具恢復力的深層慢波睡眠減少，也是憂鬱症的因素之一**。

只要使用得當，大麻可以協助治療憂鬱症許多層面，包括無精打采、壓力、焦慮與睡眠。

不過，如前所述，大麻並非憂鬱症的神奇解藥，而是其中一種方法，必須搭配更廣泛、全面的治療，再加上改變生活方式，才能對腸腦連結等諸多功能產生作用。

不過，有一些初步研究，正開始揭曉大麻怎麼幫助憂鬱症患者的大腦重回平衡、變得更有彈性。例如人在憂鬱症發作時，大腦製造的 BDNF 就會減少。

這可不是好事，因為 BDNF 就像一位超級英雄，能夠促進大腦產生新的腦細胞與學習——也就是所謂的神經生成。BDNF 就像大腦的抗老化學物質，只要它的濃度降低，大腦適應變化的彈性就會減少，這意味著憂鬱症可能更加根深柢固，也更難擺脫（這樣或許能解釋前述的「點燃效應」）。

目前研究認為 BDNF 的釋放，與健康的內源性大麻素系統功能有關聯，也就是說，當內源性大麻素系統功能變得異常，就有可能影響 BDNF，反之亦然。

過去以老鼠為實驗對象的研究已經證實，CBD 能夠減少神經發炎、改善神經生成（也就是有更多 BDNF！），這兩者都是對抗腦內憂鬱的關鍵因素。還有好幾份動物研究也指出，**CBD 就像能快速作用的抗憂鬱劑！**除了對憂鬱症有效，CBD 也能減少生物的攻擊性行為。

雖然我們尚未明確了解內源性大麻素系統如何調節情緒，但初步研究已顯示，它對於情緒平衡與情緒調節很重要。

而且我們也發現，**內源性大麻素系統失調，可能會造成三種重大心理疾病——焦慮症、憂鬱症與思覺失調症／精神病**。不過截至目前為止，CBD 工業大麻製品本身還沒有經過正式的人體實驗，以證明它能治療憂鬱症。

躁鬱症、思覺失調，最好避免娛樂大麻

病患與同事最常問我的問題之一是：大麻會造成精神病或狂躁嗎？

使用大麻、精神病、思覺失調症與躁鬱症，彼此之間的關係很複雜。其中一個複雜因素是，關於這些疾病的已發表研究，使用的大麻品種都是THC含量高的街頭大麻，CBD含量不多或根本沒有。

這些研究以娛樂大麻使用者的資料為依據，而非使用醫療大麻的病患。這些使用者都是為了娛樂而抽大麻菸，並沒有受到管控。這與身為醫師的我使用大麻的方式完全相反。比較這兩者就像拿蘋果比橘子。在我開立醫療大麻給病患的臨床實務中（包括有焦慮症與憂鬱症的病患），我從來沒看過任何人在使用醫療大麻之後，得到精神病或狂躁的。

然而，只要病患（或他的一等親）得過精神病、思覺失調症、分裂情感性障礙或躁鬱症，我就不會讓他們使用含有THC的製品。對於這些病患，我建議使用高CBD、無THC（或是低劑量）的製品，並有醫師監督，而且這位醫師要跟病患原本的精神科醫師合作。

對於有家族病史的人來說，使用大麻是否有可能提高罹患精神病的風險？這是不容小覷的問題。根據過去的研究，似乎真的有風險，只是很小；不過我也必須強調，這個風險應該是THC造成的，而不是工業大麻製的CBD產品。

例如有一份研究指出，**THC含量高的街頭大麻菸，以及大麻導致的精神病，可能會提高精神病轉換為思覺失調症的風險**，而且較年輕的使用者似乎有較高的轉換率。

另一個以現有研究為依據的理論則指出，**使用高ＴＨＣ、低ＣＢＤ的娛樂用大麻，會讓本身風險較高的族群（遺傳），更容易得到思覺失調症，或是讓思覺失調症更快露出真面目**（意思是他們已經得了此病，只是更快觸發或發作）。

根據迄今為止的研究，高ＴＨＣ大麻菸與思覺失調症風險之間，似乎有劑量反應關係（簡單來說就是有關聯），尤其是有遺傳風險的年輕人。這些研究中的大麻品種，都是高ＴＨＣ、低ＣＢＤ的栽培品種，它們很少以高劑量用於醫療，也絕對不是治療心理疾病的主要方式！

然而，有些關於思覺失調症與躁鬱症患者的研究，發現「高ＴＨＣ黑市大麻」與「減緩灰質密度降低的速度」是正相關的，意思是說根據腦部掃描（使用功能性磁振造影）的結果，抽大麻菸的人腦部（灰質）萎縮得比較少。

再講白一點，高ＴＨＣ大麻菸能強化大腦功能，這和主流觀念與其他許多研究結果完全相反。不過「正相關」並不一定是「因果關係」，所以我們需要更多研究，更進一步調查，才能確定其中的意義。

另一份研究發現，患有思覺失調症的青少年如果使用娛樂用大麻，會使認知功能變好，但對於躁鬱症就沒有效果；所以再次強調，每一種腦部疾病對於大麻的反應都不同，而且大麻的品種，以及ＣＢＤ、ＴＨＣ與其他汙染物的含量，也會影響反應。

我的朋友兼同行，精神科醫師兼研究員莉莉．加林多博士，花了七年時間研究大麻與思覺失調症之間的關係，這些研究解釋了一件事：為什麼有些人在吸收大麻內的ＴＨＣ後，會經歷妄想症或其他負面情緒作用？

或許是因為他們有一種不同類型的變異CB1受體，會與某特定類型的血清素受體連結在一起。這對特殊受體叫做「CB1-5HT2A異源二聚體」。

當年紀較輕的人們（大腦結構尚未完全發育），大量且經常性使用THC時，他們罹患或觸發精神病（像是思覺失調症）的風險及脆弱程度就會提高；而這群人也會製造較多CB1-5HT2A。

在加林多博士的最新研究中，她的團隊找到初步證據，證實大麻真的能緩和思覺失調症藥物副作用所造成的思考受損，對於某些思覺失調症患者來說，含有THC的大麻能緩和一些症狀與藥物副作用，並改善生活品質。這可是心理健康與醫療用大麻領域的開創性發現。

不過我們已經知之甚詳的，是CBD似乎能透過不同途徑，對腦部產生抗精神病作用。二〇一八年的某份研究中，研究人員觀察了CBD對於精神病高風險人士各腦部區域的作用。受試者口服一劑六百毫克的CBD，然後一邊接受腦部成像、一邊學習口語表達。研究結果顯示，**CBD可以讓腦內某些牽涉到精神病的特定區域功能正常化**。

在另一份研究中，一種治療精神病的藥物「首利安」（amisulpride），被拿來與CBD比較治療急性思覺失調症的效果；結果CBD與這種藥的治療，都讓病患有臨床上的改善，但CBD的副作用較少。有趣的是，CBD還會增加大腦的天然內源性大麻素——花生四烯乙醇胺，而花生四烯乙醇胺濃度提高，與病患的臨床改善也有明顯相關。

有份研究找來了一小群健康的人，先請他們服用一大劑THC，再用CBD預先治療他們，以預防急性精神病症狀。根據功能性磁振造影顯示，CBD對於大腦功能的作用，與THC剛好相反。

二〇一五年，有一份關於CBD的報告，發表於期刊《思覺失調症研究》（*Schizophrenia Research*），它指出CBD能夠抵消THC所引起的精神病症狀與認知受損。此外，CBD還能降低使用（高THC）大麻後罹患精神病的風險。

所以結論是：**CBD能協助治療精神病（包括思覺失調症、躁鬱症與其他相關疾病），而且還能協助緩和THC的作用**。顯然有些人在遺傳上比較容易受到THC的負面作用影響（情緒或觸發精神病），不過這種風險一般來說還是非常低。

就算CBD本身不夠力，它也能搭配其他藥物治療，減少強效抗精神病藥的必要劑量（畢竟這種藥有許多副作用）。研究顯示，對於患有上述這些腦部疾病的人來說（這些病非常難治，而且極度摧殘身心），適當的大麻處方能夠同時改善他們的大腦功能與生活品質。

控制慢性憂鬱，CBD是好幫手

醫學院畢業後，拿到博士學位的我，在成為住院醫師之前，決定去亞洲旅行三個月。我沒有計畫，只帶了一個背包、一份《孤獨星球》（*Lonely Planet*）的旅遊指南。以及一些其他背包客的口碑推薦——哪些沒有自來水與公共電力的地方值得一遊？

最後我來到泰國一處海灘，參加另類的瑜伽靜修課程；我發現自己正處於反文化運動的核心，在這裡，人們拋開朝九晚五的工作，住在簡陋的茅屋裡，整天做瑜伽與冥想，創作一些藝術（應該算是吧？）……而且在週二早上服用LSD[1]！

這群極具創意的西方人，拋開主流的制式職場文化，而大麻對他們而言，反而才是文化的重心所在，遠勝於酒類；事實上他們有許多人甚至滴酒不沾。

泰國的大麻都種植在叢林裡，不加任何肥料，而且不會讓人飄飄欲仙。許多人都信誓旦旦的說，大麻能幫他們平衡情緒、增強他們的創造力。

他們把大麻當成控制慢性憂鬱的最佳藥物——這群人大多數都患有這種病。其中有人告訴我，使用大麻已幫助他們成功戒酒（有些人以前會利用酒精來自行治療憂鬱症狀，而副作用當然糟糕得多，包括上癮）。

這些人是嬉皮，不是科學家，但我被他們的故事迷住了，而且我在海灘小屋附近閒晃的那幾個月，大概有幾十個人跟我提到同樣的話題。我原本以為大麻對於情緒與憂鬱症沒半點好事，但他們令我改觀。而且我不禁懷疑：**酒精對大腦（尤其是憂鬱症患者的大腦）的負面作用是眾所皆知的，為什麼它就能被社會接受，成為合法的毒物？**

身為科學家，我發現一件很有趣的事：這種泰國叢林大麻似乎與重度癮君子抽的大麻菸截然不同；我在加拿大看過青少年抽過後者，它通常會使人昏昏欲睡、癱在沙發上，但原料明明跟前者一樣。

1 編按：俗稱郵票，一種強烈的啟靈藥，低劑量就足夠產生八～十二小時的「旅程」；影響了西方藝術、文學、音樂等文化層面。

幾年後，我開始使用大麻作為藥物時，才了解到泰國土產的叢林大麻叫做「ganja」，是低THC、高CBD的大麻，通常被標示為「尋常大麻為主」的品種。而當時大多數的加拿大人都是購買THC含量極高的大麻（傳統上被標示為「印度大麻」），兩者截然不同。

有趣的是，泰國就跟印度一樣，已經使用大麻好幾百年，作為紡織品與藥物，直到一九三四年被禁為止；而大麻似乎是從印度傳進泰國，由於氣候與溼度的差異，泰國當地的品種也隨著時間變化與適應。泰國的高溼度，可能就是海灘上出現獨特大麻品種的原因之一，因為大麻必須製造稍微不同的化學成分，才能對抗黴菌與適應氣候。

而早在我將大麻納入醫療實務之前，身邊就有朋友使用它來管理自己的心理健康。起初我非常懷疑他們的說法，我就跟大多數的醫生與民眾一樣，認為大麻是非法毒品，沒有藥用價值。我也害怕大麻會惡化他們的心理健康，尤其是憂鬱症之類的問題。

我第一次開業時，事前的準備必須花費大概一個月，而在這期間我需要租個房間來住。當時我還沒還清醫學院的學貸，男友又遠在天邊，我不想一個人睡旅館睡一個月（當時可沒有Airbnb），於是我的大學好友克蘿伊（Chloe），就提議跟我合租城外某間大房子，裡頭還有個空房間，而這間房子住了藝術家、製片人、音樂家與創作者。

他們自己種蔬菜，甚至還種了一些大麻，其中一位室友用它們來製作外用軟膏，治療經痛。她會將大麻掛在牆上曬乾，讓整棟房子充滿令人愉快的香氣。

我租的房間在地下室，而我永遠不會忘記在那裡度過的第一個早上。正當我躺在床上想多睡幾分鐘，我聽到很大的咯咯聲。我以為是水管出問題，結果抬頭一看，克蘿伊坐在床尾，用水菸壺（bong）吸了一大口大麻。「早啊！」她一邊興高采烈的說著，一邊遞給我一杯綠茶。

於是這個「水菸壺鬧鐘」就成了我當時的晨間儀式，雖然很奇怪但也蠻好玩的。顯然我住的空房間就是存放大麻的地方，克蘿伊每天早上都會用上一點，用來振奮並管理她的情緒。

她曾被醫生診斷出許多疾病，包括邊緣性人格障礙與憂鬱症；她也試過傳統方法——藥物控制，但是每種藥物都試過之後，她發現吃藥並不怎麼有效。於是她自己找到解決之道：用水菸壺抽大麻，以及口服大麻油。搭配既嚴格又健康的飲食、睡眠與運動習慣，不但將她的身體功能維持在高檔，而且完全沒有副作用。

她的事業與社交生活都很成功，而她覺得這份成功，有一部分要歸功於使用大麻作為藥物管理身體。雖著醫學進步，我們現在了解到邊緣性人格障礙，儘管名字聽起來很聳動，但與「人格」無關——它其實是一種神經內分泌疾病，牽涉到壓力反應系統功能障礙與血清素障礙（這或許也解釋了大麻為什麼能派上用場）。

當時我覺得她是在找藉口，只是先嗨一下再上班，但後來我也用醫療大麻，成功治療了數百位憂鬱症與情緒障礙患者，而且許多有類似症狀的病患也發現，早上起床立刻吸一口大麻蒸氣，是能夠讓大麻立即生效的超有效方法；而如果是口服油，就必須花較多時間才會有感。

這讓他們當中某些人能夠準時上班，並且大幅減少請病假的天數。因為使用的是THC含量低的品種，所以他們不會覺得身體不適，一切都很正常；事實上對某些人來說，攝取微量的THC反而是很重要的因素，因為這樣會使大麻更能有效管理情緒。

不過，達妮博士我可不允許病患使用「水菸壺鬧鐘」！

如何用 CBD、大麻製品管理情緒

CBD 產品

光是 CBD 油本身並不保證能治療憂鬱症，但因為憂鬱症與焦慮經常重疊，所以 CBD 緩和焦慮的功效，絕對能當作療程的開始。

CBD 似乎對動物有抗憂鬱作用，但我們尚未針對這個用途進行人體實驗。在我的臨床經驗中，我使用 THC 含量低的醫療大麻製品（但 THC 還是比工業大麻多）作為起點，而對某些人來說，假如選對品種的話，多加一點 THC（搭配 CBD）是非常有用的。

- 使用全譜或廣譜 CBD 油。
- 多攝取能振奮精神、平衡情緒的萜烯：
  - D－檸烯：聞起來像檸檬，兼具抗焦慮與抗憂鬱作用，被視為能平衡情緒的萜烯。
  - α－蒎烯。
  - β－石竹烯。

早上起床就立刻服用十毫克 CBD，然後在中午（十二點～兩點）與晚餐時間各服用十毫克，每天總共三十毫克。維持這個劑量幾天至一週，並謹慎追蹤你的症狀，以檢查你的感覺：

- 你的情緒改善了嗎？
- 一天當中還是有特定時間會不舒服嗎（例如晚上更不舒服）？
- 還是很難睡著或維持熟睡嗎？如果是，睡眠輔助會讓你受益良多——請見第十一章。

每天早上、下午與晚上（晚餐後）替你的情緒與活力高低計分，尺度為零到十，零＝毫無動力／嚴重情緒低落，十＝積極、快樂與滿足，然後將結果寫在症狀追蹤表中。假如你的每日CBD劑量達到六十毫克，那就維持這個劑量四～六週，然後再增加。

請記住：沒有對所有人效果都一樣的特定完美劑量。每個人的內源性大麻素系統平衡都是獨一無二的，所以最重要的是自己拿捏。

工業大麻CBD不見得對所有憂鬱症患者都有用，不過似乎能夠幫到某些人，但對於另一些人來說，似乎沒有太大的效果，而且效果也可能依劑量而定。所以最好與了解大麻的健康從業人員合作，同時也要探索其他天然與傳統的憂鬱症療法。

如果你被診斷出躁鬱症，根據某些個案報告（但目前沒有大型研究），CBD或許能減少日常躁鬱症藥物的副作用，但為求保險起見，你還是必須先請教醫師再嘗試新補品，就連CBD也一樣。

還有一點格外重要：在這類個案中的CBD製品，都經過廠商測試，並且取得檢驗證明書（見第五章），以確保裡頭不含THC，因為假如你患有狂躁或精神病，THC可能會很危險（尤其是未受特別監督時，亦可參考第六章的警告）。

醫療用大麻製品

請務必在醫師監督下嘗試，而且前提當然是你的家鄉可合法使用含有 THC 的醫療大麻：

- 一開始先選擇 CBD 含量高的大麻油或膠囊作為基礎。早上起床立刻服用五毫克 CBD，然後中午（十二點～兩點）與晚餐時間各服用五毫克，每天總共十五毫克。
- 這裡的劑量低於 CBD 養生產品，因為醫療大麻油的 THC 含量比工業大麻 CBD 略高。這表示低劑量時前者的效果會比後者好，因為你攝取了微量的 THC。
- 利用「從低劑量開始慢慢增加」的方法，在醫師的監督與建議下逐漸增加劑量，因為每個憂鬱症患者的狀況都不同，必須監控服用之後的情況。假如你的睡眠會被打斷，請與醫師討論睡眠輔助，以及該怎麼做對你比較好（見第十一章）。
- 經過四～六週的試驗後，如果產品沒有效果，請改用不同原料品種的產品（例如含有較多能夠振奮情緒的萜烯）。

大麻霧化器

如果是初次接觸 THC 大麻，一開始先嘗試高 CBD、低 THC 的花（CBD 和 THC 比例為二十：一），而且標示為「尋常大麻為主」、月桂烯含量低、D- 檸烯含量高的製品是最好的選擇。

一開始的量只要火柴頭大小，如果你有早上沒有動力、情緒低落與疲勞症狀，可以起床就立刻吸一口。如果這樣沒有效果，我建議換個新品種——THC更多但萜烯成分類似（或是CBD與THC含量相同）——再試試同樣的技巧，但前提是沒有狂躁或精神病的風險，或者思覺失調症或躁鬱症的病史。

對抗憂鬱症與情緒低落的天然方法

除了醫療大麻，我還會採用其他天然方法（像是補品、草藥與身心方法），幫助憂鬱症與慢性情緒低落的患者。

- 慈心禪（loving-kindness meditation）：憂鬱症患者的左額葉會變得憂鬱或遲緩，而這種冥想能夠喚醒它。網路上可以找到很多教學版本，我也會製作錄音檔案，協助客戶冥想。
- 每天做二十分鐘有氧運動，但一週可休息個幾天。研究證實這樣能提升血清素濃度，增加腦內啡、天然的內源性大麻素與BDNF，並減少壓力荷爾蒙（皮質醇）。
- 補充來自魚類的Omega-3脂肪酸補品：發炎是憂鬱症的成因之一，而魚類的EPA脂肪酸可以協助消炎（每天服用一～四克）。

・鋅：可以與天然療法雙管齊下，或搭配ＳＳＲＩ藥品，讓這種藥在低劑量就能發揮更好的效果。劑量為每天二十～三十克。

・維生素Ｂ與葉酸：若體內要製作健康的情緒神經傳導物質，這兩者不可或缺，成年憂鬱症患者經常缺乏葉酸、維生素B_{12}或其他維生素Ｂ。劑量：維生素Ｂ群每天一百毫克；葉酸每天一毫克，藉由補品攝取。

・維生素Ｄ：每週〇・二五毫克（一萬ＩＵ（國際單位））有助於情緒穩定，體內維生素Ｄ太少也可能造成憂鬱症。這種情形在離赤道很遠的國家，像是英國、加拿大與美國許多地區（日照少），較常發生。

・聖約翰草：這種草藥對於某些輕微或中度憂鬱症患者很有效（它的功效類似ＳＳＲＩ藥品），但前提是製品品質很高，經過標準化流程與適當的萃取。這種草藥不適合同時服用其他許多藥物的病患，因為它與許多藥品都會產生交互作用，不過從臨床上來說，它與低ＴＨＣ、高ＣＢＤ的醫療大麻搭配使用，到目前為止沒有發生過問題。

工業大麻ＣＢＤ油，高ＣＢＤ、低ＴＨＣ的醫療用大麻油，鎮靜效果應該不會太過度。如果它們令你感到疲倦，請查看產品標示，看看你是否買到富含月桂烯的產品——對某些人來說，這種萜烯在白天的鎮靜效果可能太強。此外也要檢查產品的原料是否為印度大麻。

第十一章

全天服用 CBD 油，從源頭改善睡眠

睡眠是人體的基本需求，我們不需要「學習」就可以自然做到；然而過去幾十年來，整個社會的睡眠都嚴重失常，越來越依賴藥物。最近的資料顯示，英國約有一千六百萬名成人睡不著，並有三分之一是真正失眠。睡眠中斷的人數更是前述的兩倍，而且所有西方國家都有類似的情況。

睡眠問題不只是晚上的毛病，失眠與睡眠中斷，**通常是因為神經系統一整天都過度警覺與失調**。無論吃了多少安眠藥與補品，**假如我們只在睡前治療睡眠，就很難永遠根除問題**。

這個問題有一部份是因為，大多數住在大城市的人（甚至許多住在郊區的人），都處於我所謂的「反睡眠環境」。

現代文化的每個層面，幾乎都違背自然的睡眠／清醒週期（日出而作，日入而息），讓人無法好好休息與睡覺。現代生活會讓大腦持續忙碌與受刺激，到太陽下山也不停止（通常才是開始）。

到了晚上，我們並不像以前的祖先會開始放鬆，反而還上緊發條——坐在藍光螢幕前看電視、手機、電腦，或是晚上出去交際，喝酒、咖啡來保持清醒；並且期待自己的神經系統，能在頭躺上枕頭那一刻就馬上放鬆下來。

然而這種好事當然不會發生，於是我們開始擔心自己的睡眠，因為我們知道自己隔天要靠鬧鐘才能起床，而且腦袋昏昏沉沉，需要咖啡因才能真正「清醒」，接著再重複同樣的過程。對許多人來說，因為睡不好而一整天都感到疲倦，似乎是很稀鬆平常的事。

既然如此，失眠與睡眠問題成為流行病也不令人意外了。除此之外，它們還會在白天造成其他心理與生理健康問題。當我第一次與病患見面，或是在團體課程中面對客戶時，我都會問道：「你上次自然醒來、感到神清氣爽，是什麼時候的事？」大多數人都不記得；至於記得的人，答案通常都是「上次度假時」。

欠身體「睡眠債」，要用大腦來抵押

長期缺乏睡眠（而且還睡不熟），就會欠下「睡眠債」，嚴重影響大腦運作、妨礙腦力發展，也就是你的認知與批判性思考。**光是一個晚上沒睡好，就會損害記憶能力，程度跟喝醉差不多。**

睡眠債甚至會改變大腦看世界的方式。例如睡不好的人，對於環境中的負面暗示會比正面暗示還敏感，這樣可能會使大腦將環境詮釋得更慘淡、更具威脅性。

被打斷的睡眠，甚至會對你與伴侶的關係產生負面影響。有份研究以一千名已婚人士為對象，發現睡眠中斷是健康婚姻的顯著反指標，無論年齡或性別。

從比較虛榮的觀點來看，有幾份研究指出**睡眠不足是體重增加的原因之一。你腰間那圈頑固的脂肪，無論運動或節食都甩不掉，或許是皮質醇（你的壓力荷爾蒙）被擾亂的後果**——這有一部分也是因為你沒睡好。然而，就連你的皮膚也會出事：一份關於睡眠與皮膚老化的研究發現，睡不好的人與睡得好的人相比，有更多皮膚老化的跡象。

身為專攻睡眠與疲勞問題的整合醫學醫師，我總是說，若要恢復健康睡眠，一開始並不是要服用某些東西（也就是藥丸或補品），而是**要戒掉某些東西**。

如果想睡好一點，晚上（甚至在床上）就別再看螢幕了，因為這樣會干擾大腦製造睡眠荷爾蒙（褪黑激素）。

我們必須正視自己與咖啡因的關係，它會擾亂我們的睡眠，讓我們早上覺得沒有休息到；對於某些對咖啡因極度敏感，或覺得焦慮的人來說，就算早上喝個一、兩杯咖啡，也會影響晚上的睡眠。我們最好盡量減少自己度過漫長的一天後，小喝一杯酒（或三杯）放鬆的例行公事，因為這樣可能會干擾快速動眼期[1]睡眠。

最重要的是，我們必須檢視自己晚上的習慣，有沒有放鬆身體與冥想，以及空出時間讓神經系統放鬆一下？

但在現實中，除了這些（並不容易辦到的）生活習慣改變，有許多人確實需要服用某些東西，才能幫助他們恢復睡眠模式，或至少讓自己重回正軌，並打破惡性循環（早上用咖啡因之類的興奮劑醒腦，晚上用酒精之類的鎮靜劑入睡）。

我有一位病患叫道格（Doug），他的家庭醫師將他轉介給我以治療失眠。他說自己已經試過所有方法，包括冥想、安眠藥與褪黑激素。不過，當我深掘他的睡眠史與睡眠習慣，我發現他每天都會在午餐前喝能量飲料，提振精神。

其他醫師都覺得這個咖啡因來源，跟他晚上十一點的就寢時間隔很久，並不會影響睡眠，但我之前就看過咖啡因代謝超慢的案例。身為整合醫學醫師，**只要病患有任何睡眠問題，我一律請他六週之內不碰任何咖啡因**。雖然說服道格花了一些時間，但他最後同意這段試驗期內完全戒掉咖啡因。

此外，我還給他極低劑量的ＴＨＣ（兩毫克）搭配褪黑激素，假如他戒掉咖啡因一週後還是有睡眠問題，就可以服用它（而不是吃安眠藥）。為了讓他不靠能量飲料也能穩定體能，我讓他先吃草本補品，包括冬蟲夏草、猴頭菇與甘草根。

完全戒掉咖啡因兩週後，道格有好幾個晚上都只服用褪黑激素，完全不需要大麻或安眠藥。而在他晚上還是無法放鬆的日子裡，他會使用微量大麻油搭配ＴＨＣ，效果還不錯。

我們也在白天加入ＣＢＤ油，幫助緩和他整體的壓力程度。六個月後，他大多數時候都睡得很好——這可是許多年來頭一次！除了白天的體力、精神改善，甚至連記憶與專注於工作的能力都變好了。

安眠藥——西醫對失眠的暴力解法

有睡眠問題的人，從醫生那裡獲得的主要療法，多半都是些基本的睡眠建議。例如建立準時就寢的習慣、移除房間裡令人分心的事物，睡前不看螢幕，晚上戒掉咖啡因、酒類與大餐。

這對於輕微睡眠問題或許有效，但對許多人來說，這些改變不足以解決問題。也有病患會拿到**處方安眠藥**，這是對於失眠的「暴力解法」，**雖然能讓我們立刻躺平，但也讓我們拋不開傷害睡眠的習慣與環境**。

1 編按：ＲＥＭ，在此階段，眼球會快速移動，同時身體肌肉放鬆。

除了處方安眠藥，許多人依賴抗組織胺藥入睡，或在晚餐時配一杯酒。可惜的是，**這些非處方的「助眠藥」**（sleep aid），其實**反而會破壞正常的睡眠結構（模式）**，導致睡眠品質變差，或是睡眠斷斷續續。

這種**自我藥療反而構成了惡性循環**：早上醒來覺得疲倦，接著在下午四點體力嚴重下滑，然後攝取更多咖啡因、興奮劑、酒精或其他物質，只為了勉強撐住體力以度過這個星期。

許多懷疑大麻的人（包括其他醫生），認為目前已發表的文獻都只是初步研究，而且會問我，有什麼證據能證明大麻有助於睡眠？我都會迅速提醒他們，許多開給病患的安眠藥，以及可直接購買的助眠藥，官方都只准許它們用於短期與中期；或者有些藥還是「仿單標示外使用」（off-label use）——意思是這種藥本來是用來治療其他疾病——例如將某些抗精神病藥用於治療睡眠。

至於安眠藥的長期效果與風險，無論相關研究還是醫師意見，都存在很大的爭議。有些研究指出，根據病患表示，他們開始吃特定的處方安眠藥之後，就算過了好幾個月也還是睡得更好，而且副作用不大，所以安眠藥造成的傷害被高估了。

但也有其他關於處方安眠藥（歸類為「鎮靜催眠藥」）的人體實驗，已經做出結論：就算只是偶爾使用這些藥品（每年少於十八顆藥丸），也會讓死亡風險變成三倍，還會造成心理健康惡化的後果，獨立於其他疾病。

無論如何，根據我多年來治療過數千名失眠病患的臨床經驗，醫生開這種藥通常都開得太頻繁、造成的傷害多過好處，或是在許多情況中，這種藥每天吃並沒有特別有效（雖然也沒有明顯的副作用）。

雖然這總比完全睡不著還好，但假如可以嘗試更天然的方法，我認為最好還是先嘗試它們，或至少搭配安眠藥使用，以減少必要劑量、副作用與潛在風險。

用於睡眠與其相關症狀（例如慢性疼痛與焦慮）的大麻素，並不會提高死亡風險，不像其他某些安眠藥。倒不如說，只要使用得當，大麻素甚至可以延年益壽，因為它們能夠保護神經，而且特別適用於老年人，或是內源性大麻素系統功能異常、運作不佳或失調的人。

想降低白天的焦慮與疲勞，你得先睡好

除了戒掉會干擾睡眠的常見現代生活習慣，有時也必須考慮是否要服用某些東西助眠。大麻是一種選擇，雖然它絕對不是萬靈丹，無法讓你立刻恢復完美睡眠、一勞永逸。不過在低劑量時，它可以協助恢復與輔助已經失常的睡眠。常見的睡眠失常原因有：

- 慢性疲勞症候群，以及「既疲倦又興奮」的神經系統。
- 讓我們睡不著的慢性疼痛。
- 讓我們睡不著的焦慮與惡性壓力。
- 難治型失眠，其他方法都治不好。

在嘗試大麻之前，我一開始通常會採用其他低風險的草藥、補品，以及非藥品方法。然而，有睡眠問題的病患，大多數都已經戒不掉非常強效的處方安眠藥，像是苯二氮平類藥物、安必恩（Ambien）與樂比克（zopiclone）。其中許多人嘗試戒掉安眠藥好幾次，但都失敗了。助眠的行為療法（像是認知行為治療），以及非大麻的草本助眠藥，並不一定足以讓睡眠重回正軌，而這些人通常都已經治療失敗太多次，他們亟需能夠迅速改善睡眠的方法。況且大麻還能協助治療其他慢性病，所以極低劑量的大麻是個非常不錯的選擇，我已經使用它成功治療了數百位病患。

我的目標是「一旦睡眠重回正軌，就不用每天服用它」。經過每晚服用大麻的初期（三～十二個月）之後，我有許多病患現在每週只服用一～兩次微量大麻油。

在這段期間內，除了大麻之外，我也會採取非藥物方法來助眠，並且搭配安全的「催眠草藥」，像是西番蓮、黃芩、纈草與啤酒花，它們與低劑量的大麻結合能發揮很好的綜合效果。

我設計的「睡眠計畫」既成功又受歡迎，所以我所有的恢復力與倦怠康復療程，都是始於為期七天的「晝夜節律重設計畫」，然後再處理其他問題，畢竟**如果要有健康的壓力反應，並降低白天的焦慮與疲勞程度，睡眠就是重要的基礎**。

我可以放心的說，雖然大麻不是某些人想要的睡眠萬靈丹，但它確實提供了另一種有效的療法，前提是要在正確的情況之下、適度使用正確的製品。但有一個例外狀況必須每晚服用大麻，那就是伴隨著慢性疼痛的睡眠功能異常。這些情況中的慢性疼痛成因（例如脊椎狹窄這種脊椎退化性疾病）無法治癒，所以病患通常會每晚服用一小劑大麻，以取代止痛藥或安眠藥，他們發現這樣對疼痛與睡眠的效果更好、而且副作用更少。

啟動大麻素受體，能強化深度睡眠

有個病患史蒂夫（Steve）曾向我求助，他想使用醫療大麻治療失眠，然而他抽街頭大麻菸助眠好幾年了，這令他的家庭醫師很擔心。

我仔細看過史蒂夫的健康史，整體來說非常健康，但他是企業律師，工作壓力很大，經常加班到晚上。為了工作也必須經常橫跨時區出差，這又更加干擾他的睡眠。

許多年來，他每週會有幾天抽一點大麻菸，幫助入睡。經過更進一步詢問，我得知他還會使用極強效的高ＴＨＣ大麻油（從非醫療用藥房買來的），因為它比較方便帶著旅行，然而這種油會讓他早上感覺昏昏沉沉。

當他沒有使用大麻時，他會在睡前喝一杯酒幫助自己放鬆。少了大麻，他通常要花兩小時才能睡著，尤其是忙到很晚或時區改變時。只要睡著的話，他通常都能睡得很好；不過若前一晚使用酒精協助，就會中斷他的睡眠週期，讓他早上覺得沒休息到。

我決定讓他嘗試大麻蒸氣，使用一小劑大麻花（ＴＨＣ和ＣＢＤ比例約為三：一），以消除肺部被煙燻的風險（至少降至最低）。我也請他在跨越時區，或是平時的睡眠時間被干擾時，服用三毫克褪黑激素。

經過我的臨床實驗，低劑量大麻蒸氣搭配褪黑激素，效果絕佳而且白天沒有副作用。幾個月後，他也開始嘗試其他非藥物療法，包括正念冥想。他決定每天練習冥想十分鐘，隨著時間經過，他發現這樣能幫助他在忙碌的一天後關閉「工作模式」，進而讓自己入眠。

我們的內源性大麻素系統，能夠調節睡眠與控管不同睡眠階段的穩定性。另一方面，THC 會啟動一部分 CB1 受體，強化非快速動眼期（NREM）睡眠。

NREM 睡眠是沒有夢境的睡眠階段，其中包括我們需要的**深度睡眠**，**大腦與身體會在此時修復細胞、組織與免疫系統**。我們仍在學習內源性大麻素系統控制睡眠週期的所有方式，到目前為止也只學到一點皮毛。

對許多人來說，CBD 本身就能促進清醒，但也有人說，不含 THC 的工業大麻製 CBD 油，能夠幫助他們入睡，而且早上感覺比較舒服。為什麼會有這種差別？其中一個理由是，每個人調節睡眠的內源性大麻素系統都不同，睡眠問題的成因與種類也是五花八們，而且服用的製品與劑量也不一樣。

比方說，睡眠問題是跟 REM 睡眠有關、還是跟 NREM 睡眠有關？CBD 對兩者的作用就有差別。假如睡眠問題只是容易想睡覺，那麼情況又改變了。

CBD 對於睡眠的作用，也會取決於一個人充分休息的程度：對於睡眠不足的人來說，他的 REM 睡眠和 NREM 睡眠比例會改變，以補償「睡眠債」，而 CBD 可能會改變這個情況。

講白一點，就是**當你睡眠不足時，大腦的補償方式是增加深度睡眠，並減少有夢境的睡眠**，而 CBD 對這兩者的作用似乎不一樣。目前沒有研究去比較「睡眠不足的人」與「充分休息的人」

使用 CBD 後的差別，所以我們仍不清楚確切的差異。

從研究的角度來說，在沒有 THC 時，CBD 本身對於睡眠的確切作用尚未明朗。THC 因為助眠作用而比較有名，相關研究也比較多，而且次要大麻素與具有鎮靜作用的萜烯（例如印度大麻品種含有的月桂烯）也會助長這種作用。

在大多數情況下，**若要使用醫療大麻助眠，那麼低劑量反而會有更好的效果**。一小劑 THC 可以助眠，但是太多 THC 就會讓人有宿醉的感覺、或早上昏昏沉沉的，而且還會減少隔天的短期記憶與體力。

這些作用會比較常見於初次服用 THC 的人——對於有經驗的使用者來說，昏沉的感覺會消退，但最好還是使用最低有效劑量即可。高劑量的 THC 似乎會減少 REM 睡眠，而這段有夢境的睡眠，對於記憶鞏固非常重要（也是過完一天後，大腦擺脫不需要的雜訊，保留重要訊息的時期）。

這也是為什麼**睡前服用 THC，可幫助 PTSD 患者減少惡夢**，因為惡夢就是發生在 REM 睡眠。但假如你沒有 PTSD，你應該不會想賠掉 REM 睡眠，或打斷正常的睡眠週期。極低劑量的 THC（低於十毫克），似乎不會對 REM 睡眠或其他睡眠階段產生負面影響。

大多數需要 THC 助眠的病患，劑量都遠低於每晚十毫克，除非有其他理由，例如嚴重的難治型疼痛。對某些人來說，長期服用太多 THC，可能會讓人更加筋疲力竭，尤其是沒有搭配一大劑 CBD 緩和時（所以假如某人白天已經一大堆疲勞纏身，像是多發性硬化症或慢性疲勞症候群，那他就必須小心）。

再次強調，醫療大麻用於助眠時最重要的地方在於，就算THC才有助眠作用，但搭配CBD使用減緩潛在副作用，才是更安全的方法。**當CBD搭配THC使用**，它就比較不會使人太嗨（但偶爾還是會），**只會助長THC的正面效果，而且比較不會打斷REM睡眠**。

關於大麻與睡眠的已發表研究

關於大麻素與睡眠的已發表研究證據，通常都不清楚且令人困惑。其中一個理由是，大多數的大型研究（或至少人體研究）都是使用合成的THC大麻藥品，例如大麻隆。

使用這種藥品版本的純THC，而不是使用整株植物的萃取物，會大幅影響結果，尤其是因為除了THC之外，其他次要大麻素與萜烯（我們認為它們會構成隨行效應）都被移除，使得藥丸裡面只剩效力最強的精神活性化學成分——THC。

若以草藥醫學的觀點來看，毫不意外，這容易造成更多副作用，效果也比較差，至少我看過許多病患所得到的臨床經驗是如此。另一個問題是，這些研究當中有許多份，本來是要研究睡眠以外的因素，所以睡眠方面的資料只是附屬品而已（科學家的說法是「次要療效指標」），並非主要的研究目的，這也會影響結果。

動物研究

若以動物為實驗對象（例如老鼠），CBD對於睡眠的作用，到目前為止還並不明朗。有一份研究發現，注入大腦（側下視丘區域）的 CBD 會抑制睡意並增加警覺性。但另一份研究在同樣的大腦區域注入 CBD，卻發現這會增加腺苷（促進睡眠的大腦化學物質）——上述這兩個發現相互矛盾。

其他動物研究也延續了這個令人困惑的問題：有些研究說 CBD（尤其是高劑量）能促進睡眠，但也有些研究說它會提高警覺性並減少睡眠（特別是 REM 睡眠）。然後又有一份老鼠實驗研究發現，CBD 能改善焦慮造成的 REM 睡眠中斷；這跟前面的研究又矛盾了。

假如大型人體實驗也證實這件事，就表示 CBD 真的能幫助睡眠正常化——前提是睡眠問題由焦慮（或 PTSD）引起。而有焦慮症狀的病患中，確實有很多人會自己使用 CBD 油來治療焦慮與睡眠，我已經見證過好幾次了。

CBD 動物實驗中這些令人困惑、經常相互矛盾的研究結果，讓我們知道自己還有很多要學習的地方。

人體研究

對於有特定睡眠問題的人來說，CBD 或許滿有用的。比方說，有一份小型研究以四位帕金森氏症患者為對象，結果發現 CBD 減少了這個疾病造成的 REM 睡眠功能異常，進而改善整體睡眠。

另一份研究觀察 CBD 對於焦慮或睡不好的人有什麼作用，結果發現有三分之二的人睡眠改善了，還有更多人的焦慮減少了。所以**假如你的睡眠問題跟焦慮有關，CBD 對你應該會有**

幫助。CBD 治療 REM 睡眠障礙（例如夢遊、身體隨著夢境動作）與減少白天疲勞的效果，非常值得期待，但還需要更多研究來支持這些初步發現。

另一份研究以兩千人為對象，觀察大麻製成的藥品 Sativex（CBD 和 THC 比例為一：一），發現它除了改善其他症狀，還會改善睡眠。另一份研究則觀察 CBD 與 THC 對於健康受試者睡眠的作用，結果發現 THC 本身有鎮靜作用（促進睡眠），但 CBD 本身有提高警覺的特性，當受試者先服用 THC 再服用 CBD，CBD 會抵消十五毫克 THC 的鎮靜作用。

有些研究人員則觀察 THC 分離物（並非全萃取大麻油，所以沒有萜烯與其他大麻素）對於失眠的效果，發現它能幫助失眠的人入睡。但是高劑量（二十～三十毫克）會使人隔天早上有宿醉的感覺。

根據我的經驗，THC 分離物比全萃取大麻油更容易造成宿醉感。我有病患無法忍受 THC 分離物或合成 THC（像是大麻隆與屈大麻酚），但含有 THC 的全萃取大麻油就非常適合他們，而且沒有副作用。這就是草藥綜效的美好之處：**比起只是把 THC 抽出來放在藥丸裡，植物化學成分能夠共同產生更溫和、更平衡的作用。**

那麼睡眠呼吸中止症呢？有些關於合成 THC 藥品的小型研究指出，THC 對這種病有短期益處，但還需要更多研究才能知道長期結果會是怎麼樣。

還有一些人們使用大麻助眠後的自我報告資料，結論是：含有 THC 的大麻，整體來說的確能改善睡眠，同時減少白天的疲勞。然而，正如前述其他研究，這些結論其實滿受限的，因為樣本太小，而且他們使用的大麻素或大麻種類都差很多。

如何用 CBD、大麻製品輔助睡眠與休息

CBD 產品

正如我們已經證實的事情：**如果單純使用 CBD 而不改變生活方式，就希望它跟安眠藥一樣讓你立刻睡著，這樣是不太可能有效的**。我遇過有人為了這個目的而使用 CBD，雖然他們覺得有睡得比較好，但這只適用於主要是被焦慮或壓力影響睡眠的人。

我發現 CBD 搭配其他「催眠草藥」，才能夠發揮最大的效益。這些草藥應該於睡前一小時使用，CBD 油則建議全天使用，以降低壓力與焦慮程度。

最重要的是，**要在全天二十四小時循環中，處理大部分的睡眠問題，而不是只在睡前想辦法**，因為大腦的焦慮與壓力程度，可能會讓神經系統無法正常放鬆，或讓壓力荷爾蒙飆高，造成我所謂的「大腦—睡眠」障礙。

一開始可嘗試富含月桂烯的全譜或廣譜 CBD 油，因為它比較有鎮靜效果。然而，只在睡前服用 CBD 可能會使你感覺更清醒，所以最好試著全天使用它，減少壓力與大腦的焦慮。

在早上起床先服用五～十毫克，然後分別於中午（十二點～兩點）與晚餐時服用同樣的劑量，每天總共十五～三十毫克。假如你是要使用 CBD 治療焦慮或其他症狀，請參考相關章節對於增加劑量的詳細說明。

請記住：沒有對所有人效果都一樣的特定完美劑量。每個人的內源性大麻素系統平衡都是獨一無二的，所以最重要的是自己拿捏。

採取「從低劑量開始慢慢增加」的方法，然後在晚上的不同時間服用它，實驗看看哪個時間最適合你的身體。

你可以用手機的睡眠 App 追蹤自己的睡眠，以及你感覺自己充分休息的程度。如果你討厭科技產品，那就用紙筆寫睡眠日記。

醫療用大麻製品

假如你已經試過工業大麻 CBD 養生產品，而且發現它無法幫助你的睡眠，請嘗試搭配「催眠草藥」以及身體掃描冥想練習。

如果你還是需要幫助，尤其是有其他症狀或問題，一小劑含有 THC 的醫療大麻應該會有幫助。請務必在醫師監督下才能嘗試，而且前提當然是你的家鄉可合法使用含有 THC 的醫療大麻：

- 多攝取具有鎮靜效果的萜烯，像是月桂烯與芳樟醇。
- 服用 CBN（THC 分解後的產物），生大麻內的含量很低，但較老的大麻花與大麻油內含量較高。它也能夠強化其他大麻素的鎮靜與止痛特性。
- 剛開始先在睡前一小時服用兩毫克 THC 大麻油。

根據你的反應，每隔幾天慢慢增加劑量（你可以在紙上寫日記、使用智慧型手錶的追蹤器，或者 WHOOP 之類的 App 來取得更多資訊）。如果睡眠是你使用 THC 的主因，建議劑量維持在十毫克以下，將干擾 REM 睡眠的風險降至最低（除非你在接受 PTSD 的治療，正好希望 REM 睡眠減少）。

大麻霧化器

如果你的主要問題是入睡，可以嘗試用大麻蒸氣代替大麻油，因為它比較快生效，而且在數小時內就會消散。

如果你有半夜醒來、睡眠中斷等問題，使用油與膠囊會比較好，因為蒸氣的效果會太快消散。如果你已經試過油或膠囊，然後早上覺得宿醉或昏昏沉沉，你可以在睡前把油改成蒸氣。

- 一開始先嘗試 CBD 與 THC 含量相同的均衡品種，以緩和 THC 的作用。如果你對 THC 已經更有經驗，可以選擇高 THC、低 CBD 的製品（CBD 和 THC 為一：五或甚至一：十）。
- 選擇標示為印度大麻，主要萜烯為月桂烯與芳樟醇的製品。
- 避免標示為尋常大麻，或主要萜烯是在白天生效（例如 D-檸烯）的製品（詳見第五章）。
- 一開始每次都只使用非常少的量（火柴頭大小），而且每次只吸一口。
- 請參考第五章的大麻蒸氣詳細使用說明。

第十二章

大麻蒸氣、外用軟膏，快速緩解各種疼痛

金（Kim）是職業吉他手，曾經是當紅職業巡迴樂團的一員，直到她的手得了惡性關節炎。這使她到四十歲生日時，幾乎無法再彈吉他。她得到很嚴重的憂鬱症，覺得自己的生計、熱情與展現自己的方式就這樣全毀了。

當我與她見面時，她的憂鬱症很嚴重，幾乎足不出戶，覺得自己的人生缺乏真正的喜悅。她服用了止痛藥、消炎藥、安眠藥、抗焦慮藥物與抗憂鬱劑，儘管吃了這麼多種藥，她的生活品質也並沒有改善。

於是我們開始合作，我給金使用高 CBD、低 THC 的大麻油，早上與晚上各一次含在舌下，並搭配含有 THC 與 CBD 的大麻花蒸氣，治療她的嚴重疲勞與劇烈疼痛痙攣。

後來，她每個月都有好轉一點，說話時越來越能看著我的眼睛，面露微笑；半年後她再度來訪時，我發現她已經重新投入生活，不但會和我開玩笑，整個人的感覺也都輕鬆起來了。

金告訴我，其實在生病之前她就是這樣的人。她說自己因為疾病，整個人生都改變了——不只是發炎、疼痛、情緒與睡眠（這些現在全都好轉很多），還有對未來的希望以及她的幸福。這是她十年來第一次開始找回自己的魅力。有一天，她的名字出現在我的看診時刻表，但那時她已經有兩個月沒來找我。我想她可能是出事、遇到挫折了。

但當我登入視訊電話時，她安排了一個驚喜給我。她秀給我看自己剛翻修的錄音室，然後為我開了一小段迷你演唱會，這期間她笑到合不攏嘴。這是她五年來第一次演奏，而且在停止活動將近七年後，她終於辦了第一場演奏會。在我的職業生涯中，這真的是讓我感動到無法忘懷的其中一件事。

慢性疼痛影響了半數的英國人口，估計大概有兩千八百萬人。它的定義是持續超過三個月的疼痛，最常見為下背痛與關節炎。但是疼痛有可能來自任何原因，出現於身體的任何部位。它也可能在手術或受傷後開始（事發當下的劇烈疼痛沒有消失）。就算沒有外傷，有些類型的慢性疼痛還是可能突然出現，尤其是跟壓力有關的背痛與頸痛，這對於整天坐著的現代人來說非常常見。

慢性疼痛是很嚴重的生活品質問題，每年影響了八億美國人，比癌症、糖尿病與心臟病加起來還多，它也是美國最常見的身心障礙成因。雖然它可能影響任何年齡層，但只要年紀越大就越可能受它所苦。

嬰兒潮世代如今已步入老年，而慢性疼痛是他們面臨的最大健康問題之一。幸好這個世代的人並不想像他們的父母一樣，被疼痛奪走自主能力，或是依賴會造成一大堆副作用的強效止痛藥。

我媽是職業舞者，六十八歲了還在教舞。儘管她有一點關節炎、偶爾會背痛，但從來沒吃過止痛藥。不過她很願意嘗試ＣＢＤ這類天然的東西（而且也真的試過）——如果沒有壞處，為什麼不試呢？

就跟她的大多數朋友一樣，她想改變老化的歷程；如果你希望自己老了以後還能既活躍又健康，那麼「不被疼痛折磨」就是很重大的因素。

大麻與ＣＢＤ的健康革命，就是解決慢性疼痛與老化的方案，而且沒有鴉片類藥物與其他處方止痛藥的可怕副作用。我的病患有一半左右年紀在五十五歲以上，事實上我有一個病患九十六歲了，現在只使用外用大麻治療他的關節炎與其他肌肉疼痛。

有幾份已發表研究顯示，大麻可以緩和慢性疼痛，並減少鴉片類藥物的使用量。根據二〇一七年美國國家學院（National Academies）的報告，現有研究已證實醫療大麻對治療疼痛相當有效，而且證據非常有力！

止痛藥：通常沒用、也許有效、搞不好有害

傑克（Jack）是我的病患，身體出了許多問題，還有一種嚴重的疼痛疾患，叫做「複雜性局部疼痛症候群」，讓他的腿幾乎無時無刻都在陣陣抽痛，宛如火燒。

第一次與他見面時，他一次要吃十種藥來「控制」疼痛（還有焦慮，因為這些疼痛全年無休），它們全都有很糟糕的副作用。不過，他不想在白天服用大量THC，因為他擔心這樣會影響他開車，或讓他覺得有醉意。因此我請他白天服用高CBD、低THC的大麻油，而過了一個月後，事態有所改善，他慢慢擺脫許多疼痛，也戒掉了抗焦慮藥物。

除了宛如火燒的抽痛，他也患有使人虛弱的劇烈痙攣，以及突如其來的疼痛，藥丸與大麻油的生效速度對他來說不夠快。這種劇烈疼痛，就是大麻蒸氣最能發揮功效的地方，能讓病患幾乎立刻獲得緩解，在五～十分鐘之內就能改善病症，而不是像以前一樣持續好幾個小時，讓他必須癱在床上大半天。

傑克也喜歡這個方法，雖然他會吸入更多THC來迅速止痛，但副作用也會更快消散，這樣就不會影響開車。事實證明，這個方法對他來說既有效、方便又有彈性，他可以在必要時服用更強效的大麻藥物，也不須擔心效果持續太久，影響日常生活。

人們之所以自行購買CBD養生產品，藉此嘗試CBD與大麻，最常見的原因就是各式各樣的慢性疼痛。病患被轉介給我、向我索取醫療大麻處方，多半也是因為已經痛得沒藥可醫。慢性疼痛若是沒有妥善管理，就可能干擾生計、興趣、體能與睡眠，並使人際關係緊張（甚至破壞）。當你的大腦與身體，把大部分的「頻寬」用來應付持續的疼痛，你就很難在其他方面拿出最佳表現。

慢性疼痛也與其他心理健康問題交織在一起，像是焦慮與憂鬱症。在某些情況下，它其實會造成這些疾病，或者假如這些疾病已經存在，慢性疼痛會讓它們更惡化。

問題在於，**當大多數形式的疼痛都成為慢性時，疼痛就不再局限於特定身體部位了。它會使我們的整個大腦與神經系統都變得緊張。**

慢性疼痛產生了持續的壓力負荷，吸走身心能量與資源，讓神經系統很難輕易回到休息狀態。我發現，就算無法根治疼痛的來源，只要能有效治療慢性疼痛，就絕對能大幅改善自己的生活品質。

傳統西醫對於疼痛的態度，我戲稱為「暴力解法」。如果你服用消炎藥之類的止痛藥，那麼它在疼痛劇烈與發炎時會很有效。但是它們對慢性疼痛可能無效，還會對腸胃產生副作用。

如果你服用**嗎啡之類的鴉片類藥物，它會稍微抑制疼痛，但它的主要功能是「說服大腦不要太在意**」。

隨著時間經過，鴉片類藥物可能會使人成癮並失去效果。它們還可能造成更多問題，像是冷漠、情緒低落，以及嚴重的便祕與腸胃問題。

醫生開立嗎啡與吩坦尼之類的鴉片類藥物，治療病患的下背痛與其他慢性疼痛疾病，雖然是好意，但通常都開太多，反而讓鴉片類藥物造成風險。但這樣至少對疼痛有效，不是嗎？可惜並非如此，研究已證實鴉片類藥物對慢性疼痛沒什麼效果，更別提它的嚴重副作用，甚至會致命！在大麻「出現」之前，鴉片類藥物是嚴重疼痛的人唯一的選擇。

雖然還有外科手術這個方法（通常是治背痛與膝蓋痛），但很可惜的是，這些手術多半都無法長期改善疼痛，有時甚至會造成更多疼痛，或在手術後產生全新類型的疼痛。

但是這兩種方法也有優點，對於劇烈的（或容易用手術治好的）疼痛來源很有效，**大多數的慢性疼痛疾病都不容易治好，原因在於這些疼痛的來源其實很複雜**。

大腦有特定區域處理疼痛，也有其他區域與網絡，會本能的惡化疼痛或減少疼痛（強化／減少疼痛的大腦網路）；對於那些罹患慢性疼痛的人，他們腦中強化疼痛的迴路就可能會增強。除了這些區域，大腦其他區域也跟慢性疼痛有關。這些區域負責處理恐懼、焦慮、情緒、學習與情感。所以你會發現整體情況比「膝蓋痛」還複雜得多。

整合醫學對於慢性疼痛的態度，是觀察疼痛經歷的整體狀況，以及我們如何同時改善大腦的疼痛與慢性疼痛。植物大麻素是非常有用的工具，可以幫我們辦到這件事。

用醫療大麻打破「疼痛、疲勞與變胖」的循環

瑪莉（Mary）六十歲，在十五年前背部出現問題之前，她一直都很健康。如今她因為手術無法治癒的背痛，只能整天待在家裡。背痛限制了她的行走能力，甚至連久坐都沒辦法。

我第一次跟她見面時，為了治療疼痛疾病，她已經嘗試了十幾種西藥。這些藥包括鴉片類藥物、肌肉鬆弛劑、各種治神經痛的藥、苯二氮平類藥物、安眠藥，以及治療前述藥物副作用的藥。

瑪莉除了患有憂鬱症，她的體重也超重。嚴重疼痛的十五年來，她胖了三十六公斤，而她唯一的慰藉就是食物。她以前非常好動，每天都會帶著狗狗去家裡附近的森林散步。現在由於身體疼痛，而且鴉片類藥物與其他藥物會讓她整天昏昏沉沉，所以根本沒辦法出門。

她從來沒抽過大麻菸，或為了娛樂而使用大麻，但她有個朋友試過用高CBD大麻油治療疼痛，並勸她也試試看，而她真的試了！她很驚訝的發現，大麻緩和了她的疼痛，而且不會有神智恍惚的感覺，所以她覺得應該向醫生多請教一下。不過她擔心鄰居會怎麼想，而且她也害怕第一次來找我，就必須抽大麻菸或吸大麻蒸氣，這令她很不安。

一開始我先開大麻油給她，接著是膠囊，可說是非常謹慎的做法。經過十二個月後，她減重了三十公斤，能再度開始散步（帶著她新養的狗狗！），還戒掉鴉片類止痛藥、苯二氮平類藥物、高劑量消炎藥以及安眠藥。

瑪莉說她覺得自己就像重獲新生一樣，而她本來以為這是不可能的。她非常慶幸自己能找

到醫療大麻，但她也很生氣，因為之前沒有任何醫生提供醫療大麻給她——明明就有這種療法可以選，為什麼這些醫生要任由她受苦十年？

我已經從數千名病患那裡聽過類似瑪莉的故事，這些病患都有慢性疼痛，而我用大麻協助治療他們。這些人不只是感覺更舒服、疼痛減少而已，大麻還大幅減輕他們的體重、改善其血糖控制（糖尿病與糖尿病前期患者），使他們在因為疼痛而失能多年之後，還能夠重回職場。

對於因為疼痛疾病而經歷嚴重憂鬱症的人，大麻也能緩解他們的病情，讓他們能再度快樂的體驗人生。大麻是一種催化劑，它藉由緩和疼痛、改善情緒與睡眠，讓病患可以辦到前述這些事情。

更棒的是，在醫師監督之下，大麻可以幫助人們逐漸戒掉鴉片類藥物與其他藥物——這些藥物不但沒什麼好處，而且代價高昂，因為副作用太多了。

我的病患至少有一半像瑪莉一樣，在接受我的治療之前，從來沒抽過或試過任何形式的大麻。他們覺得自己已經試過世界上所有止痛藥與非藥物療法，走投無路了，才終於跑來找我。

許多人想戒掉自己目前依賴的鴉片類止痛藥與其他藥物，因為他們受夠了可怕的副作用，而且止痛藥吃越久就越沒有效果——然而通常醫生只會再開兩到三種藥，用來對付第一種藥的副作用。這可不是什麼好事情，病患光吃藥就飽了。

在所有用來治療慢性疼痛的藥物中，大麻是我用過最有效的。我看過它作為整合療法的一部分，轉變了數千人的人生。它之所以這麼有效，是因為我們的**內源性大麻素系統，與大腦疼**

痛網絡的調節密切相關，而且**全身神經的疼痛，甚至關節與組織的局部疼痛，也跟內源性大麻素系統有關**。

疼痛訊息會透過各種化學與大腦訊息途徑來傳遞，植物大麻素則藉由大麻素受體（CB1與CB2）中斷疼痛訊息。THC、CBD、其他次要大麻素與萜烯，都參與了這個止痛作用。我在第四章提過，大麻素受體無所不在：大腦、脊髓、大多數身體組織、神經細胞、免疫細胞與主要器官全都有；因為分布範圍很廣，所以大麻能夠治療各種不同類型的慢性疼痛——現在所有的止痛藥都無法辦到這件事。目前的研究已證實大麻對以下疼痛有效：

- 神經病變性疼痛（神經痛）：痛的地方就是神經本身，例如神經直接受傷，或是糖尿病（糖尿病神經病變）之類的疾病所造成。
- 軀體性（身體）疼痛：來自肌肉、骨骼系統／軟組織或關節（例如關節炎或肌肉疼痛）。
- 心因精神性疼痛：疼痛除了生理要素之外，還涉及了大腦神經網絡，例如緊張性頭痛——壓力、焦慮與恐懼的大腦路徑，惡化了肌肉緊張與痙攣，進而加劇頭痛，形成惡性循環。
- 中樞敏感疼痛：大腦的疼痛網絡變得太敏感，就連不會造成痛覺的東西都被當疼痛，例如複雜性局部疼痛症候群與其他慢性疼痛疾病，疼痛程度與傷勢不成比例（我喜歡稱之為「大腦疼痛擴大器」）。

植物大麻素不只能改變大腦處理疼痛的方式，也能改變大腦對於疼痛的情緒與行為反應

——當大腦的情感與情緒區域出現疼痛反應，就等於在被慢性疼痛折磨著。這是慢性疼痛中非常真實的部分，「只要正面思考就好」是無法對抗它的。大麻對於疼痛的身心（大腦）兩方面都有治療效果（不像西醫使用的止痛藥只治身體），真的是非常強力的工具！

運動也會啟動內源性大麻素系統的鎮痛作用，所以如果有慢性疼痛的話，就要持續活動身體。不過，絕大多數病患在使用大麻之前，就已經有太多疼痛纏身，或者身體太虛弱（狀況不佳），以至於他們不想、也無法好好運動。

這種狀況會導致惡性循環：不運動的話體重會增加、身體更虛弱，然後又產生更多疼痛，變得更難運動，進而導致體力與情緒低落……而大麻可以幫助患者們打破這個循環！

讓我踏上醫療大麻之路的「在地藥頭」

英國與加拿大，早在醫療大麻可以透過處方取得之前，人們就會透過「藥頭」取得大麻，自行治療疼痛。最好的情況是這樣：假如你不抽大麻菸，你會透過口耳相傳得知一位大麻藥頭，他能夠提供某種自製的口服酊劑。

我在英屬哥倫比亞省鄉下行醫，那裡大多數的社區都至少有一位大麻油／酊劑藥頭。當我在某個社區執業時，我認識了一位無師自通的藥頭，他種植各種大麻，並且製作藥用酊劑。大多數的在地人都認識他，他也使用酊劑來代替嗎啡與鴉片類止痛藥，幫助過我的慢性疼痛病患。

我有一位癌症末期、骨頭痛得要命的年長病患，向我坦白他有在用大麻酊劑。他發現自從服用之後，就能少吃一點強效止痛藥（他說這種藥會讓他昏沉、頭暈，而且經常不省人事）。雖然我不能開酊劑給他，因為它並非受核准的醫療用大麻製品（而且我們也不知道裡頭含有多少THC與CBD），但在藥頭的幫助下，我看見他在人生最後的日子裡如釋重負，使用酊劑成功緩和他的痛苦，盡可能提高生活品質，並且更能與親朋好友相聚。

這是我對於藥用大麻的早期經驗之一，它激起我對大麻的興趣，讓我開始覺得大麻可以當成草藥，搭配並補足西藥的不足。

對於疼痛、焦慮、失眠、慢性疲勞，以及其他西藥治不好（或只治好一部分，需要再改善）的症狀與疾病，這種東西方融合的方法特別有用。**如果病患想要天然的方法，而且既有效又沒有明顯副作用，那麼大麻就可以派上用場。**

我第一次用CBD的經驗：治好了差點殘廢的手

我在峇里島設立大腦健康中心時，被摩托車撞飛到半空中，左手與左腕重傷。沒有其他外傷或撞到頭，還真是不幸中的大幸。不過除了手骨碎裂，我的韌帶也斷了——這條韌帶把兩塊手骨連在一起，讓腕關節得以正常運作。

經過兩次疼痛而且沒有完全成功的手術後，我的神經受損了，並且得到早期關節炎，因為少了韌帶，骨頭會彼此摩擦。我前往三個大洲看了三位頂尖外科醫師，他們全都給我很糟糕的消息。

他們說假如我繼續騎我最愛的公路自行車，或擺出任何用手撐住的瑜伽姿勢（例如下犬式或鱷魚式），使我衰弱的關節炎與疼痛，就很有可能會隨著時間越來越嚴重，最後我的手掌會與腕部結合在一起，左手就永遠殘廢了。

醫生塞給我各種止痛藥，還建議我必須一輩子服用它們。然而我決定捨棄這個選項；我不想接受這種診斷與治療。我會用盡所有身心訓練與草藥知識，找出其他方法來應付疼痛，並且讓我的手盡可能恢復功能。

我必須快點想出辦法，因為宛如火燒的神經痛每晚都讓我醒來好幾次。白天時，持續的輕微疼痛有時會變成劇烈的痛苦，這讓我很難工作，哪怕只是在打病患的病歷。後來我甚至做了神經鏡像運動、視覺化與生物回饋訓練，但最後一塊拼圖，是使用大麻藥物。

我參加在聖地牙哥舉辦的美國整合醫學會（Academy of Integrative Medicine，簡稱AIHM）年會，這場盛會吸引了全世界對整合醫學有興趣的主流醫師（這是我到目前為止最喜歡的醫學研討會，幾年後，我很榮幸能在這裡講述大麻藥物這個主題）。

其中一位同行史考特·夏農（Scott Shannon）博士，是美國頂尖的整合精神科醫師，也是全面心理健康領域的導師，他趁著一次中場休息時找我閒聊。

我提到了自己的手傷——那時我的手固定在一個外型時髦、量身訂做的夾板中間，還滿舒服的。他建議我去逛逛大會的其中一個攤位（那是一間合法的醫療大麻公司），然後向他們索取外用高CBD軟膏樣品，可以治療我的神經痛。

我非常懷疑（而且有點擔心——如此備受尊崇的醫學研討會居然有大麻？），但我還真的去了那個攤位，而他們非常好心，給我一罐免費的大麻外用鎮痛軟膏，請我每天塗抹三到四次；假如我受得了，可以再多抹一點。

我在聖地牙哥待了七天，從第一天就開始使用這罐軟膏，整天都帶著它參加研討會，每過幾小時就塗一次（還真乖）。到了第三天，神經痛再也不會讓我在半夜醒來了，簡直就像奇蹟！到了第七天，我的手完全不痛了，或至少我沒感覺。我驚覺這是好幾個月以來，第一次整天都沒有想到自己手部的疼痛。

這次經驗使我對醫療大麻完全改觀。當我回到加拿大，我心裡已經明白：「就是它了！」我必須擬定計畫，開始使用大麻幫助其他藥物治不好的病患。假如我處理大麻的態度，就跟處理其他藥物一樣，使用科學方法，讓製品、品種與原料盡可能配合病患，那麼我相信這種草藥一定能辦到很多事情！

如何用CBD、大麻製品治療慢性疼痛

CBD產品

許多患有嚴重慢性疼痛的人，已經自行試過工業大麻製CBD油，卻覺得沒什麼改變。不過根據我的經驗，無論這類人的疼痛來源為何，他們大多數都需要一些THC來協助改善。有時甚至一小劑高CBD醫療大麻（含有一％THC），就足以緩解疼痛，尤其是包含發炎的疼痛。話雖如此，我也注意到有些人直接購買高品質的工業大麻製CBD產品，治療各種

慢性疼痛疾病，這樣對他們的疼痛與發炎都有效，而且不必進一步使用任何含有 THC 的處方製品，有些人甚至連處方止痛藥都戒了。CBD 本身就有很強的抗發炎作用，並且能減少動物的神經痛——人類應該也差不多，只是我們目前缺少這方面的研究。

- 使用全譜或廣譜 CBD 油。
- 多攝取抗發炎的萜烯：

■ β-石竹烯：黑胡椒也含有它；有木頭與香料的香味。

■ 月桂烯：聞起來像啤酒花／泥土／胡椒，對夜間疼痛能發揮極好的鎮靜效果（但對白天來說鎮靜效果可能太強）；同時也有抗發炎作用。

治療疼痛的起始劑量，每個人都不同，但一般的做法是，一開始在早上起床後立刻服用十毫克 CBD，然後分別在中午（十二點～兩點）與晚餐時間服用同樣的劑量，每天總共三十毫克。維持這個劑量幾天到一週，或是每隔幾天慢慢增加劑量，取決於你的疼痛反應與喜好，並持續追蹤：

- 疼痛程度改善了嗎？
- 其他症狀改善了嗎（發炎、僵硬、焦慮、疲勞、情緒）？
- 一天當中還是有特定時間會不舒服嗎（例如起床或晚上會更不舒服）？

- 還是很難入睡或維持熟睡，因為疼痛會讓你醒來？

每天早上、下午、晚上（晚餐後）為你的疼痛程度計分，尺度為零～十，零＝不痛，十＝無法忍受／最糟糕的疼痛，並將結果寫在症狀追蹤表上，作成簡單的日記。

每週慢慢增加劑量，直到症狀改善為止。假如頭幾週沒有感覺到變化，請不要放棄，因為CBD對神經系統與大腦疼痛的作用，通常都是開始服用幾週或幾個月之後才會逐漸生效。

假如你能長期持續服用CBD，而不是在很痛的時候才使用，它就能發揮最好的效果。對大多數人來說，它確實不像止痛藥一般立即見效，正常情況下的效果很輕微，但隨著服用時間拉長，它就能很好的減少慢性疼痛。

假如你的每日CBD劑量為六十毫克，維持此劑量四～六週，然後再增加劑量。發炎性疼痛可能需要更高的劑量，尤其是沒搭配處方大麻製品的THC時。對疼痛來說，長效且緩慢釋放的CBD形式會比較容易吸收，例如穿皮貼片就是在CBD油不夠力時，另一個很棒的選項，但它不是到處都買得到。

請記住：沒有對所有人效果都一樣的特定完美劑量。每個人的內源性大麻素系統平衡都是獨一無二的，所以最重要的是自己拿捏。

醫療用大麻製品

如果你已經試過工業大麻CBD，卻覺得變化不大，你可以追加一些THC，對於更嚴重的疼痛問題會有很大的助益。

CBD能夠緩和THC的精神活性與副作用，也能與THC一起，透過內源性大麻素系統受體途徑與其他化學途徑（例如血清素系統與其他非內源性大麻素的疼痛網絡），對疼痛發揮綜效。請務必在醫師監督下才能嘗試，而且前提當然是你的家鄉可合法使用含有THC的醫療大麻，以下為針對本章問題的適用方法：

- 治療白天的疼痛：一開始以CBD含量高的大麻油作為基礎。挑選高CBD、低THC的製品（例如CBD和THC的比例為二十：一）。多攝取抗發炎的萜烯，例如具有抗發炎作用的β-石竹烯，以及其他適合白天攝取的萜烯（詳見第五章）。
- 平均起始劑量：每次五～十毫克，每天三次，搭配三餐。
- 治療夜間疼痛與睡眠中斷：慢性疼痛經常干擾睡眠與休息，並且會在晚上變得更嚴重（或許是因為細胞激素濃度改變了）。許多病患起初並不知道自己睡得多差，唯有他們睡得比較好的時候，才會發現之前早上有多麼疲勞、沒休息夠。所以我治療夜間疼痛與睡眠時，一開始必定會請病患晚上服用一劑高THC大麻藥物，除非病患體質不適合（詳見第六章）。

■一開始先使用均衡（比例一：一）或高THC、低CBD品種的大麻油。

■多攝取具有鎮靜效果的萜烯，像是月桂烯與芳樟醇。

■服用CBN，它在生大麻內的含量很低，但較老的大麻花與大麻油內含量較高。它也能夠強化其他大麻素的鎮靜與止痛特性。

■一開始先在睡前一小時服用兩毫克THC。

這些起始劑量範圍低於工業大麻製CBD養生產品，因為所有醫療用大麻油（甚至高CBD大麻油）的THC含量都比工業大麻（〇・二％或〇・三％）略高。這通常表示低劑量時前者的效果會比後者好。

無論白天或晚上，維持此劑量一～二週，或每隔幾天慢慢增加劑量，取決於你的疼痛反應與喜好。

如果你的疼痛在一天某特定時間會更嚴重，請增加前面提到的劑量；比方說，假如你的疼痛會在下午變嚴重，請試著增加午餐時間的劑量，預防當天稍晚的疼痛。

因為油的THC含量會根據你挑的品牌而有差異，所以請依照需求，每週慢慢增加幾毫克劑量以獲得緩解，然後跟之前一樣追蹤你的症狀與反應。

大麻霧化器

如果你想立刻停止劇烈疼痛，或突然發作的肌肉痙攣與頭痛，那麼大麻蒸氣就是最佳的攝取方式。一般來說它必須搭配大麻油使用，才能盡可能減少副作用、避免THC濃度起伏太大。

- 一開始先使用高CBD、低THC的花（尤其是初次嘗試THC時），因為大麻蒸氣的THC會比口服的油更快作用於大腦。

- 如果沒有效果，你可以嘗試均衡的品種，CBD與THC的含量一比一。
- 一開始只要使用火柴頭大小的量即可，尤其是THC含量較高的品種。
- 請參考第五章的大麻蒸氣詳細使用說明。

關節炎、肌肉痠痛就用CBD軟膏

外用藥[1]對局部疼痛很有幫助，尤其是接近表皮的小關節疼痛，像是膝蓋、手腕、手掌、腳踝與腳掌／腳趾關節炎。

含有CBD的肌肉軟膏與薄荷醇，對於疼痛更有效，而且非常安全。它們可以隨時塗在肌肉的疼痛部位，但最好等到洗完熱水澡、毛孔打開時，使用含有薄荷醇與芳樟醇的外用藥，以幫助CBD更容易穿透皮膚。

外用CBD的穿透力比THC強，但外用THC也能協助消炎與鎮痛（如果能合法取得的話）。工業大麻CBD外用藥多多少少也能緩和關節炎的疼痛，雖然缺乏相關研究，但據說許多人都宣稱它也能緩和肌肉疼痛。

有幾個動物實驗已發現，外用CBD製劑可減少關節腫脹。跟神經有關的下背痛，有時也會對CBD外用藥產生反應（至少部分如此），不過每個製品對每個人的效果都不同。

至於遍布全身的疼痛，最好採取口服或吸入等（全身性）途徑，但局部的關節疼痛，無論只使用外用藥、低劑量口服油搭配外用藥，都非常有效。

我至今還是會定期使用工業大麻製CBD外用藥，塗抹自己手上的疤痕，以及受傷的關節；我發現它們本身就能充分緩解偶發的疼痛，不必搭配其他東西。

省錢的消炎止痛神隊友

如果你想減少每個月的CBD油使用量與費用，我建議你採用最低有效劑量就好。一旦劑量足以幫助到你，就可以開始追加其他消炎與止痛的「神隊友」，幫助你獲得更好的效果，並開始真正重整長期混亂的大腦慢性疼痛路徑：

- 正念冥想。
- 抗發炎草藥：薑黃、薑黃素、乳香與鳳梨酵素。
- 沒有負重的運動（針對關節疼痛），例如橢圓滑步機、游泳、健走，以及冥想運動，例如和緩瑜伽與太極拳。

1 作者按：外用藥跟穿皮貼片不一樣。外用CBD製品或乳霜，只會滲入局部的皮膚部位，而穿皮貼片是一種高科技方法，讓CBD（以及THC，如果用的是醫療大麻）穿過所有皮膚層，進入血流。

治療偏頭痛，可每天服用 CBD 油

凱西（Casey）因為嚴重頭痛，被其他醫生轉介給我。她為了看到專治頭痛的名醫，整整等了兩年，最後她也終於從名醫那裡拿到了號稱「最有效」的頭痛藥。

儘管接受了「最全面藥物治療」（maximal medical therapy，正如其名，能吃的藥都吃了），她每週還是有幾天會頭痛到全身虛弱。身為三個小孩的忙碌母親，頭痛嚴重干擾了她的生活，以及身為母親的樂趣。

凱西必須缺席學校的親師座談會、音樂會與運動會，突然發作的偏頭痛，會使她在短時間內只能癱在床上。她也必須放棄自己廣告公司創意總監的工作，因為頭痛使她請了太多天假。即使她做到了醫生交代的每一件事，也還是無法控制目前的情況，這使她感到非常內疚、甚至憂鬱。這是一種極度無助的感受。

我一開始先讓凱西使用高 CBD、低 THC 的大麻油，每隔幾個月慢慢增加劑量。我們還使用了高 THC 且含有 β－石竹烯的大麻蒸氣，試圖在病情變糟之前就停止頭痛。經過六個月，嘗試了一些品種與劑量之後，我們終於找到了最適合她的治療方式。

現在，凱西最多一個月只會頭痛一次，而且持續一小時（相較於之前是痛一整天）。過去兩個月，她沒有錯過任何一次孩子的活動，這完全改變了她對自己的看法，也改善了她與孩子的關係。現在她甚至考慮要回職場兼差！她告訴我，多虧了醫療大麻，她感覺宛如重獲新生。

說到治療偏頭痛與其他形式的慢性頭痛，大麻是有奇效的，但有時你要有耐心花時間找到正確的CBD／THC比例與品種。

假如偏頭痛每個月發作超過兩次，或持續一整天以上，我的方法是每天服用油來預防或減少症狀；也就是醫生所說的「預防性治療」。

我一開始先讓病患服用極低劑量（每天兩次，每次五毫克）的高CBD、低THC油（尤其是他們不習慣大麻時）；如果他們已經試過CBD，那我就會給他們極低劑量（每天兩～三次，每次一～兩毫克）的均衡油（比例為一：一）。

CBD本身（尤其是劑量太高或加太快）其實會使某些人產生偏頭痛；但對其他人來說，每天使用工業大麻製CBD油可減少他們的頭痛，所以每個人的情況都有點不同。我發現這種治療，能夠隨著時間減少許多人的頭痛頻率與嚴重程度。

如果要停止偏頭痛，我會再給病患追加急用的大麻蒸氣，當頭痛剛開始或有頭痛的徵兆時就立刻吸。對於已經服用高劑量翠普登（triptan），或鴉片類止痛藥來治療偏頭痛的病患來說，這樣做通常都非常有效。

雖然**他們的頭痛，有一部分是過度使用這些藥品導致的反彈性頭痛**，但你不能要求病患停掉所有藥物，卻又不給他們其他止痛方法，否則偏頭痛會嚴重到需要跑醫院注射靜脈藥物，才能將它控制下來。

這時就是大麻蒸氣派上用場的地方了。假如你覺得頭痛要發作了，就趕快吸一點大麻蒸氣（通常同時含有CBD與THC，以及大量萜烯，像是β-石竹烯與月桂烯）。這樣一來你不必服用其他止痛藥（它們可能會助長頭痛的惡性循環）就能停止頭痛。

值得一提的是，大多數病患使用大麻蒸氣之後（即使是含有 THC 的品種），都覺得比吃處方止痛藥還舒服，不會有身體不舒服的感覺。

化療疼痛怎麼舒緩？長期疼痛用油，偶然發作吸蒸氣

人體內不同類型的癌症，對不同種類的大麻會有什麼反應，是醫學界才剛開始要了解的領域。雖然動物實驗研究很多，但動物模式不一定適用於人類經驗。

每個人受大麻影響的方式都不同，而且市面上又有各種不同的大麻品種，所以我總是建議使用最低有效劑量，並且請教你的醫療與腫瘤科團隊，用大麻治療疼痛會有哪些風險與好處，以及怎麼控制副作用。這些醫師也能說明（至少理論上）大麻與癌症治療之間的交互作用（亦可參考第六章提到的藥物交互作用）。

有些個案報告中的病患，在傳統化療失敗的情況下，使用高劑量自製大麻油治癒了自己。雖然感覺大有可為，但我們還需要更多研究，才能精準預測個別的癌症對於大麻素有什麼反應，以及最佳劑量是多少。

每種腫瘤都有不同的受體，反應也不同。大多數的初步研究都指出，若以低劑量的大麻素控制癌症的副作用，對許多類型的癌症來說都非常安全。

一般來說，**我反對免疫受損（正在接受化療、放射治療或其他積極治療）的癌症患者使用**

乾燥花（只要用吸的都不行，無論蒸氣或大麻菸），因為花裡面可能有黴菌、生物毒素或細菌。如果喜歡用吸的，可以在醫師建議下嘗試伽瑪射線照射[2]後的大麻花製品，但假如可以接受的話，通常最好還是使用口服油或舌下酊劑。

從直腸吸收THC，藥效似乎不會擴及全身，但相關證據非常稀少，多半都是傳聞，而且有些人確實說這種方法有效。假如病患因為嘴巴痛而無法忍受口服或舌下攝取，這種方法或許能幫助緩解。

癌症本身就會造成疼痛（例如癌症晚期患者會感到骨頭痛），而含有大量THC的品種對治療這種疼痛最有效。為了緩和THC的副作用，一開始我通常會讓病患使用一：一的均衡品種。如果患者會感到持續性疼痛，我就會開油作為處方；如果疼痛只是偶爾突然發作然後消失，我就開大麻蒸氣。

動物實驗顯示，CBD可避免化療引起的神經痛，就算症狀已經出現了也能協助減輕。

神經病變性疼痛（神經痛）

對於諸多成因（包括糖尿病神經病變）造成的神經痛，高CBD、低THC的品種最有效，因為CBD對神經痛的效果比較大（請參考前面的服用方式說明）。

---

2 編按：伽瑪射線具有穿透性和對生物細胞的破壞作用，因此被用於對醫療用品、化妝品、香料滅菌。

纖維肌痛

身為整合醫學醫師，我看過許多纖維肌痛患者，其他醫生（甚至連自然醫學也一樣）對他們都愛莫能助。它通常牽涉到大腦、神經系統的交互作用，很可能連免疫系統也有關聯。

纖維肌痛的疼痛可是千真萬確的，但我有很多病患很倒楣，在遇見我之前看過各式各樣的醫生，這些醫生會跟他們說：「這一切都是幻想，建議你去看精神科醫師就會好。」

有些醫生小看這些極為真實且痛苦的症狀，這對病患一點幫助都沒有；通常我只要告訴他們「我真的有診斷出你的病」，他們就能得到一些慰藉。接下來當然就是採取實際行動治病，此時就輪到大麻與 CBD 登場了。

我有一些纖維肌痛患者，對於許多藥品、天然補品與草藥都很敏感。因為這樣，一開始我只給他們極低的劑量（每天兩次，每次五毫克，搭配正餐），即使 THC 含量低於〇．二%的工業大麻製 CBD 油也一樣；接著每隔幾天慢慢增加劑量，直到它對疼痛、疲勞或僵硬產生有感覺的作用為止。

我發現大麻對纖維肌痛症的反應非常好。每個人的最佳 CBD 對 THC 比例都有點不同，所以假如六～八週後都沒有見效的話，就建議改用別的製品，慢慢找出最適合患者的比例。

醫界認為纖維肌痛與偏頭痛、大腸激躁症有關，而美國醫師兼大麻研究員伊恩．魯索博士，正在驗證一個概念：前述這些疾病，都跟內源性大麻素不足有關聯。

這或許也能解釋，為何其他藥品或補品都失敗了，只有植物大麻素能讓這些疾病的患者恢復正常。基於同樣的理由，對於其他形式的難治型中樞敏感性疼痛症候群，大麻的功效也非常好——請參考傑克的故事（第二六六頁）。

關節炎／關節疼痛

前面的段落提過，小關節的關節炎與局部關節疼痛，非常適合用外用藥。CBD含量高的口服油有助於消炎，大麻蒸氣也能緩和劇烈疼痛復發，尤其是接近表皮的小關節，像是膝蓋、腳踝與手腕。請參考第十六章，了解更多關於自體免疫性關節炎的資訊。

肌肉疼痛

洗完熱水澡之後，用CBD與大麻外用藥揉搓肌肉，可以幫助緩和肌肉疼痛。許多人親口證實，他們在鍛鍊身體之後服用高CBD大麻油或工業大麻製CBD油，可以更有效緩和肌肉疼痛，並且更快恢復。

目前這個主題沒有任何已發表的人體研究，但理論上外用藥能幫助肌肉恢復，因為CBD具有抗發炎與抗氧化作用。

許多職業運動員也已開始使用不含THC的工業大麻製CBD油（口服與外用皆有）來減少疼痛——幾乎每場比賽都會被撞傷的美式足球員，也就不必再服用高劑量非類固醇消炎藥與鴉片類藥物了。

慢性骨盆疼痛

相傳有許多人使用含有 CBD（或兼具 CBD 與 THC）的直腸與陰道栓劑，治療慢性骨盆疼痛與相關疾病。儘管根據初步研究，透過直腸吸收 THC 的全身性效果似乎是最小的，但我也有病患會使用高 THC 栓劑，THC 不但讓他覺得有點興奮，而且效果還持續滿久的（有時幾乎持續一整天）。

目前並不清楚這些人只是極少數非常敏感的人，或這是透過直腸吸收 THC 時的正常反應，因為理論上直腸這個途徑，不太能夠將 THC 吸進血流（這可能也取決於劑量）。這些製品非常可能有局部消炎與止痛的效果。

我在看診時，遇過幾個慢性非細菌性攝護腺炎的案例（男性攝護腺的慢性發炎，很痛而且原因不明），而大麻栓劑能夠減少其症狀，儘管其他所有介入治療與止痛藥都沒有什麼效果。

我聽同業說過類似的事情（也有收過女性患者寄來的電子郵件）——她們使用陰道栓劑治療經痛（詳見第十三章），不過目前我們仍然缺乏這方面的臨床資料。

第十三章

CBD棉條、塞劑，解決經痛與經前症候群

大麻作為女性健康藥物，已經有數千年的歷史，從分娩疼痛到經痛等症狀都可以有效治療。通常是透過吸氣或吞嚥（酊劑）的方式來攝取，但也有透過直腸或陰道吸收的案例。然而，許多關於詳情的紀錄都已隨著時間消失，而且大部分都缺乏現代研究，這多半是因為藥草比單純藥品更難研究，也比較沒有財務方面的報酬。

西醫以往是由男性主宰，缺少女醫師，這也意味著醫學史上關於女性健康問題的研究，會少於男性的問題或男女皆有的問題。

許多年來，西醫鮮少關注女性特有的疾病，例如骨盆底功能障礙、女性的癌症以及月經問題。在一九五〇年，英國醫師只有六％是女性，而且接下來十年也沒什麼變化。幸好我覺得現在的醫學界，女性逐漸能與男性平起平坐了。

我在接受醫療訓練時，許多女性健康問題，從荷爾蒙引起的粉刺，到惡夢般的經期與經前症候群，治療方式都是先用藥物抑制月經週期，與每個月自然的荷爾蒙起伏，而不是深入觀察原因，或解釋這些症狀為什麼會出現。

無論選擇什麼方式，只要她們覺得這樣對自己最好，我都會讓她們自己決定，並給予支持（有些人喜歡吃藥，而且覺得這樣對她們有效）。但我也認為她們必須得知所有選項，包括天然的方法。

我的重點是，要將月經週期的相關知識與荷爾蒙運作的方式，傳授給所有女性，幫助她們了解自己的身體。此外，了解壓力、睡眠、食物、心理健康等影響荷爾蒙的因素，也非常重要。只要身體與荷爾蒙週期的謎底被解開，就能消除「與自己開戰」以及「任由身體擺布自己」

的感覺。當我們的身體與荷爾蒙週期產生變化，月經週期會先改變，接著是更年期前期、更年期以及之後的時期都會發生變化。

這幾年來，有無數的女性病患告訴我，我是第一個詳細解釋她們疾病的醫師，而不是只告訴她們吃藥就好。毫無意外，**大麻似乎能協助治療許多女性症狀，因為女性生殖器布滿了大麻素受體，從子宮（受體最密集的地方）到陰道與陰戶**。

內源性大麻素系統的「明星選手」是花生四烯乙醇胺，卵巢自己就會製造它。它在月經週期的每個階段都占有一席之地——濾泡期（濾泡生成與濾泡成熟）、排卵與懷孕。

THC的效果似乎與女性自然製造的花生四烯乙醇胺非常類似，不過我們還在摸索植物THC（與CBD）對於月經週期不同階段的作用。值得一提的是，關於THC對女性荷爾蒙週期的作用，目前相關的人體實驗沒幾個，可是關於THC對男性性功能的作用，卻有幾十份研究！

不過我們確實知道，腦內負責控制卵巢荷爾蒙的部位（下視丘），以及腦垂腺前葉，都有大麻素受體，所以**內源性大麻素系統甚至可以從大腦掌控荷爾蒙循環**。

有一份以母牛為實驗對象的研究發現，月經週期前半段（排卵前的濾泡期，也就是第一天到第十四天）與後半段（黃體期，介於排卵後與月經之前），內源性大麻素受體與酵素濃度是不同的。所以內源性大麻素系統的模式與其他荷爾蒙（例如雌激素與孕酮）相同，變化程度取決於它們處於週期的哪個階段。

從解決經期問題到加強性快感（見第十四章），女性使用大麻的方式讓我們知道，大麻素受體會同時牽涉到性器官的快感、疼痛與不適。比起影響性荷爾蒙，內源性大麻素系統對於經期之前食慾暴增的影響更大。（為了應付這個情況，我準備了一大堆黑巧克力，還鎖在箱子裡，以免我老公先把它們吃光！）

截至目前為止的研究也讓我們弄清楚了一件事：內源性大麻素系統失調，就跟其他主要身體系統的疾病一樣，都會導致各種女性健康問題，包括經期問題、經前症候群、婦科癌症與不孕等，這方面還有許多詳細情況等著我們學習。

經痛、痙攣、脹氣……經前症候群全都有解

說到對付經痛，我聽過各式各樣的方法，包括**棉條上面塗CBD、外用腹部霜、從陰道吸收CBD以及大麻補品**。這些CBD與大麻的潛在用途，目前缺乏對照試驗以及已發表研究，但相傳有許多女性說它們真的有效。

許多傳統的婦科醫生視其為安慰劑效應、不當一回事，但考慮到大麻的傳統用途已有多年歷史，加上「大麻素受體遍布於生殖器」也已獲得證實，所以我覺得不太可能只是安慰劑效應。

可惜的是，西醫只要遇到不懂的事情，就會立刻裝作沒這回事，而不是承認自己不懂或這件事是真的。這令我氣到快瘋掉，因為我行醫十年來學到最重要的一件事，就是「學得越多，越覺得自己不懂」！

但我們倒是已經知道THC是一種肌肉鬆弛劑，而THC與CBD都是強效消炎藥，這

樣就能解釋它們為什麼能改善痙攣、脹氣，以及其他經期相關症狀（包括發炎與肌肉痙攣）。

我在念大學時，有一位朋友的室友是藥頭，曾經在後院種大麻（很像那個有「水菸壺鬧鐘」的房間）。她會收割大麻，把它們掛在閣樓房間裡曬乾，然後製作外用軟膏給有經痛與經期問題的客人。

她有許多很死忠的客人，全都是透過口耳相傳找到她的。在我的經驗裡，也有許多病患說她們會去某間藥房，購買外用軟膏揉搓腹部，並宣稱它能緩和經痛與痙攣。

這種做法不會因為吸入或吃進THC而陷入中毒危機（當時還沒有工業大麻CBD養生運動，所以她們買不到CBD油），而且用CBD與外用大麻製品來處理經期問題，也應該是非常安全的方式，因為它幾乎不會改變女性荷爾蒙濃度。

近幾年來，CBD工業大麻油、CBD棉條與陰道栓劑——分為工業大麻CBD（在英國直接購買是合法的）與THC（美國某些州與加拿大不必處方即可購得）兩種——都變得更普遍了。

我在寫這本書時，所有同行評審的學術研究期刊，都沒有關於這類商品的已發表研究（我真的有讀過，相信我）。因此我們無法斷定這些在陰道內部使用的產品到底有什麼效果。

我們只能說，既然長久以來，女性已經使用許多形式的大麻來維持健康（甚至連孕婦也用），那麼它的毒性顯然很低，但這些產品對於荷爾蒙週期與生殖因素（例如排卵）的影響程度，我們還無法準確得知。

再次強調，醫生最討厭承認自己不懂，只要不確定的事情，他們一律說是壞事，只為了明哲保身；但真相就是：關於ＣＢＤ與大麻棉條，以及透過陰道使用的女性健康產品，我們尚未掌握所有的知識。

其中一個問題在於，這些產品的主要知識來源，就是製造它們的廠商，而且他們通常是基於顧客回饋，並非已發表且經過同行評審的研究來改善商品。這並不是說產品沒效果，或是廠商在欺騙使用者。不過，這意味著我們仍未確切清楚它們對我們的影響，以及實際的風險是什麼（雖然風險應該非常低）。這也是大麻藥物與養生用大麻的現代演變過程中，其中一件我很感興趣的事情。

有消費者與病患透過自行實驗發起了檢驗運動，與由上而下的藥物測試方式剛好相反。這樣雖然很難提出能讓醫生接受的證據，但與此同時，這也洗刷了大麻與其藥用價值的汙名。目前這些關於「大麻對女性荷爾蒙的影響」的研究，僅限於吸入式與攝食式產品，並沒有透過陰道途徑的案例，所以我們對這波新產品的疑問比答案還多。我希望藉由許多女性的現身說法，在不久的將來能夠催生出更多研究，進而找到更確定的解答。

經期問題，以及其他女性健康與荷爾蒙問題，會因為未受抑制的慢性壓力而惡化，而這就是大麻素與富含ＣＢＤ的產品特別能幫上忙的地方，因為它們能夠協助調節壓力反應（詳見第八章）。

除了大麻與ＣＢＤ，假如你有經前症候群或疼痛的經期，我也推薦「**荷爾蒙平衡飲食**」（hormone-balancing diet）。這種飲食法的重點在於，**提高水溶性與非水溶性纖維攝取量，降低精緻澱粉**；此外還含有多種健康的脂肪與低升糖指數食物，而且蔬果很多。

當我個別照顧病患與客戶時，我通常還會加入睡茄、聖潔莓等草藥，以及額外補充鎂、維生素D與維生素B群，只要你願意連續吃好幾個月，這些營養因素可以產生巨大的改變。

最常見的女性問題：經痛

有九〇％以上的女性，都受到某種程度的經痛所苦，它可能只是輕微不舒服，也有可能痛到必須請假躺在床上一整天。其中一個影響因素，似乎是某種叫做「前列腺素」的化學物質濃度變高。

當女性嚴重經痛時，體內這些化學物質會增加，造成血管與子宮收縮、發炎，而且會讓骨盆部位的神經變得極度敏感，產生疼痛。CBD與THC能夠協助抑制這些化學物質，所以用CBD養生產品與醫療大麻緩和經痛是有道理的，而且通常還比其他藥物或非藥物方法有效。

我曾經用醫療大麻（主要是油或蒸氣）成功治療病患的嚴重經痛，她們吃了很多處方消炎藥與鴉片類消炎藥都沒什麼效果；這些負荷很重的藥品會造成很強的副作用，而病患也表示非常樂意擺脫它們。

使用CBD治療經痛

傳統藥物中，最適合治經痛的是強效NSAID（非類固醇消炎藥），如果你想從CBD得到類似的益處，且沒有藥品的副作用，可以試試高品質的CBD油，並且挑選含有β-石竹烯（有消炎作用）的產品，從經期前七～十天（假如你也有經前症候群的話）開始服用，並且自己做實驗，經過幾次週期後找到你的最佳劑量。

或者，假如你的主要問題，只是出血的那幾天會痙攣與疼痛，你可以等到經期前兩天再服用。你必須做實驗，看看怎麼做對自己最有效，因為很不幸的，目前沒有已發表研究可以參考。一開始可以每天三次、每次服用十～二十毫克CBD。有些人說劑量高一點會更有效（每天總劑量八十～一百毫克），但最好還是從每天三十毫克開始，節省費用並找出自己適合的劑量。還是老樣子，要從低劑量慢慢增加。

使用醫療大麻治療經痛

假如你能合法取得醫療大麻、有醫師監督，而且已經大量使用只含CBD的製品整整三輪月經週期卻沒有效果，那麼你還有兩種使用THC製品的方式，可以進一步緩和你的疼痛：

1. 對於持續好幾天的慢性經痛，請於經期開始前兩天服用THC製品。睡前一小時可服用極低劑量的大麻油（含有均等THC與CBD），起始劑量約四毫克（這樣你就攝取了CBD與THC各兩毫克）。

假如早上還是會痛，可以再服用四毫克（假如是初次服用THC，請先在週末或請假在家時嘗試，否則萬一有副作用的話會很麻煩）。必要時每天增加一～兩毫克，直到疼痛結束（通常是就是經期結束時）。

假如這種均衡的油會令你更清醒，那麼一開始只要在睡前使用兩毫克的高THC、低CBD

油就好。

對於這種會持續好幾天的慢性經痛，醫療大麻、CBD 穿皮貼片也是不錯的方式，它會緩慢釋放藥效到血流中，而且持續好幾天。但前提是穿皮貼片在未來變得更普及。

2. 假如你的痙攣很輕微，而且是突然發作、不會持續一整天（也就是說，你需要立即的止痛方式），可以試試大麻蒸氣製品（THC 和 CBD 比例一：一）。一開始只要吸一口就好（第五章有說明吸入大麻蒸氣的方式，第十二章有介紹最適合劇烈疼痛發作的品種）。這種藥療方式也適用於經期的偏頭痛（見第十二章）。

使用外用藥治療經痛

工業大麻製的 CBD 軟膏、含有 THC 的外用藥，揉進腹部的皮膚、塗在下背部，都會有各種不同程度的療效，但目前也還沒有關於劑量的研究。我曾經推薦外用藥給病患，因為他們想要嘗試風險較低的方法，許多人也說這種藥確實更有效。

如果想用 THC 治療經痛，塗抹外用藥是非常安全的方式，因為含 THC 的外用藥通常不會讓你覺得很嗨，或感到不舒服（除非它們是穿皮貼片，否則它們不會被吸收到全身），而且假如它們能緩和疼痛，你應該會很樂意將它們納入療法之中。

情緒波動、疲勞、易怒——經前症候群

卡拉（Cara）因為焦慮與經前不悅症跑來找我，那時她已經在服用 SSRI 情緒藥物，這

種藥會有性方面的副作用，並讓她感到情感麻木，於是她嘗試做瑜伽與冥想，但這對她的經前不悅症幫助不大。

最近她戒掉已經吃了好幾年的藥，然後又覺得經前不悅症強勢回歸。她真的很想嘗試更天然的方法，卻又不敢服用THC大麻，因為她年輕時抽過幾次大麻菸，並且產生很嚴重的焦慮反應，而她可不想重蹈覆轍。

我決定讓她試試CBD含量高、THC含量極低的製品。我開給她這種油，請她每天服用，並且在經期前一週增加劑量。經過三輪月經週期之後，她的情緒有了巨大的變化。漸漸的她可以將SSRI藥物的劑量降至最低，也不會有副作用了。卡拉很感謝這樣的改變。由於再也不必害怕月經的到來，她的人際關係與自信心都大幅改善了。

經前症候群（premenstrual syndrome，簡稱PMS）是許多症狀的集合，高達九〇%的女性會在經期（出血的第一天）前一、兩週經歷這種症狀。症狀包括脹氣、情緒變化、頭痛、易怒、感到壓力與疲勞，可能很輕微也可能很嚴重。

經前不悅症（premenstrual dysmorphic disorder，簡稱PMDD）則是一種較為嚴重的經前症候群，涉及更大程度的情緒變化，包括經期前一週發作的憂鬱症、焦慮與情緒波動，但經期開始後症狀就會改善。

我們的內源性大麻素——花生四烯乙醇胺，會在排卵時暴增，所以月經週期後半段的經前症候群，可能跟內源性大麻素濃度下降有關。有一份研究顯示，患有憂鬱症的女性，2-AG的濃度較低（2-AG 是主要的內源性大麻素之一，見第四章）。

情緒低落、焦慮或易怒等症狀，除了是月經週期後半段的荷爾蒙波動所導致，很大程度也和內源性大麻素濃度有關。這或許能解釋在經前階段吸入或口服大麻，為什麼能夠緩和許多女性經前症候群發作時的情緒及其他症狀。

使用 CBD 治療經前症候群與經前不悅症

若要協助平復整個月經週期中的情緒與易怒感，每天服用 CBD 油會是個不錯的開始。一般劑量是每天三次、每次十毫克，搭配正餐，並視需要逐漸增加劑量。

如果你一整個月都受到某種程度的焦慮或壓力（倦怠）所苦，我推薦之前提過的方法給你（見第八章與第九章）。或者，假如症狀只出現在月經來潮前一週，你可以只在月經週期後半段服用 CBD。

如果只在週期後半段服用的話，起始劑量要高一點，每天三次、每次十五～二十毫克，搭配正餐，並視需要增加劑量。你可以選擇其中一個方式，實驗至少三輪週期，看看自己感覺到什麼變化。

停藥後的問題

許多女性都經歷過「停藥症候群」（post-pill syndrome），這個名稱出自耶魯大學醫學博士、女性健康提倡者艾薇瓦・羅姆（Aviva Romm）。雖然它嚴格來說並非醫學上的診斷，但意思是月經週期在停用避孕藥後三到六週尚未恢復正常。

它可能是經血過多、經痛、經期不規律、脹氣、喜怒無常、粉刺，或這些症狀的任意集合。原因通常是這樣：藥物掩蓋了這些問題好幾年，當你戒掉它時，這些問題又回來了，而且通常比以前更嚴重。

有些專家也覺得，某些女性在停藥後，下視丘（負責控制月經週期）與卵巢之間會有通訊問題。雖然我不相信大麻是這個問題的萬靈丹，但ＣＢＤ與醫療用大麻能夠在停藥之後的過渡期，緩和經前症候群與經痛等症狀。外用時，它也可以搭配護膚品除痘。

無論任何情況，都務必找到復發問題的根本原因，並排除多囊性卵巢症候群（polycystic ovary syndrome，簡稱ＰＣＯＳ）或甲狀腺機能低下等疾病的可能性。

子宮內膜異位症，也和大麻素受體有關

子宮內膜異位症（Endometriosis，簡稱ＥＭＳ），簡單來說就是子宮內膜長到子宮外面，是一種會造成極度疼痛的疾病。內源性大麻素系統與子宮內膜異位症之間的關係，目前尚未完全釐清。有一份關於子宮內膜異位症患者的研究，發現她們的子宮內膜組織樣本中的大麻素受體，有別於沒有罹患此病的女性——這代表了內源性大麻素系統，確實是子宮內膜異位症的關鍵因素之一。

初步研究指出，ＴＨＣ之類的植物大麻素可以緩和子宮內膜異位症的疼痛（如果是藉由消

炎來止痛的話，CBD應該也可以）。澳洲有一份研究，將大麻當成自行治療子宮內膜異位症的方法。在這份研究中，病患發現它比暖氣、運動、休息、呼吸或冥想運動都有效，也勝過於瑜伽與伸展之類的身體活動。

我們可不能忽視這些新發現，或是把它們單純當成運氣好或安慰劑效應；它們帶來了莫大的希望，因為子宮內膜異位症的疼痛，已經嚴重影響了不少女性的生活。

然而，接下來的故事就有點複雜了，有些非人體的試管研究顯示，THC會導致子宮外部組織移位，講白一點就是讓子宮內膜異位症更擴散、更嚴重。不過這種現象只出現在培養皿，而非人體實驗，所以這不代表人體也會有同樣的情況，但它也凸顯出我們還有許多不知道的事情，值得警惕。

另一份以動物為對象的研究發現，使用合成藥物啟動CB1受體，似乎會助長子宮內膜異位症擴散（也就是惡化）。但假如把合成藥物換成植物大麻素，或者把動物換成人類，還適用這種情況嗎？我們不得而知。

總而言之，大麻似乎有望治療子宮內膜異位症的疼痛，但它對疾病本身的效果仍未確定，我們需要更多研究才能找出真相。

假如你真的想用大麻控制症狀，一開始可以嘗試工業大麻製CBD油，起始劑量為每天三次、每次十毫克，並每隔幾天或幾個月增加劑量。雖然沒人知道最佳劑量是多少，但一般來說，假如你達到每天六十～八十毫克，請至少維持此劑量幾個月，看看症狀有沒有逐漸改善。

至於醫療大麻，最安全的用法是一開始先嘗試高CBD、低THC的油與大麻蒸氣，因為

THC對子宮內膜異位症可能不利。可是低劑量THC對此病反而有效，所以你必須自己權衡。就算劑量低到只有兩毫克，也能大幅緩和疼痛，並改善生活品質。

壓力是不孕症的頭號元凶

大麻與工業大麻製CBD養生產品對於女性生育力的確切影響，目前仍在研究中，截至目前為止，我們只有初步的資料，以及一份以健康女性為對象的人體研究。

有許多女性族群——例如牙買加的拉斯塔法里（Rastafarian）教徒——習慣以茶或食品的形式服用大麻，而且並沒有證據顯示這些族群的生育率較低。

不過從更廣泛的角度來說，有關大麻與生育力之間的證據很稀少。截至目前為止，相關研究多半都在探討大麻對於懷孕，以及產後對於嬰兒的影響（見第三〇五頁）。

剩下的研究雖然是探討長期使用大麻對於生育力的影響，但得到的結果並不一致。有些研究結果顯示，經常使用大麻會導致黃體期（月經週期的第二階段）縮短；還有一份研究指出，經常使用大麻會提高排卵延遲的機率，不過其他研究並沒有發現類似的異狀。

簡言之，這些研究還在非常初期的階段，沒有決定性的證據。只要其他荷爾蒙濃度正常、有排卵，黃體期縮短就不成問題，也不會降低生育力；所以我們並不清楚，大麻這種作用在臨床上是否重要，以及它對生育力的影響有多大。

至於動物研究，曾經發現母老鼠長期服用大麻，會干擾其月經週期與排卵，並且改變性荷爾蒙的濃度，例如黃體激素（對排卵與生育力很重要）。截至目前為止，說到**大麻對於月經週期的影響**，大麻（尤其是ＴＨＣ）的**使用量似乎是很重要的因素**。

最後有一份大型研究，以想要懷孕的夫妻為對象，聽取他們親自說明大麻使用習慣，結果發現「使用大麻」（即使是頻繁使用）與「懷孕所需時間」並不相關。

這並非對照研究，所以應該有許多人會指出其重大缺陷。不過，它也算是某種程度的證據（儘管是初步的），證實大麻不會對男女的生育力造成重大影響（前提是他們的生育力本來就正常）。

根據現有的已發表研究，植物大麻素對於卵巢與經期相關荷爾蒙的作用，似乎是依劑量而定，或許也取決於個人差異。同樣的道理也適用於大麻對於其他身體系統的作用。

低ＴＨＣ、高ＣＢＤ的低劑量大麻療法，相對來說比較安全，當然，這跟自行服用高ＴＨＣ大麻來治病（而且沒有醫師監督）是完全兩回事。但現實就是我們沒辦法下定論；許多因素都會影響生育力，所以很難確定大麻的作用是什麼、並把這些作用獨立出來討論。

身為力求綜觀全局的整合醫學醫師，我們到目前為止獲得的混亂資訊，凸顯了一件事：任何介入治療（哪怕是服用天然的東西），都會對身體與荷爾蒙週期產生實際的作用。所以小心一點總是比較明智，**不要因為某樣東西是植物做的，就假設它完全安全且沒有風險**。

聽起來無害的「甘草茶」就是個好例子。我認識幾位剛懷孕的朋友（以及幾位已懷孕的病患），至今仍在飲用甘草茶（或是吃甘草補品減壓），並相信它既安全又天然。

甘草茶會增加早期流產（自然流產）的機率，因為它的有效成分——甘草素，具有類似雌激素的作用。當我得知對方有喝時，我會請她們立刻停止，而且還不能讓她們過於恐慌。雖然到目前為止，我沒看過有人因為喝了甘草茶而發生什麼壞事，但最好還是小心。

基於目前對於大麻與生育力的知識，假如一位女性身體健康、不必使用大麻藥物，而且很想懷孕的話，我通常會建議她避免大麻（也就是娛樂用大麻）。若有以下情況則更要避免：

- 初次嘗試THC：長期使用者如果好幾年來每天都使用含THC的大麻，理論上荷爾蒙濃度應該已經適應了新的「穩定狀態」。
- 醫生說你有（或可能有）生育問題。
- 已經三十五歲以上，而且很積極想懷孕（畢竟生育力會隨著年紀而自然下降）。

那麼，我對於工業大麻製CBD養生產品又有什麼建議？就現有的研究看來，其實我並不清楚（因為連一份研究都沒有），但也沒有證據顯示使用CBD會降低生育力。目前為止的所有研究，甚至動物實驗，都是以含有大量THC的大麻為對象。不過**工業大麻製的CBD產品，已經能有效治療其他會影響生育力與健康的疾病，例如焦慮、倦怠、毒性壓力、慢性疲勞**（這也會造成壓力荷爾蒙增加、孕酮減少，進而干擾女性荷爾蒙）**與疼痛**。所以CBD的風險應該比它要取代的藥物還低，因為後者通常至少對於生育力有未知的影響。

我總是提醒病患與同事，壓力本身就會減少孕酮並增加皮質醇（壓力荷爾蒙），進而降低生育力；事實上，**壓力就是不孕症與無法排卵的頭號元凶**。

這幾年來，我有許多病患都找不到不孕的原因，自從讓她們養成每天藉由身心練習來減壓的習慣（有時會服用一些補品），以及改變生活方式之後，她們自然而然就懷孕了，不需要試管嬰兒或其他介入治療。

懷孕與哺乳最好避免使用

內源性大麻素系統調節了女性生殖的每個部分，從產卵、胚胎著床一直到生產與產後期。有一份試管研究（並非人體實驗）發現，醫療大麻影響了細胞之間的通訊——這些細胞在子宮內創造出富含營養的環境，以支持胎盤與非常早期的胚胎；另一份試管研究則表明，THC會對胎盤細胞的成長造成負面影響。但目前還沒人證明這些情況也會發生於人體內的子宮。

所以我們只是在猜測這些研究結果的實際意義，以及假如人體真的有這種問題的話，要用多少大麻才會危害懷孕初期？

任何在月經週期後半段（排卵之後）抑制黃體激素的東西，都可能會減少另一種關鍵的荷爾蒙——孕酮，進而導致早期流產，因為孕酮是維持與支持懷孕的必要條件。有一份以恆河猴為對象的研究發現，只要在前述這個月經週期階段，注射高劑量THC，就會降低循環中的孕酮濃度。

醫療大麻在一般劑量下是否會造成流產，目前仍在爭論當中，但只要任何物質只要牽涉到懷孕、而且有疑慮的話，避免與謹慎就是最好的態度。雖然沒什麼證據能證實母親使用大麻（多半是抽大麻菸），會造成懷孕的併發症，但有些證據證實大麻（主要是THC含量高的形式）或許是讓新生兒體重過輕的風險因素之一。

那麼，假如母親在懷孕時使用大麻，會對胎兒造成什麼發育問題？小孩若真的出現狀況，原因可追溯到他在子宮內接觸到大麻嗎？答案是，我們並不確定含THC的大麻，是否會造成這麼持久的作用。

「在子宮內接觸到大麻」與「神經認知功能（認知與行為差異）」之間的關聯，如果與沒接觸到大麻的小孩相比，相關證據其實是矛盾的。意思是有些研究說沒有關聯，但其他研究卻說「接觸大麻」與「神經認知功能」之間可能是正相關。

所以直到我們更了解大麻對嬰兒的長、短期影響之前，無論懷孕時是否有大麻的安全限制（尤其是THC，但目前我們也不清楚），懷孕與哺乳時最好還是避免使用大麻，或至少將THC降至最低以減少傷害。

雖然我不會開醫療用大麻給孕婦，或建議孕婦使用大麻，但我有些病患在懷孕時，還是持續使用藥房賣的高CBD、低THC口服大麻油（這違背了我的建議），以控制她們的焦慮症與失眠。

這些病患認為，就算違背我的建議可能會有風險，但**總比回去吃抗焦慮藥物要好**，因為這些藥的風險也差不多（甚至更高）。當然，不治療焦慮的話，對於懷孕與發育中的胎兒也會有風險。最後結果是，這些病患也沒有懷孕或分娩的併發症。

她們的小孩都還很小，但到目前為止發育都正常，而且媽媽可以輕鬆度過懷孕期間和產後期——假如沒有治療焦慮或睡眠障礙的話就不一定輕鬆了。

所以事情並不總是顯而易見，一種做法對某位女性來說是最好的，不代表對另一位女性也有效。假如你跟醫生談過之後，一致認為好處大過風險的話，我還是建議你繼續使用低劑量的低THC製品或CBD工業大麻製品，不過要確保產品來源值得信賴，沒有受汙染且經過實驗室檢驗，這樣才能降低潛在的未知風險。

現在還沒有工業大麻製CBD養生產品，對懷孕造成影響的相關已發表研究，因為到目前為止所有資料（並沒有很多）都聚焦於含THC的大麻。

CBD或許比較無害，但直到我們有研究證實此事之前，關於CBD對懷孕與哺乳的可能影響，我們還欠缺許多明確的知識。

我們甚至不太可能得到這些研究，因為可想而知，以孕婦與哺乳母親為對象來測試產品，根本就是在踩地雷！

所以正如其他我們不懂的草藥與藥品，對於健康女性來說，避免使用CBD應該是最安全的做法，除非CBD的好處足以令你甘冒風險。

同樣的道理也適用於我對於妊娠劇吐（懷孕期間嚴重且持續的噁心與嘔吐）的建議。這種病如果嚴重到造成體重減輕或營養不良，就會威脅到懷孕，必須住院治療。

有些專家認為，在這種情況下，以吸入方式服用低劑量均衡（CBD和THC比例為一：一）大麻製品的利大於弊。這種方法尤其適用於其他可選的藥品也有風險的時候。

但問題就在於蒐集資料很困難，因為就算女性用大麻自行治療這種病，她們通常不敢將資訊公開，畢竟大麻背負著惡名（而且有些地區，在沒有處方的情況下使用大麻是非法的）。雖然大麻用於治療噁心，已經有數百年的歷史，不過我還是建議先嘗試首選藥品與非藥物方式，並與婦產科醫師討論利弊，找出最適合你目前情況的做法。

圍停經期與更年期症狀，CBD 油能幫你調節情緒

卡蘿（Carol）因為焦慮、纖維肌痛與睡眠問題而跑來找我。但當我們第一次見面時，我才知道搞瘋她的其實是更年期症狀，而且還讓其他已經交疊的問題更加惡化。

她家有很多人得過乳癌，所以她不想嘗試荷爾蒙替代療法。她已經戒糖戒酒，但易怒的心情還是令她忍無可忍，光是「雞毛蒜皮」的小事就足以讓她崩潰，這讓她經常跟先生或朋友大吵起來。有時候，她覺得好像有隻外星人控制了她的人格。

我決定讓她嘗試大麻，搭配正念練習、使用非藥物方法的睡眠重設計畫，以及天然且安全的補品，治療她的更年期症狀。

我請她白天使用高 CBD、低 THC 的油，然後再服用一小劑 THC 為主的油，治療她夜間焦躁不安與睡眠中斷的問題。

當她偶爾覺得疲勞或意識朦朧的時候，我請她再服用少量均衡品種大麻蒸氣；到了晚上，為了緩和焦慮與易怒，還需要使人平靜的印度大麻品種。

她每週只服用這些大麻幾次，而且劑量極少，但光是這樣就可以讓她停掉白天急用的苯二

氮平類藥物，而且她也沒有遇到大麻的副作用。三個月後，她說覺得自己煥然一新，睡得更好、體力更充沛，也比較沒那麼容易精神恍惚或發怒了。從各方面來說，這都是巨大的成功，不但真正改變她的生活品質，也讓她能輕鬆度過更年期。

更年期的定義是十二個月沒有月經週期，而圍停經期是更年期的預備階段。更年期的症狀通常都從圍停經期開始出現，可能包括潮熱、夜間盜汗、陰道乾燥、情緒波動、易怒、失去性慾、脹氣、頻尿、變胖與記憶衰退。

對某些人來說，這些症狀很輕微，但對其他人來說就很嚴重，假如她們試圖獨自面對，有可能會毀了自己的生活。我有許多病患形容她們的圍停經期與更年期，就像劫持大腦的冒牌貨，讓她們感覺自己就像變了個人一樣。

幸好，你有許多方法可以讓這種自然的過渡期更平順，並減少嚴重的症狀。其中一種方法就是大麻與CBD。

用大麻治療更年期症狀的好處是，不必去顧慮大麻對生育力或月經週期長度的影響。主要目標是控制住潮熱、睡眠不足、易怒、疲勞與腦霧。

有許多來找我的女性，不想嘗試荷爾蒙替代療法[1]，而且已經試過其他人推薦的傳統療法，像是抗憂鬱劑、抗焦慮藥物與安眠藥。她們希望嘗試更天然的方法，也知道這並非標準的照護

1 編按：簡稱HRT，目前緩解更年期症狀的主要藥物治療，但有些人認為這會增加子宮內膜癌及乳癌風險。

或首選療法。

除了經歷更年期症狀，她們也遭遇其他問題，像是失眠（甚至發生於更年期前）、焦慮、慢性疼痛、纖維肌痛與不寧腿症候群，不勝枚舉。所以對她們來說，醫療大麻具有多重治療效果，而且我的大多數病患也都是這樣。

工業大麻製CBD油，以及含有THC的大麻，之所以能協助支持圍停經期的健康，原因可能有很多。

比方說，CBD會作用於我們的血清素系統（協助平衡我們的情緒，可以把它想成快樂荷爾蒙）以及抗發炎；THC也是一種抗發炎的神經保護化學物質，能夠協助調節功能異常的睡眠週期，並緩和多種疼痛。這些問題都可能在圍停經期出現。

基於我們對於醫療研究與女性身體的了解，目前幾乎沒有關於「大麻對於更年期症狀之影響」的公開資料（這似乎已經不令人意外）——儘管已經有許多病患與客戶都曾用大麻成功治療自己。

我只找到一份研究有進一步探討這個主題，研究規模不大，調查對象是一群女性，她們使用大麻治療關節／肌肉疼痛、易怒、睡眠問題、憂鬱症、焦慮與潮熱等症狀。研究人員的結論是：有鑑於人口老化，我們應該調查醫療大麻是否能有效治療這些症狀（廢話！）。

說到圍停經期的睡眠中斷與夜間症狀，GABA的濃度減少似乎是因素之一，因為GABA正是使我們平靜的神經傳導物質。

只要攝取植物大麻素就能調節（亦即恢復正常）GABA的濃度。GABA越多，大腦就越平靜，也就睡得更好。

如何用CBD、大麻製品治療更年期症狀

CBD產品

- 試試全譜或廣譜CBD油。
- 多攝取具有鎮靜、情緒平衡與抗發炎效果的萜烯：
  - ■β-石竹烯：黑胡椒也含有它；有木頭與香料的香味。
  - ■芳樟醇：聞起來有花香，像薰衣草。
  - ■月桂烯：聞起來有泥土／胡椒味，像啤酒花，是最常見的萜烯之一。
  - ■萜品烯：聞起來很清新，像是鮮花與松樹混合。
  - ■D-檸烯：聞起來像檸檬，兼具抗焦慮與抗憂鬱作用，因此被視為能平衡情緒的萜烯。

早上起床就立刻服用十毫克CBD，然後在中午（十二點～兩點）與晚餐時間各服用十毫克，每天總共三十毫克。維持這個劑量一～兩週，並追蹤症狀以檢查你的感覺：

- 辨認你的主要症狀。它們改善了嗎？
- 一天當中還是有特定時間會不舒服嗎（例如晚上更不舒服）？

- 還是很難睡著或維持熟睡嗎？

請記住：沒有對所有人效果都一樣的特定完美劑量。尤其更年期的症狀五花八門，而且每個人的內源性大麻素系統平衡都是獨一無二的，所以最重要的是自己拿捏。每個人的最佳劑量都有點不同，而且荷爾蒙濃度變化會持續數個月，最佳劑量也會隨之改變。

醫療用大麻製品

請務必在醫師監督下才能嘗試，而且前提當然是你的家鄉可合法使用含有 THC 的醫療大麻。本建議是針對一般症狀，但假如你想治療特定症狀，像是焦慮、壓力／倦怠／疲勞、睡眠或疼痛，詳情請參考個別章節。以下為針對本章問題的適用方法：

- 一開始以高 CBD、低 THC 品種的口服大麻油作為基礎。
- 平均起始劑量：每天三次，每次五～十毫克，搭配正餐，總共三十毫克。THC 劑量依製品而定，但一開始白天最多只能服用一～兩毫克 THC。微劑量的 THC 搭配 CBD，能夠治療許多女性的更年期症狀。
- 維持此劑量一～兩週，並利用症狀追蹤表或日記來評估與追蹤你的感覺。
- 持續增加劑量，直到你覺得症狀改善。
- 對於睡眠問題，可再服用兩毫克 THC——請選用富含月桂烯與 CBN 的「印度大麻」THC 油（見第十一章）。

大麻霧化器

若要減少突發的焦慮、疲勞、易怒與壓力，大麻蒸氣的效果比口服油更快，也比口服油更快消散。

- 一開始先使用高 CBD、低 THC 的花，尤其是從未服用過 THC 時。
- 假如這樣沒有效果，你可以嘗試 CBD 與 THC 含量相同的均衡品種。
- 一開始只使用火柴頭大小的量，尤其是 THC 較多的品種。
- 有些女性覺得大麻蒸氣能夠適當調整精神狀態，幫助練習正念冥想或瑜伽。
- 大麻蒸氣可以取代苯二氮平之類的抗焦慮藥物，而在醫師監督下，你可以慢慢戒掉這種藥。
- 大麻花亦可用於睡前，幫助你更容易入睡並放鬆忙亂的思緒。我推薦富含月桂烯、具有鎮靜作用的印度大麻。
- 若想進一步了解如何使用大麻治療特定症狀，請參考相關章節。

子宮肌瘤，內源性大麻素系統失衡是關鍵因素

子宮肌瘤是長在子宮的良性腫瘤（非癌症），假如尺寸大到一定程度，就會造成許多疑難雜症。我們並不清楚子宮肌瘤的確切成因，但我們認為它們是由多個因素構成，包括遺傳、飲

食習慣、腸胃健康、環境毒性、壓力，以及無法擺脫過多雌激素的問題。

子宮肌瘤會造成經血過多、缺鐵、經痛、脹氣與不適，尤其是它們繼續膨脹時。整合醫學對這種病的療法，包括富含雌激素解毒食物（十字花科蔬菜）的飲食，既低糖又無麩質；此外還有補品、草藥與運動；如有必要的話亦可使用針灸與生物等同性荷爾蒙[2]。這種療法雖然無法完全治癒病患，但是結合中醫與西醫的最佳做法，應該能在一定程度上控制子宮肌瘤。

我們知道**內源性大麻素系統是子宮肌瘤的關鍵因素之一**，所以這又是一個值得多研究的領域。有一份研究顯示，子宮肌瘤患者的內源性大麻素系統是失衡的；更具體來說，就是CB1受體對CB2受體比例低於正常值。

這意味著新推出的大麻素藥物，可以把這種失衡當成治療目標。但我們並不清楚植物大麻素對子宮肌瘤有什麼效果——但願我們很快就能發現更多效用，因為目前治療子宮肌瘤的方法很有限、功效也不夠持久。

目前有好幾份研究已表明，壓力與子宮肌瘤風險（以及子宮肌瘤症狀的嚴重程度）是有關聯的。所以假如你患有子宮肌瘤，每天服用CBD油對你會有間接的幫助，算是全面性療法的一部分（見第八章）。

我處理子宮肌瘤這類問題時，也會額外採取全面性方法，雖然無法治癒這種病，卻能減少某些複雜的潛在因素。

這些方法包括：透過飲食、益生菌，與健康的纖維來恢復健康的腸菌；避免農藥與除草劑之類的環境毒素（例如不吃噴太多農藥的蔬果）；戒掉乳製品與其他引起發炎的食物；每天補充維生素D（因為維生素D偏低與子宮肌瘤有關，而且在英國等北半球國家，很多人的維生素D都不足，但他們自己並不知道這件事）。

多囊性卵巢症候群患者，別碰THC

多囊性卵巢症候群（PCOS）是一種荷爾蒙失衡疾病，高達一五％的生育年齡女性受它影響。它有三種主要特性：

- 不規律的經期與沒有定期排卵。
- 雄激素（男性荷爾蒙）過多，造成粉刺與臉部毛髮增加。
- 卵巢長了充滿液體的囊腫。

它也會引起異常的血糖控制與胰島素阻抗[3]，以及使人瘦不下來。我們知道內源性大麻素功能異常，似乎是PCOS的關鍵因素之一，而大麻的THC會啟動CB1受體，這樣可能會減少孕酮，使雌激素失衡的問題更嚴重。

2 編按：與人體分泌的荷爾蒙結構相同。
3 編按：細胞對正常濃度胰島素反應不足的現象。

所以一般來說，直到我們了解更多詳情為止，**假如你患有 PCOS，最好別碰 THC**，除非你有其他理由或疾病需要使用它，而且潛在好處勝過可能的壞處。這個決定不能擅自作主，而是該由專攻這個領域的醫師幫你評估，這樣你們就能一起做決定。

CBD 養生產品，也就是工業大麻製 CBD 油或其他產品（例如貼片），或許可協助治療某些人的代謝問題，例如胰島素阻抗。目前沒有大型研究證實這種關聯，但**我看過許多病患服用高 CBD、低 THC 大麻油六個月後（而且生活方式沒有其他重大改變），胰島素阻抗與血糖控制都獲得改善**。

臨床經驗顯示，為了養生而服用 CBD 油，或許能夠間接治療 PCOS，因為它能改善胰島素阻抗；有些研究以患有糖尿病或胰島素阻抗代謝障礙（糖尿病前期）的老鼠為對象，也顯示出同樣的結果，而且老鼠還變瘦了。CBD 若是搭配次要大麻素 THCV，應該能強化對於胰島素阻抗的正面作用。

戰勝更年期的好幫手

除了 CBD，我也會使用特定的草藥搭配生活方式改變，治療更年期的症狀：

- 正念冥想：緩和易怒以及情緒變化，並減少皮質醇（皮質醇增加會讓圍停經期的荷爾蒙更加失衡，進而惡化症狀）。

- 瑜伽或太極拳：穩定與安撫「逃跑或戰鬥」反應，有利於神經系統的休養生息，同時減少皮質醇並強化認知。
- 多吃植物製成的食品與蔬菜。
- 只吃全穀類食物、戒掉白色食物：白麵包、油酥點心、麵粉、薄脆餅乾、披薩、麵條、貝果、烘焙食品、白米。
- 低升糖指數食物（高糖食品會使人變胖、造成胰島素阻抗與發炎）。
- 攝取有機、草飼且不含荷爾蒙的肉類。
- 無麩質食品：麩質穀類會抑制CYP酵素，造成雌激素偏高，進而使荷爾蒙更加失衡；所以要養成吃無麩質穀類的習慣，像是糙米、菰米、藜麥、小米、蕎麥苔麩。
- 戒掉所有酒類，為期八週作為實驗；假如你八週之後還是想喝酒，每天喝一小杯就好。
- 更年期草藥：聖潔莓、甘草、西番蓮、靈芝、瑪卡。
- 把咖啡換成聖羅勒茶：咖啡因會使你更焦慮，並消耗體內的鎂。
- 天然補品：如果患有憂鬱症或情緒低落，應該多攝取鎂、維生素B_6與B群、維生素D、鋅（見第十章）。
- 睡眠輔助（見第十一章）。
- 戒菸：研究顯示吸菸者的更年期症狀比非吸菸者還嚴重。

第十四章

CBD 潤滑劑、保險套，增加性愛愉悅感

鮑伯（Bob）患有慢性背痛，他想試試大麻能不能治療自己，所以來找我看病。他與雪莉兒（Cheryl）結婚將近十年，整體來說感情非常好。不過，由於工作滿檔、壓力與慢性疼痛，他們過去幾年來幾乎沒有做愛的興致。

雖然轉介給我的主要理由是慢性疼痛，不過當我將醫療大麻納入他的疼痛治療時，鮑伯發現少量大麻蒸氣對他的性生活有正向作用。回診時，他說大麻除了幫他緩和疼痛，還讓他與雪莉兒重拾浪漫與「性」福的關係，真是賺到了！大麻讓他更有興致，也更加享受性愛。

雖然慢性疼痛是他的主要疼痛來源，但他也覺得骨盆很緊繃、不舒服，而大麻似乎也能緩和這個症狀，尤其是在做愛或調情時。這是一個正向的循環，因為當他開始有了更多性生活，就能強化他對性愛的自信心，也讓雪莉兒再度有了興致。

他們本來在做愛時會覺得有點壓力，而且有點像「例行公事」，但現在做得很愉快，沒有被強迫的感覺。他們的性愛被壓抑太久，兩人都會怯場，然而光是一點點大麻蒸氣就幫了他們大忙。鮑伯也說，他們就好像回到新婚時期——說不定還更恩愛了！

有誰不想讓性愛更舒服的？無論自慰還是與伴侶做愛，對於性愛與親密關係的慾望，是人類的基本動力之一。然而，儘管性愛如此重要，但由於現代生活的忙碌步調與壓力，可能會讓某些人對性愛提不起勁；花時間做愛並重新找回感覺，對他們來說可能會是件麻煩事。

美國有許多州已經能合法使用大麻（無論醫療用或娛樂用），根據史丹佛大學研究，**合法地區的居民若有使用大麻，做愛次數會比一般人多二〇％**（其他變數已經過調整，例如年齡）。

美國有三分之一的女性曾經用大麻助「性」，還說大麻幫她們達到更多次心滿意足的高潮。至於含THC大麻尚未合法化的地區（除非有醫療處方，但要說服醫生開大麻改善你的性生活，可能有點牽強），也還是買得到CBD，雖然沒有THC這麼令人興奮（或者讓人「性」致勃勃），但假如你還在摸索怎麼用大麻製品讓自己生龍活虎，CBD就是非常安全的方法。

說到大麻與性愛，兩者結合已經有很悠久的歷史。上古時代就有人使用大麻來刺激性慾，或者刻意禁慾。THC對於性愛的效果，正如它對焦慮與其他用途一樣，都是依劑量而定。許多研究指出，就算是低劑量甚至微劑量的THC，都能從各方面（慾望、感覺、高潮與放鬆）強化性經驗，讓人能夠充分享受當下的體驗。可是高劑量的話，反而會對性愛表現與慾望產生負面影響。

THC劑量因人而異，因為每個人的內源性大麻素平衡都有點獨特（而且荷爾蒙系統也會影響關於性愛的一切事物）。就算是同一個人，系統平衡也會改變，全都取決於目前的壓力程度與其他生活因素。

高潮後餘韻不絕——大麻素系統幫的忙

大麻製品可以幫助人們達到更好、更愉快的性愛，因為它會排除令你失去興致的絆腳石，例如焦慮、壓力、疲勞與疼痛；只要找到適合自己的品種，它還能振奮你的情緒。

我總是告訴病患，性愛不一定要交媾，或任何形式的插入動作；它包含了任何可以讓情侶更愉快的調情。比方說，假如情侶其中一方的骨盆會痛（男女都可能受其影響）或外陰疼痛（僅限女性，就算輕觸都會造成疼痛或不適），大麻外用藥就能讓調情與身體接觸更愉快——這可是來自許多女性的現身說法。

雖然目前沒有正式研究支持這個說法（大麻與性功能的關係仍是個新領域），但已經有人開始實驗了，最近就有一份報告顯示，THC可以減少動物的誘發性外陰疼痛症狀。

假如你們想要懷孕，交媾當然就是性愛全餐的主菜，但撇開這個情況不談，大麻也能讓你產生更多關於性愛的創意，並開始以更開闊的角度去思考性愛，這樣你就能和伴侶調整玩法，強化快感。

性愛搭配大麻（尤其是女性月經週期的特定時期，大約是中期排卵階段），或許能增加高潮的機會。就算你每天都可以輕易高潮（運氣真好！），大麻也能強化高潮的品質；這個概念有許多研究證實過，它們請女性親自說明，大麻對於性經驗品質與高潮強度有什麼作用。

此外大麻的種類、劑量、尤其是THC的使用量也很重要，因為太多THC反而更難達到高潮（對於男性更加明顯）。

根據研究顯示，我們**在高潮之後會立刻釋放一陣天然內源性大麻素**。這應該就是男女高潮之後還會餘韻不絕一陣子的原因之一。健康的內源性大麻素系統功能（以及使用植物大麻素），都能幫助神經系統脫離「戰鬥或逃跑」（交感）模式，並進入「休養與生息」（副交感）模式。這是因為大麻素會作用於杏仁核與下視丘，這兩個大腦區域都涉及性功能與性行為，而且啟動CB1受體也會使高潮延後（THC正有這種效果）。

假如某人有早洩問題，THC或許能幫到他；但假如沒有，過量THC反而會讓高潮延後太久。再次強調，重點在於找到適合自己的大麻——專屬於你的甜蜜點。

那麼男性精子數量與大麻有什麼關係？病患經常問我這個問題。如果是動物的話，大麻會減少精子數量。不過目前沒有研究證明人類也是如此。如果真的是這樣，那應該是依劑量而定的作用，尤其是THC。話雖如此，直到我們更了解詳情之前，想懷孕的夫妻還是要小心這種潛在作用（尤其是高THC大麻）。

忘掉酒與威而鋼，試試CBD吧！

當人們想要藉由前戲助興時，最常選用的東西通常都是酒類，但這招並不是對每個人都有效。根據我自己以及許多朋友、病患、客戶的經驗，酒精不一定會讓我們性慾高漲——甚至會覺得更加遲緩或疲倦，尤其在工作一整天之後。

對許多人來說，大麻更適合搭配前戲與性愛。

就算不直接使用大麻，先喝杯CBD雞尾酒（無酒精），然後再用CBD按摩油按摩親密部位，對許多希望用更健康的方式讓自己興奮的人來說，都很有效。

大麻性愛健康產品可望成為新的威而鋼，事實上，發明威而鋼的研究人員當中，有些人現正致力於利用大麻素提升性愛表現。

許多之前使用威而鋼輔助性愛的男性，也跟我說他們現在更喜歡使用大麻，因為它的細微效果更多（低劑量時）、對於感官的刺激也更強；伴侶假如不適應威而鋼或類似藥品，大麻也能強化兩人之間的親密度。

假如你很想用大麻製品來助興，卻不想碰THC，或THC在你的地區尚未合法，那麼工業大麻製CBD產品是個不錯的選擇，CBD無論是（油或膠囊）、舌下噴劑還是穿皮貼片，都能降低緊張、壓力、焦慮，甚至減輕某些類型的疼痛（關於這些問題請參考個別章節）。如果CBD能緩和令你失去興致的問題，那它就能點亮你的性生活。

接下來是CBD外用藥，例如潤滑劑、親密按摩油之類的東西。女性的陰戶黏膜與陰蒂皮膚，以及男性的陰囊與陰莖皮膚，都比非生殖器的皮膚更多毛細孔，因此吸收力應該也更強。

假如這些部位有刺激或發炎，導致做愛不舒服，那麼含有CBD成分的潤滑劑應該能幫到一些人。雖然目前沒有任何已發表研究證實，這些產品有強化性愛的效果，但有許多女性（我有遇過她們！）宣稱這些產品真的有效。

口服工業大麻CBD

CBD油或舌下酊劑並不像THC製品一樣能立即見效；不過，在做愛前三十～六十分鐘，服用三十～六十毫克的CBD，會使某些人更放鬆、更有興致。這個效果是我的病患、朋友與客戶親口告訴我的（連我自己也覺得有效）。

目前沒有已發表的研究教大家這種用法，只知道較低的劑量對某些人也有效（每個人都有點不同），但就算高劑量也很安全，自己做實驗找出對你有效的劑量即可。

工業大麻 CBD 蒸氣

在歐盟某些國家（例如瑞士），你可以買到CBD花，THC含量低於〇·二%，但外觀與氣味都很像正常的大麻或大麻乾燥花。英國的黑市與某些商店也會賣CBD花，儘管在我寫這本書時，它還不是正式合法化的產品。不過，只要來源值得信賴、不含汙染物，它就跟其他任何形式的CBD一樣，非常安全。

相較於油或者舌下形式，吸入CBD花蒸氣可以讓CBD更快進入血流，而且攝取量也比較多。一開始只用幾顆火柴頭大小的量就好（蒸氣相關說明詳見第五章）。吸一～三口，然後等五分鐘看看你的感覺如何。

你可以反覆添加新的花，因為CBD花幾乎不可能使用過量。它只含有微量THC，不會讓你變得太嗨，但會讓你感覺更放鬆。

CBD 潤滑劑

首先，假如你有用保險套（預防性病的最佳方式，也是最佳的避孕方法），千萬別再用油性潤滑劑或按摩油，因為油會分解保險套，使其失效。這包括任何天然潤滑劑，像是椰子油或芝麻油。一般來說，只有標示能與保險套一起用的「水性潤滑劑」才比較安全。

CBD潤滑劑，包括油性的，應該可以與高品質矽膠情趣用具（例如震動自慰器或人造陰莖）一起用，因為它們不會分解用具裡的矽膠。

一般來說，好的潤滑劑就算沒有ＣＢＤ，也能減少摩擦與不適，讓性愛與交媾更舒服。這一點尤其適用於女性天然的陰道潤滑液減少時，只要變老、進入圍停經期與更年期，就會發生這種情況，因為荷爾蒙改變，雌激素也減少了。如果你有這個問題，也可以向醫師索取外用的生物等同性荷爾蒙，它可以治療嚴重萎縮與出血。

如果你對酵母菌感染（黴菌性陰道炎）與泌尿道感染（膀胱感染）之類的疾病很敏感，我建議你使用酸鹼值中性、沒有刺激成分的製品。就算製品含有天然ＣＢＤ，也不一定表示它沒有刺激性！除此之外，外用潤滑劑如果含有以下成分，也盡量別用：

- 甘油與丙二醇：水性潤滑劑的常見成分，容易滋生酵母菌（所以酵母菌感染的機率會增加），對某些女性也有刺激性。ＷＨＯ建議甘油含量應低於八．三%。
- 對羥基苯甲酸酯：這些防腐劑會擾亂內分泌，也會擾亂荷爾蒙。
- 氯己定以及其衍生物：有些潤滑劑含有這種防腐劑，外用時有抗菌效果，因此會連陰道內健康且正常的細菌一併消滅，但這些正常細菌可以防止感染。
- 聚季銨鹽：ＷＨＯ建議避免這種成分，因為它會增加已感染之伴侶傳播ＨＩＶ病毒的機率。
- 羥乙基纖維素：它由植物纖維製成，會產生潤滑效果。一般來說它對許多人都不成問題，但假如你的陰道炎經常復發，你應該選擇不含此成分的潤滑劑，因為它會滋生酵母菌。
- 石油膠（凡士林）：根據我經營女性健康診所的經驗，拿石油膠當潤滑劑可不是好主意。

我治療過許多細菌性陰道炎或嚴重酵母菌感染的女性，她們在使用石油膠助興之後，陰道會排出過多分泌物，目前已經有好幾份研究證實真的有這回事。

- 如果想懷孕，請別用橄欖油製的潤滑劑！有一份研究發現，它對精子有負面影響；不過除非情侶任何一方有生育問題，這種影響應該很小。

THC 油或酊劑馬上有感——最適合助「性」

在性愛上，每個人對大麻的反應都有點不同，不過極低劑量的 THC 對大多數人都有正面作用。含 THC 的大麻製品，最顯而易見的用途，就是減輕任何會妨礙性愛樂趣的慢性疼痛。這包括慢性骨盆疼痛，男女都會受其影響，而且經常沒被發覺（因為沒人會問病患這件事）。口服大麻（油、噴劑、膠囊）與大麻蒸氣，現已獲主流醫學團體認定（包括一些專攻此領域的泌尿科醫生），能夠治療慢性骨盆疼痛。如果你的主要目標是減輕任何類型的慢性疼痛，請見第十二章。

就跟大麻其他所有用途一樣，它對每個人的效果都不同，依據使用方式、THC 含量與大麻品種而定。比方說，假如你已經很累了，卻還在晚上做愛前，吸入富含月桂烯的「印度大麻」蒸氣，這樣只會讓你更想睡，並且破壞氣氛。

可是假如你是在非常清醒、無法放鬆時吸入同品種的蒸氣，這樣反而能幫你做得更順利。就跟其他任何性癖一樣：有些人看到腳就興奮，有些人則不懂腳有什麼性感的，但他們或許很愛色色的情話或是特殊扮裝。最重要的是：讓你最爽的性愛就是最棒的性愛，管它是什麼樣子。

我的建議是，如果要避免大麻助興失敗，最好先自己試用產品與品種，看看你的感覺如何。假如效果令你滿意，下一步就是跟伴侶一起試用，只要對方不排斥這個主意就好。

就算對方不想嘗試大麻，只要你覺得大麻讓自己很舒服，而且有幫到你，那有何不可！不一定雙方都要使用大麻，不過有些情侶說他們很享受一起使用大麻的感覺，它會讓他們在做愛之前感覺更親密。這真的是個人喜好，沒有對錯。

如果你在做愛時與伴侶一起嘗試大麻，卻遇到負面的效果，通常是因為THC對你或對那個情境來說太多了。這樣可能會造成妄想或焦慮的感覺，或是覺得沒興致、提不起勁。

在這種情境下，最佳做法就是向伴侶表達你的感受，然後在繼續做之前先暫歇一下。如果感覺不對，千萬別硬做或繼續做——其他性愛情境下感覺不對的話也是如此。

身體是你的，你一直都有選擇權，假如突然覺得不舒服，也可以改變心意！如果你是在自慰時發生這種事，一樣不要強迫自己。先停下來放鬆吧。

你可以服用一些CBD來抵消THC的效果，練習深呼吸，放一些平靜的音樂，或是做任何讓你舒服與冷靜的事情。假如試著用THC搭配性愛幾次之後，覺得不適合你，那就繼續使用工業大麻製CBD產品；就算沒有THC的效果，CBD還是能增強放鬆與愉快的感覺。

說到大麻蒸氣，沒有人去研究過哪個品種最適合用於性愛，但許多性愛教練的建議與當事人現身說法都一樣（我也是跟病患與客戶講這樣）：你希望性愛帶給你什麼感覺？還有哪些阻礙會掃你的興？請根據這兩點挑選大麻。

比方說，你希望晚上能生龍活虎，但過度疲勞令你力不從心，那麼你可以嘗試尋常大麻為主的品種，它含有柑橘類的萜烯，可以推你一把。

假如你的主要問題是焦慮，那就選用更有鎮靜效果的品種（含有月桂烯、芳樟醇之類使人平靜的萜烯，或是標示為印度大麻的品種），讓你忘卻煩惱，專心探索你的身體與快感。

最佳做法是選一種產品，用低劑量試試看它給你什麼感覺。你甚至可以寫「品種日記」，記下大麻對於性愛或其他一般用途的效果，這樣你就記得在哪些狀況下，適用那些品種。

口服 THC

大麻油與舌下酊劑會比膠囊更快發揮作用，所以最適合用於性愛。一般來說，如果你是初次用THC助興，我建議你先試用同時含有THC與CBD的品種，以避免THC用藥過量（這對某些人來說挺掃興的）。

比方說，一開始先使用高CBD油或酊劑（CBD和THC比例為一：一），從每劑兩毫克THC開始。最好在在「上陣」前三十～六十分鐘服用，讓效果得以發揮。

THC 蒸氣

請選用高CBD、低THC的品種，將火柴頭大小的量放進霧化器之後，一開始先吸一口。等待五分鐘再吸第二口，然後以五～十分鐘的間隔再吸兩～三口之後，檢查你的感覺。

目前沒有研究教大家做愛時要服用多少劑量，而且每個人的反應也都不同，所以請採取「從低劑量開始慢慢增加」的方式，並記錄會讓你覺得舒服、增加情趣的品種與劑量。

THC 潤滑劑

假如你不想攝食大麻或吸蒸氣，但你又想試試少量 THC 對於生殖器有什麼局部感官效果，那你可以試試外用大麻潤滑劑或外用大麻油（但前提當然是你住在大麻合法化的地方，可以在娛樂用的非處方藥房買到）。

THC 外用藥幾乎不會穿透正常的皮膚，不過，親密部位——例如女性陰戶或男性陰囊的皮膚——比較容易滲透，將 THC 塗在這些部位會使血管舒張。

有些對於快感極度敏感的人表示，當他們在陰部塗抹 THC 外用製品時，會感到「既溫熱又刺痛」，而我們可以將其擴大解釋為「THC 滲入人類生殖器黏膜部位的反應」。根據我的客戶描述，通常女性會比男性更容易感受到這些作用。雖然這個領域也沒有任何研究，但許多用大麻強化性體驗的性愛教練，都建議外用大麻製品應於親熱前至少三十分鐘塗抹，讓它們有時間發揮效果。

想知道這股健康趨勢有多麼強勢，最好的指標就是看看有多少公司在申請這個領域的專利權。性愛用大麻外用藥的專利權數量，每天都在增加，其中包括外用催情大麻化合物，以及增加快感與避免陽痿的大麻保險套（再次強調，我們還需要更多研究來證明這種效果）。

在黏膜與生殖器部位塗抹 THC，有可能使它進入血流（儘管數量應該很少），所以假如你是運動員，或你可能要接受藥檢，最安全的做法就是別用任何含有 THC 的產品，甚至連性愛用的外用藥都不行。

再次強調，如果你無法取得合法的ＴＨＣ製品，或你不能使用它，也別洩氣！市面上還有許多工業大麻製的全萃取ＣＢＤ產品，它也有局部消炎效果，能讓你在性愛過程中更舒服，也可以單純當作是品質還不錯的非刺激性潤滑劑。

第十五章

保健腸胃，
試試 CBD 口服油

在大多數的傳統醫學體系中（包括傳統中醫與印度傳統草藥醫學），腸胃——亦即消化系統，都是最重要的角色；當症狀出現時，腸胃也是首要的治療對象。我曾在印度研讀阿育吠陀，而我第一個整合醫學導師是位中醫師，所以我在行醫生涯非常早期就接觸到這些概念。

傳統概念認為，腸胃健康與整體健康是相關的，但當我十年前開始用這種方法治病時，大家仍然認為這個概念很另類。然而過去幾年來，主流研究已經證明，**腸胃健康確實與人類整體健康直接相關**——西醫終於跟上了印度與中國醫生幾千年前就已經知道的事。

我治療病患時，會打從一開始就把腸胃健康視為整體健康的指標。我堅信腸漏症與大腸激躁症之類的疾病不僅限於腸胃，而是會影響身心健康的全面性健康問題。

每次在治療失調的腸胃後，都會發現病患不只症狀減輕，他們的情緒與體力也能大幅改善，甚至連皮膚都變好了！這套腸胃健康準則並沒有包含任何西藥，我是用整合醫學的方法來治療腸胃，例如修復黏膜、恢復健康的微生物群系（體內腸胃細菌的集合）、移除刺激物。我還使用經過證實的身心方法與改變生活方式，來減少病患負擔的壓力——壓力對腸胃有很大的負面作用，就跟它對大腦與身體其他部位一樣。

在我開立大麻處方之前好幾年，我就已經有許多病患用大麻自行治療腸胃問題。他們跟我透露，大麻能有效控制症狀，尤其是能找到一個既不會讓自己覺得嗨，也不會過於飢餓的品種時。（在這個情況飢餓感是很嚴重的副作用，因為它會使人狂吃不好的碳水化合物，與容易引起發炎的食物，想治療腸胃千萬不能吃這些東西！）

醫療大麻尚未成為主流之前，這種自我藥療完全就是用猜的，因為黑市大麻與自己種的大麻，都沒有檢驗過THC、CBD或萜烯含量（其實直到現在，要檢驗大批量還是很麻煩）。

當我開始開立大麻處方時，已經能夠針對症狀挑選產品種類了，而且當其他藥品與天然方法對腸胃症狀都無效的時候，大麻的效果更是令人印象深刻；如果是腸胃炎之類的嚴重腸胃疾病，西藥搭配醫療大麻通常會讓藥效更好、副作用更少。治療腸胃是大麻最早（有記載）的用途之一，我只是重新發現它，然後讓它與時俱進。

人類的第二顆大腦，在肚子裡

大多數人對事情都有「腸感覺」[1]，或是在緊張或興奮時鬧肚子。其實腸子真的有自己的神經系統，而且我們的腸子非常聰明、有頭腦，科學家甚至稱之為「第二大腦」。

腸消化道與我們真正的人腦之間，有非常快速的雙向通訊管道，叫做「腸—腦軸線」（gut–brain axis）：某件事只要影響到其中一個腦，另一個腦也會受影響。

關於這個連結，我們最早發現的事實之一，就是**人體有許多神經傳導物質，其實是在腸內製造的**，占了血清素（快樂荷爾蒙）總量的八〇%。而且還不只如此——我們腸內的微生物，也是腸—腦軸線的一部分，它們不只會作用於生理健康，對心理健康也有重大影響。科學家開始把某些類型的細菌稱為「精神益生菌」，意思是它們會影響我們的精神與心理。

1 編按：gut feeling，直覺的意思。

你的憂鬱和疲勞，可能都來自腸漏症

艾力克斯（Alex）因為患有嚴重的克隆氏症[2]，跑來找我看病。當時他已經在服用目前市面上「最好」的藥物——生物製劑[3]。

然而，他還是必須定期服用類固醇藥物，這導致了非常糟糕的副作用，包括變胖、血糖問題、睡眠中斷與情緒起伏。不過，也沒有其他辦法能夠有效控制疼痛與腹瀉，所以他只好繼續吃藥。

過去一年來，艾力克斯每天只能睡幾個小時，因為他必須不斷起床跑廁所；除了讓他精疲力竭，也出現營養不良的現象。他還必須服用鴉片類止痛藥，減緩腸道運動與減輕嚴重疼痛；而這些藥的副作用，會令他覺得自己像隻恍神的殭屍。

在念大學時他會抽娛樂用大麻菸，還認為它可以用來控制自己的克隆氏症，但自從醫生跟他說大麻菸會危害健康、而且有成癮風險之後，他就完全戒掉了。他認為自己的病從此之後變得更嚴重了，但直到我們詳細討論這段時期之前，他從來不覺得「戒掉大麻菸」跟「克隆氏症惡化」之間有什麼巧合。

我決定將醫療大麻納入他的療法，一開始每天服用三次高CBD、低THC的膠囊，並於睡前服用一小劑的高THC油，治療他的睡眠中斷與夜間疼痛。至於劇烈且疼痛的痙攣，除了改用大麻油之外，我還請他再使用少量大麻蒸氣，並採用均衡品種（CBD和THC比例為一：一）。我也開給他高劑量的薑黃素補品，它對腸胃有很強效的消炎作用。

三個月內，艾力克斯就不再需要類固醇了；六個月後，他終於可以一覺到天明。這真的大幅改變了他的人生，尤其是自信心，以及他與伴侶的私生活；而他的職涯也改善了，可以正常工作、不必每小時跑廁所。以前他因為這樣而必須辭掉公司的正職、在家兼差。

艾力克斯持續使用醫療大麻搭配生物製劑（免疫系統調節藥物）與消炎栓劑（到目前為止，這種搭配方式沒出過問題），儘管偶爾會有短暫且輕微的復發，但他已經不再需要類固醇或是其他藥物，就能控制症狀。

腸腦健康的最後一塊拼圖，是有個支配一切的調節系統，似乎控制了整條腸—腦軸線，並保護我們的腸胃——這個系統正是內源性大麻素系統。

人體腸道內充滿了大麻素受體，而 CBD 與 THC 之類的植物性大麻素會與它們互動。CB1 受體對於腸內 CBD 與 THC 的消炎效果特別重要，但整體而言，消化系統內的內源性大麻素系統功能，觸及範圍很廣泛，它們控制了一切，從腸道運動（食物通過腸道的速度）到發炎與疼痛。

醫療大麻與工業大麻製 CBD 產品，對於一般腸胃健康是舉足輕重的角色，甚至還能實際治療特定的腸胃疾病。由於直到最近，大麻在多數地區依舊不合法，所以這方面的研究仍處於初期階段，不過研究結果倒是滿有希望的。

---

2 編按：慢性、反覆發生的腸炎，可能終身影響病人。

3 編按：Biologics，在生物來源中製造、提取的藥品。

目前的已發表研究初步證據證實，**大麻素可以治療各種腸胃疾病**，包括大腸激躁症、發炎性腸道疾病（例如克隆氏症與潰瘍性結腸炎）、慢性噁心與慢性腹痛。

大麻素也能夠減輕癌症化療藥物的副作用，並減少止痛藥（例如鴉片類藥物）的需求——它們通常都造成嚴重的腸胃副作用（例如便祕）。我認為醫療大麻雖然不是一勞永逸的解藥（至少目前我們無法證明），但在治療腸胃疾病時，醫療大麻應該優先於其他方式提供給病患，或至少先討論，而不是到最後才使用；因為它真的比其他藥品都更加安全、有效。

腸漏症是指腸黏膜變得更容易滲透或多孔，讓本來不該離開腸子的東西流進身體其他部位。這是因為某種叫做「緊密連接」（tight junction，又稱閉鎖小帶）的區域鬆掉了，它們就像擠在一起的士兵，讓腸腔內所有東西都待在該待的地方（包括擋住細菌、真菌與病毒等入侵者）。

閉鎖小帶鬆掉的結果，就是大腸或小腸（或兩者同時）的黏膜發炎與滲漏。來自食物的蛋白質、毒素、細菌，以及發炎性化學物質，可能會助長滲漏與發炎的循環，因為它們會穿過腸壁進入身體其他部位，抵達血液與淋巴系統，造成免疫反應——接著全身性的慢性疾病便蓄勢待發，**從大腸激躁症到重度憂鬱症、腦霧與慢性疲勞都有可能**。

腸漏症的概念一直都被西醫邊緣化，儘管整合醫學與自然療法的醫師，已經成功治療這個問題好幾年（它會造成許多看似不相關的症狀），但直到近十年來，腸漏症才逐漸被證實。

有個被稱為「腦漏」（leaky brain）疾病也與腸漏症有關，越來越多證據證實這個理論：腸漏症會導致蛋白質、毒素與其他發炎性化學物質，穿過過濾系統（也變得容易滲漏）進入大腦。

根據首席大腦健康研究人員戴爾．布雷德森博士與大衛．博瑪特（David Perlmutter）博士的初步研究，腦漏如果未接受治療，可能會助長腦部疾病，從憂鬱症到阿茲海默症都有可能。

基於這個理由，他們認為**如果病患有無法解釋的神經與心理健康症狀（例如重度憂鬱症），就應該一併檢查有沒有腸漏症**，並接受治療。這個運作機制背後的科學，仍處於非常早期的階段，但我這幾年來確實看過一些病患，他們的症狀看似與腸胃無關（尤其是心理健康方面），但自從納入腸胃健康的療法之後，病情就大幅改善了。

如果你覺得自己可能有腸漏症，請務必請教了解此病的健康專家，然後開始改善腸胃健康的計畫，包括飲食與改變生活方式。此外，也應該檢查有沒有慢性腸胃感染或念珠菌過度生長。

大麻用於治療發炎性腸道疾病，據說已經有數百年的歷史。發炎性腸道疾病泛指一系列發炎性自體免疫性腸病，最常見的形式就是克隆氏症與潰瘍性結腸炎。發炎性腸道疾病可能會引起嚴重的腹瀉（通常會出血）、疲勞、減重與營養不良，某些情況下甚至會造成危及生命的併發症。

發炎性腸道疾病的成因有很多，遺傳與環境方面的都有。腸漏症目前被認為是其中一個觸發因素，它會使病患對於食物與其他蛋白質產生異常免疫反應。因為這樣，發炎性腸道疾病經常被認定為自體免疫性疾病，而且會與其他自體免疫性疾病或乾癬（如果你有乾癬，請見第十六章與第十七章）一併出現。目前也有許多發炎性腸道疾病患者，已經在用大麻治療自己。

有一份研究以難治型克隆氏症患者為對象（其他藥物完全無法治療），研究人員把他們分成兩組，一組抽 THC 大麻菸，另一組抽安慰劑。結果抽 THC 大麻菸的人，不但類固醇使用量減少，睡眠與症狀也改善了，而且沒有副作用（不過這只是短期研究，所以對於這些患者的長期影響就不得而知了）。

令人困惑的是，另一份研究以「用黑市大麻治療自己的克隆氏症患者」為對象，請他們現身說法；結果大麻確實能改善症狀，卻也會提高必須動手術的風險。原因可能是大麻的種類或汙染物，以及其他未受控制的因素——畢竟這是使用問卷的觀察性研究，很難說得準。

我們已經發現 **CBD 能讓動物的腸胃運動恢復正常（也就是減少腹瀉）**，並減少發炎；另一份動物研究也指出，THC 與 CBD 結合在一起，對於患有發炎性腸道疾病（結腸炎）的老鼠有消炎作用。

至於人類，最近有一份以潰瘍性結腸炎患者為對象的安慰劑對照試驗，結論是高劑量的醫療大麻膠囊（富含 CBD），有利於治療潰瘍性結腸炎的症狀，但這還需要更多研究來驗證。

目前我們並沒有公開證據，證實任何形式的大麻都可以治癒發炎性腸道疾病，或永久改變疾病的惡化。不過，當我治療難治型發炎性腸道疾病時，只要將高劑量的高 CBD 油納入治療，他們就能夠戒掉類固醇。

高 CBD 油似乎也能幫助腸道功能恢復正常（也就是減少疼痛與腹瀉），而且效果很顯著；假如你患有嚴重的發炎性腸道疾病，光是高 CBD 油本身就足以改變你的人生。

大腸激躁症，西醫治療通常副作用很多

大腸激躁症是一種功能性腸病，症狀包括食物不耐症、脹氣、腹瀉、便祕、腹痛，有時還

會噁心。被診斷出大腸激躁症，最慘的就是西醫通常拿不出普遍有效、副作用少的解決方法，他們只會請病患試著與它共處。

我已經運用整合醫學的框架，治療大腸激躁症將近十年，還有一整套大腸激躁症治療計畫供病患使用。其中包含許多治療腸漏症的方法，以及經過證實的身心方法（腸道催眠療法）、減壓與營養方法。此外，我也發現醫療大麻作為這套全面性方法的一環，能夠有效的緩和症狀。在許多情況下，大麻能夠取代病患長期服用的藥品。

大麻對這些症狀有效，原因之一是**大腸激躁症可能是某種形式的臨床內源性大麻素不足症候群**（clinical endocannabinoid deficiency，簡稱ＣＥＣＤ）；這個概念是由加拿大醫學博士、大麻藥物研究員伊恩．魯索博士等人率先提出。

近期的研究也發現，大麻能夠阻擋腸道的疼痛信號，而且大麻素不足會導致慢性疼痛症候群以及腸道運動問題（這兩種症狀大腸激躁症都有）。如果真是如此，就能解釋為何目前的藥物療法經常都無效——因為**市面上沒有能重新平衡內源性大麻素的「藥品」**。

大麻對於某些大腸激躁症患者幾乎能立即見效，甚至在初次吸入蒸氣後幾分鐘，症狀就能緩解；而且它對同樣屬於ＣＥＣＤ的纖維肌痛與慢性偏頭痛，效果也是如此。

胃炎／胃食道逆流疾病／火燒心

胃食道逆流疾病（gastroesophageal reflux disease），簡稱ＧＥＲＤ，俗稱「火燒心」（hea-rtburn），意指食物從胃部逆流至食道的一系列疾病。病因可能是跟解剖學有關（橫膈裂孔疝氣），或者與飲食或生活方式有關。症狀可能包括：

- 頻繁火燒心，胸口或喉嚨有燒灼感。
- 上腹部有不舒服的感覺，好像一直都在脹氣。
- 噁心。
- 反芻食物或胃部內容物。
- 喉嚨痛。
- 吞嚥困難。
- 感覺喉嚨內有腫塊。
- 胃酸腐蝕牙齒。
- 胸痛，嚴重的情況下很像心臟病發作。
- 呼吸困難。

胃炎通常也有上述症狀，它是指胃黏膜發炎，病因有很多，包括胃酸過多、酒精攝取過多或細菌感染。

關於使用大麻治療胃炎、GERD或火燒心，目前並沒有已發表的大型研究。不過有些研究顯示，酗酒者使用大麻可減少酒精引起的胃炎。我曾用醫療大麻（高CBD大麻油）治療過病患的慢性疼痛疾病，結果附帶好處是，有些病患說他們的GERD症狀也改善了，而且他們並沒有增加其他用藥。

我也看過一位患有嚴重胃炎的病患，在嘗試自製大麻油之後發現很有效，所以來找我索取醫療大麻。我跟他說，沒有已公開文獻證實它有效，但他說其他該試的都已經試了，所以決定給大麻一個機會。

三個月內，大麻油減輕了他的症狀，比他試過的任何方法都還有效，而且沒有副作用。或許是大麻的消炎作用幫上忙，因為 GERD 與相關症狀會讓腸黏膜受損。

但也有與這些正面作用相反的案例。我有一位病患，使用高 CBD 大麻油治療慢性疼痛之後，反而開始經歷 GERD 的症狀。有幾位同事私底下也講過類似（但罕見）的案例，只是尚未公開。

不過，只要把舌下或口服的油改成口服膠囊，上述這些案例的問題就解決了。關於這件事有兩種解釋；口腔對大麻素或其他植物化學成分過敏（當這些東西直接接觸口腔黏膜與上食道時會發作，但極罕見），或是口腔對機械榨的油過敏（目前有問題的是椰子油與亞麻油）。如果可以取得的話，穿皮貼片是另一個還不錯的替代方案。

大腦的嘔吐中樞，也有大麻素受體

噁心是另一個可從腦內控制的症狀，因為大腦特定的嘔吐中樞內，含有內源性大麻素系統的受體，它也是大麻最早治療的疾病之一。有一份研究調查了使用醫療大麻的病患，發現「噁心」

在使用大麻的常見理由當中排名第五。

大麻的抗噁心作用多半是靠 THC，而非 CBD，因為 THC 會依附於嘔吐中樞內的 CB1 受體——噁心之所以能緩解，應該是這種腦內作用所致，因為大麻其實會延遲胃排空，一般來說會讓症狀更嚴重，尤其是患有胃輕癱（一種腸胃疾病，消化太緩慢）時。

我曾有病患罹患功能型腸病，包括慢性噁心，他們在噁心復發時會使用大麻，通常是吸入蒸氣；當其他天然療法（例如薑）失敗時，比起吃藥，這些病患更喜歡大麻。

在撰寫本章時，我最好的朋友之一，也是整合醫學醫師與出色的精神科醫師，罹患了第四期淋巴癌，正在接受化療；雖然前面經過了五年的緩解期，但癌症又復發了。

她預計要從洛杉磯飛來倫敦拜訪我的前一天，我在半夜接到電話，聽到最糟糕的消息：癌症復發。幸好，癌細胞並不像上次一樣長在腦內，所以化療很快就會見效。

上次她必須進行為期兩年的超強化療，從脊椎將藥物注入大腦與身體，而最難受的部分就是副作用。隨之而來的噁心感與疼痛，簡直快把她搞成殘廢。

所以她開始在狀況糟糕的日子裡，嘗試極低劑量的醫療大麻油，到目前為止，她的噁心與睡眠確實有獲得改善，不過她偏愛 THC 極低的品種，因為她對 THC 很敏感。

時常有人寄電子郵件問我（有些病患初診時也會問），癌症病患可以停掉傳統治療（或乾脆從一開始就不用），然後只服用大麻來治病嗎？我並不建議這樣做，因為我們沒有足夠證據可以斷定，大麻跟介入療法[4]一樣能治療或治癒癌症。

大麻素在未來是大有可為的療法，但我們仍需要更進一步研究，才能明白它們對哪些癌症有效、該使用哪種大麻製品、劑量、THC對CBD的比例、其他哪些大麻素與萜烯會對特定的腫瘤或癌症有效、它們會怎麼與免疫療法互動……？

治療癌症是很複雜的一件事，每個腫瘤都不同——就算兩顆同樣是長在乳房的腫瘤，都可能有不一樣的大麻素受體，因此它們對大麻的反應也不同。

我知道有人因為放棄傳統療法（或差點放棄，還好我有勸他們不要），結果錯過癌症的關鍵治療期；我通常都會說服病患一邊進行傳統療法，再搭配大麻緩和副作用。

癌症真的超可怕，我也希望有個必勝的方法可以治癒它，不需要化療藥物或放射線，畢竟這兩種治療都有既嚴重且持久的副作用；只可惜我們目前還沒找到那個神奇的療法。

但我讀過一些個案報告，私底下也聽過幾個成功的故事，有些人確實用大麻油治癒自己的癌症（通常都是高劑量自製油）。這些病患的經歷，被西醫視為奇蹟般的康復；當中有些病患的癌症甚至已經到了非常晚期，連化療都沒用。

這些成功的故事帶給我莫大的喜悅，而我希望總有一天，我們能明白大麻為什麼對這些案例有效，以及怎麼使它成為可靠的癌症療法，並且針對不同腫瘤，設計出專門的大麻素療法。

與此同時，使用大麻來緩和癌症療法的副作用，是個很好的開始，而且能夠協助病患完成化療，否則他們可能會虛弱到無法持續下去（我遇過好幾個像這樣的案例）。

使用醫療大麻治療化療引起的噁心與嘔吐，是經過公開文獻強力佐證的。有幾份研究指出

4 編按：Interventional treatment，介於手術與藥物之間的療法，將藥物經血管或皮膚，直接穿刺注射入病灶內。

大麻對這些病患有效，尤其是其他抗噁心藥物不足以緩和症狀、或副作用難以忍受時。

我曾經使用醫療大麻，成功治療許多因為化療引起噁心的病患；其中有些人已經試過合成藥物版本的 THC（大麻隆），卻因為副作用或效果不好而放棄，但即使如此也被我治好了。除了治療噁心與嘔吐，大麻也能緩和癌症與癌症療法的疼痛，還包括化療引起的神經痛。

如果你正在積極治療癌症，那麼在你開始使用任何大麻或 CBD 製品之前，務必要先請教你的醫師。一般來說，我會請病患在治療期間，養成習慣在白天使用低劑量的高 CBD 大麻油，然後在睡前服用一小劑高 THC 油，緩和憂慮、焦慮與睡眠中斷。

如果你想利用大麻蒸氣來治療更劇烈的噁心或嚴重嘔吐，請務必只使用伽瑪射線照射過的大麻，因為這樣可以把黴菌與微生物（如細菌）清乾淨，而且不會損及 CBD 或 THC 的含量（但萜烯應該會減少）。

由於**癌症患者的免疫系統很脆弱，如果從大麻花吸到任何微生物，可能會很危險**。所以我不建議癌症、免疫系統脆弱的患者（愛滋病、免疫缺陷疾病等）使用黑市大麻，因為它們沒有受到醫療等級的檢驗與照射。再次強調，嘗試任何東西之前，請務必請教你的醫師。

大麻治不了的腸胃疾病，大麻素劇吐症候群

說到腸胃疾病與大麻，就不能不提到某個領域，在這裡大麻不但幫不上忙，反而還有害。

這是一種很罕見的疾病，叫做「大麻素劇吐症候群」（cannabinoid hyperemesis syndrome，

簡稱CHS）。這種病通常發生於長期使用大麻一段時間之後，產生的嘔吐與噁心感；通常要持續幾週，患者才會尋求醫護。

男性出現此症狀的機率高於女性，而確切成因尚未完全明朗。正常來說，只有使用高THC娛樂用大麻的人才會出現這種症狀，但在罕見情況下，使用醫療大麻的病患也會受其影響。不過我要特別強調，在受專業控制的條件下使用醫療大麻，並沒有看過這種案例，而且我也沒聽過同事發生這種事。

治療CHS的方式，長期的話是完全停用大麻，短期的話則是洗熱水澡，以及使用辣椒素。熱水澡與辣椒萃取物，可以透過特殊的受體「TRPV1」產生效果，這個受體會與內源性大麻素系統互動。其他療法還包括補充水分以預防併發症。

用抗噁心藥物治療這些症狀通常都不怎麼有效，唯一能痊癒的辦法就是停用大麻。如果你不確定自己是否遇過這個問題，請停用任何大麻並請教醫師，畢竟這是醫療大麻的少數禁忌之一。雖然工業大麻製CBD油，對於某些經歷過大麻素嘔吐的人應該沒問題，但可惜的是，沒有已發表研究教我們該怎麼用。

如何用CBD、大麻製品治療、保健腸胃

CBD產品

CBD本身有非常強的抗發炎作用，所以能夠治療與發炎有關的一系列腸病。許多無法取

得醫療大麻的病患，也都說ＣＢＤ工業大麻油能治療腸漏症與大腸激躁症等症狀。

• 試試全譜或廣譜ＣＢＤ油。
• 多攝取消炎萜烯「β－石竹烯」：黑胡椒也含有它；有木頭與香料的香味。

用於腸胃健康與腸胃症狀的起始劑量，每個人都不同，但一般來說，一開始可嘗試每天兩到三次、每次五～十毫克，搭配正餐。根據自己的症狀與喜好，每隔幾天逐漸增加劑量，並使用症狀追蹤表檢查你的感受：

• 你想追蹤哪些特定症狀？這些症狀有改善嗎？
• 你還想治療其他非腸胃症狀嗎？例如壓力、焦慮、體力等（如果是，請參考相關章節）。
• 這些症狀跟進食有關嗎（進食後好轉或惡化）？

你可以每週持續緩慢增加劑量，直到症狀改善；或是維持低劑量，當成保健腸胃的習慣。ＣＢＤ並非一次性的急用藥物，通常要持續使用幾週或幾個月才能發揮最佳的效果。如果你的總劑量已達到每天六十毫克，請維持此劑量四～六週再增加，這樣就能避免非必要的劑量增加，替你省錢！

至於發炎性疼痛，可能需要更高的劑量，尤其是你沒有從處方大麻製品攝取ＴＨＣ，且腸道發炎是你的主要問題時。

請記住：沒有對所有人效果都一樣的特定完美劑量。每個人的內源性大麻素系統平衡都是獨一無二的，所以最重要的是自己拿捏。

醫療用大麻製品

如果你已經試過工業大麻 CBD，症狀卻沒有大幅改善，此時就是醫療大麻最能派上用場的時候了。假如你有噁心、嚴重疼痛或腸痙攣等問題，服用一些 THC 應該會非常有幫助。CBD 能夠緩和 THC 的精神作用（例如覺得很嗨）與可能的副作用，而且還能協同 THC 治療疼痛與發炎。請務必在醫師監督下才能嘗試，而且前提當然是你的家鄉可合法使用含有 THC 的醫療大麻。

- 一開始先以高 CBD 大麻油或膠囊作為基礎。這種口服製品是最好的開始，尤其是你還不習慣 THC 時。
- 選擇高 CBD、低 THC 的品種，例如 CBD 和 THC 比例為二十：一。
- 選用富含 β－石竹烯的產品，因為它有抗發炎作用。
- 平均起始劑量：每天兩～三次，每次五～十毫克 CBD，搭配正餐。
- 維持此劑量幾天至一週，或是每隔幾天慢慢增加劑量，取決於你的疼痛反應與喜好。追蹤症狀並檢查你的感受。

・如果高 CBD、低 THC 製品在幾週後沒有效果，或噁心之類的症狀反而惡化，請改用均衡品種的油或膠囊。

・用於夜間疼痛與睡眠中斷的劑量：某些類型的慢性腸痛與其他症狀，經常會擾亂睡眠與適當的休息，如果你還有睡眠問題，請參考第十一章，了解如何在夜間嘗試高 THC、具鎮靜作用、富含月桂烯的印度大麻製品。

大麻霧化器

大麻蒸氣最適合當作噁心或劇烈疼痛痙攣的急用藥物。一般來說，它可以搭配作為以大麻油為基礎的療法，但本身不能作為治療的主軸，這樣才能盡量減少 THC 的副作用，並避免 THC 濃度起伏過大。

・建議一開始先嘗試高 CBD、低 THC 的花，因為大麻蒸氣的 THC 會比口服油更快作用於腦部。一旦習慣之後，就可以改用止痛效果更好的均衡品種，如果你痛的時候腸道還會痙攣，那它更是有用，因為 THC 也可以抗痙攣。

・如果噁心是最主要的問題，可以試試 THC 更多的品種。

・一開始只使用火柴頭大小的量，尤其是 THC 較多的品種。

・請參考第五章關於大麻蒸氣的詳細說明。

第十六章

自體免疫性疾病，搭配 THC 油效果最佳

班（Ben）是我在英國大麻倡議團體認識的病患，從十歲時就罹患某種形式的全身性紅斑狼瘡（systemic lupus erythematosus，簡稱ＳＬＥ）。一開始被診斷之後，他勤奮的使用傳統藥療好幾年，然而這些藥物卻造成了腎臟損傷、嚴重噁心與嘔吐、體重減輕與其他各種嚴重症狀。最後他透過病友互助會，才取得大麻替自己治病，開始每天使用大麻栓劑以及大麻蒸氣，治療疼痛、發炎與疾病——這些都會影響他的關節與各種器官。

服用大麻之後，班終於能夠正常生活與進食；雖然並非完全不痛，但他的生活恢復正常了，能夠離開家裡與朋友聚會，他說過去這五年來，家裡變得就像監獄一樣。

大麻對班與他的家人來說就像奇蹟，但他的醫生仍然不承認它有效，因此他成為醫療大麻的提倡者，開始分享自己的經驗，給其他對大麻藥物有興趣的病患與醫生。

班的故事並不少見。我在加拿大執業時，曾經開立大麻處方給許多自體免疫性疾病（包括ＳＬＥ）患者，效果非常好，經常令其他專家很吃驚（畢竟他們只能設法減少療程中藥物的劑量，盡可能降低副作用）。目前已發表的研究尚未追上我的臨床經驗，但我敢保證，接下來幾年就會有人採用這種療法了。

自體免疫性疾病，指免疫系統誤判了自己的信號，使得身體開始攻擊自己。而更科學的說法是，對正常身體蛋白質的異常反應，導致身體攻擊健康的組織與細胞；例如類風溼性關節炎是攻擊關節，ＳＬＥ是攻擊關節、肺部、心臟、腎臟等主要器官，引起全身發炎。

所有自體免疫性疾病，都兼具遺傳與環境因素，而這類疾病目前依舊是現代醫學中最難治療的。不過自從口服類固醇藥物問世之後，自體免疫性疾病患者的存活率已經大幅改善。以SLE為例，在類固醇問世之前，患者存活超過一年的機率低於五〇％（也就是說，被診斷出SLE的患者，超過一半會在一年內過世），但現在患者只要接受最好的傳統治療、並使用類固醇，存活十年的機率就有九〇％！

然而，**類固醇與許多用來控制自體免疫症狀的新藥品，都會造成極大的副作用**，通常會使人失能。這也是為什麼，另類療法或補充療法，會如此普遍用於SLE以及其他自體免疫性疾病，因為人們希望選用毒型較低的療法，或至少有其他方法能搭配藥品。

此時大麻又可以派上用場了，因為許多大麻素不但有強大的消炎特性，也有免疫抑制效果。聽起來像是件壞事，但得了自體免疫性疾病的話，免疫系統就會過度活動，而我們必須讓它鎮靜下來。

雖然類固醇與其他藥物也是用類似方法治療這類疾病，但它們對大腦與身體都會造成巨大的副作用。例如口服類固醇，如果長期使用，可能會造成糖尿病、失眠、憂鬱症與情緒問題、體重增加，以及就算節食與運動都甩不掉的腹部脂肪。

身體的免疫細胞同時包括CB1與CB2受體，而CB2受體特別能夠維持平衡，並調節健康的免疫系統。所以我們知道，當自體免疫性疾病被打亂平衡時，內源性大麻素系統就扮演了很重要的角色。

目前已發表的研究，並沒有特別去了解怎麼用植物大麻素重回平衡，但我發現植物大麻素用來治療自體免疫性疾病，效果非常好。它們似乎能作用於內源性大麻素的免疫途徑，以及其他非大麻素免疫途徑——這些途徑能夠控制慢性發炎，而慢性發炎正是自體免疫性疾病的一大問題。

我們還在學習大麻作用於免疫系統的所有方式，尚未獲得所有答案，但我們知道大麻素能夠影響各種免疫細胞，而免疫功能異常患者的體內，就是這些細胞出了問題，包括T細胞、肥大細胞、免疫細胞化學物質（其中一種叫做「腫瘤壞死因子-α」），以及其他許多細胞。

大麻藥物對於自體免疫性疾病的療效，初步證據是非常看好的，但公開資料的數量仍然稀少，而且大部分都是臨床前的，也就是在實驗室進行，或是用動物做實驗。

缺乏大型研究公開證據的原因，就跟大麻藥物其他領域的常見因素一樣——大麻直到非常近期都是非法的；此外，大麻身為含有數百種活性化合物的草藥，研究起來並沒有單一成分的藥品這麼簡單。

風溼免疫科醫師與其他治療自體免疫性疾病的傳統醫學專家，經常會說大麻有「明顯的副作用」，接著他們就把這個理論當成不推薦大麻的理由，通常還會勸病患不要嘗試。

我總是覺得他們這種態度很有趣（但也令我很洩氣），因為他們使用的「黃金標準」藥品，多半都有很大的風險，造成好幾種嚴重的副作用，甚至會對多器官產生毒性。

而大麻對多數器官並沒有這些毒性及風險。**風溼科醫師以及其他「醫學專家」，之所以害怕大麻，多半是因為他們不了解它**。如今這個問題終於開始獲得承認，有更多醫師希望能學習內源性大麻素的相關知識，以及使用大麻治療自體免疫性疾病，甚至有些風溼科醫師已開始考慮用大麻素治療病患。

大麻治療類風溼性關節炎，超過七成患者覺得超有效

二十五歲的瑞秋（Rachel），有許多方面就跟其他二十幾歲的年輕人一樣：喜歡聽音樂、與朋友出去逛街、念大學……但她與大多數同儕不一樣的地方在於，她必須因為患有嚴重的類風溼性關節炎而輟學兩次。

她經歷了使人形同殘廢的疼痛與疲勞，儘管已經盡可能用藥治療（包括過去這幾年來幾乎每天服用類固醇，以及透過靜脈注射生物製劑），症狀依舊持續惡化。

病情讓瑞秋嚴重失能，儘管她成績很好、天資優異，但她無法完成學業。她夢想成為生物學家，還有正常生活——練瑜伽、慢跑、跟朋友去聽演唱會。她只試抽過一次大麻菸，因為不喜歡那種感覺，就再也不試了。

我建議她試試醫療大麻，儘管她起初因為負面經驗而遲疑，但她的身體卻出現極佳的反應。三個月內，她便戒掉類固醇，六個月後，她終於恢復正常，這是好幾年來頭一次！最後，她回到大學上課，而且日常作息也幾乎不會受到病情的干擾了。

我讓瑞秋每天服用高 CBD、低 THC 的油與膠囊；假如有哪一天特別疼痛、疲勞，就吸入 THC 稍多的大麻蒸氣。然而，光是停用類固醇就大幅改善了她的睡眠與情緒——她不再覺得每天早上都筋疲力竭，輕微憂鬱的症狀也消失了。目前她持續使用大麻搭配生物製劑（免疫系統調節藥物），沒出過問題，她覺得大麻替自己找回了真正屬於二十代少女的花樣年華。

使用非法黑市大麻治療類風溼性關節炎的人很多，根據最近的調查，用大麻來治療自己的人，有七二％覺得「好很多」，剩下二八％也覺得「有好一點」——換句話說，所有用大麻的人都有好轉。

大麻能夠同時作用於關節內的CB1與CB2受體，協助治療關節的發炎與疼痛，而且CBD還有全面性的抗發炎作用。

有一份研究使用了Sativex大麻藥物，THC和CBD比例為一：一，結果發現它能有效緩和疼痛、減緩疾病的活動與進展，而且類風溼性關節炎患者對它的耐受性也很好。

這可是天大的好消息，因為其他治療類風溼性關節炎與減緩疾病活動的頂級傳統藥物，都可能產生嚴重的副作用（例如嚴重的藥物反應、對器官產生毒性、極度疲勞）。

另一份研究則觀察關節液中的大麻素受體，並基於他們的發現做出預測：對於類風溼性關節炎與骨關節炎來說，這些大麻素受體可望成為媒介，治療關節痛與發炎。

以老鼠為對象的實驗，也已證實CBD能有效治療發炎性關節炎，因為它有免疫抑制與抗發炎作用，而且還有好幾份動物研究都證實了它的效力。

如何用CBD、大麻製品治療發炎、自體免疫性疾病

CBD產品

工業大麻CBD養生產品，本身不是用來治療重病的。話雖如此，我也遇過有人使用高品

質、高劑量的工業大麻製 CBD 產品，來緩解嚴重疼痛與發炎。他們會停用其他處方止痛藥，並繼續使用 CBD 搭配傳統藥物，減少其副作用。

- 試試全譜或廣譜 CBD 油。
- 多攝取抗發炎的萜烯：

■β－石竹烯：黑胡椒也含有它；有木頭與香料的香味。

■月桂烯：聞起來像啤酒花／泥土／胡椒，對夜間疼痛能發揮極好的鎮靜效果（但對白天來說鎮靜效果可能太強）；同時也有抗發炎作用。

早上起床就立刻服用十毫克 CBD，然後在中午（十二點～兩點）與晚餐時間各服用十毫克，每天總共三十毫克。務必先請教醫師，並閱讀第六章的警告，尤其是你有服用其他自體免疫性疾病藥物（特別是生物製劑）或血栓藥物。

每隔幾天慢慢增加劑量，一～兩週後，或許會發現發炎與疼痛減少了。你可以每週持續慢慢增加劑量，直到症狀改善為止。

請記住：沒有對所有人效果都一樣的完美劑量。每個人的內源性大麻素系統平衡都是獨一無二的，而且目前也沒有研究表明 CBD 治療自體免疫性疾病的最佳劑量是多少，所以最重要的是自己拿捏。還是老樣子，嘗試任何新補品或藥物之前，請務必請教醫師，畢竟我這裡寫的只是指南，並非醫療建議。

醫療用大麻製品

如果你已經試過工業大麻CBD，症狀卻沒有大幅改善，此時就是醫療大麻最能派上用場的時候了。在療程中加入一些THC應該會非常有益，並且能與CBD協同作用於自體免疫反應、發炎與疼痛。請務必在醫師監督下才能嘗試，而且前提當然是你的家鄉可合法使用含有THC的醫療大麻。

- 一開始先以高CBD大麻油作為治療白天疼痛的基礎。這種口服製品是最好的開始。
- 選擇高CBD、低THC的品種，例如CBD和THC比例為二十：一。
- 選用富含β-石竹烯（有消炎作用）的產品，最好也同時含有其他適用於白天的萜烯。CBG有很強的消炎作用，所以也可以選用富含這種大麻素的品種。
- 平均起始劑量：每天三次，每次五～十毫克，搭配三餐。

THCA是THC的前驅物（請複習第三章），雖然目前沒有用於人體的已發表研究，但我已經在臨床上發現，在難治型案例中，白天用THCA油搭配高CBD油，通常比只服用CBD更能治療自體免疫症狀。

實驗室研究已顯示，THCA應該是免疫調節劑，意思是它能調節免疫反應，而且它本來就有抗發炎與抗癲癇的作用。

加入ＴＨＣＡ時，我一樣會使用「從低劑量慢慢增加」的方式，一開始每天三次、每次兩到四毫克，與高ＣＢＤ油一起服用。ＴＨＣＡ油（或膠囊）通常很難找到，但越來越多大麻供應商正在製造它（尤其是北美），而且它已經成為在英國上市的醫療用大麻處方產品之一。它必須小心存放，避免ＴＨＣＡ分解成活性ＴＨＣ。

自體免疫性疾病患者也經常受夜間疼痛與睡眠中斷困擾，這對於修復體內發炎與免疫系統功能有不小的負面作用。因此我總是從一開始就著手治療夜間疼痛與睡眠，使用高ＴＨＣ的夜用大麻藥物（除非有風險：見第六章）。

- 先使用均衡品種或高ＴＨＣ、低ＣＢＤ的大麻油。
- 多攝取ＣＢＮ、有鎮靜作用的萜烯，例如月桂烯與芳樟醇。
- 在睡前一小時服用兩毫克ＴＨＣ。
- 維持此劑量幾天至一週，或者每隔幾天慢慢增加劑量，取決於你的反應與喜好。因為這些油裡頭也有少量ＴＨＣ，請每隔幾週再慢慢增加幾毫克劑量。

大麻霧化器

如果你想停止突然發作的劇烈發炎性疼痛，那麼大麻蒸氣就是最佳的攝取方式。它應該搭配大麻油使用，才能盡可能減少副作用，避免ＴＨＣ濃度起伏太大。

• 一開始先使用高 CBD、低 THC 的花，因為大麻蒸氣的 THC 會比口服的油更快作用於大腦。如果這樣沒有效果，可以嘗試均衡品種。
• 選用含有β－石竹烯的品種，因為它有抗發炎作用。
• 請參考第五章的大麻蒸氣詳細使用說明。

關節外用藥

外用製品有助於治療關節局部腫脹、發炎與疼痛，尤其是接近表皮的小關節，像是膝蓋、手腕、手掌、腳踝與腳掌。

含有 CBD 與薄荷醇的肌肉軟膏，也能緩和許多自體免疫性疾病患者的疼痛。它們非常安全，隨時都能塗在肌肉疼痛部位；建議在洗完熱水澡後（毛細孔張開）再塗，效果會更佳；不過還沒有研究證明過這件事。

使用含有薄荷醇與芳樟醇的外用藥，能夠幫助 CBD 更容易穿透皮膚。CBD 外用時的穿透力比 THC 好，但外用 THC 也有緩和發炎的效果。

從飲食改善自體免疫性疾病

• 抗發炎草藥：薑黃根酊劑、高劑量薑黃素、乳香與鳳梨酵素。

・檢查你的維生素 D 濃度：將血清（血液）維生素 D 濃度維持在六〇％～七五％（你的醫生應該知道這是什麼意思，以及怎麼幫你辦到這件事），可改善發炎性關節炎與自體免疫性疾病的疼痛程度。

・針對自體免疫性疾病的飲食改變：蠻多病患發現「改變飲食」能減緩他們的症狀與復發（而且有許多人獲得很大的效果）。我建議試試一種非常嚴格的飲食計畫——「AIP 飲食」，有點像是原始人飲食法（不吃穀物、豆類或其他可能觸發自體免疫反應的食物）；只要堅持這種飲食三個月，就能減少自體免疫性疾病（包括克隆氏症與自體免疫甲狀腺疾病）的發炎，但我先承認，這種飲食很難長期堅持下去。你可能會發現，只要堅持到八成就對你有效了；所以你得做實驗，找出最佳平衡點。

・根據小型研究指出，服用高效的 Omega-3 磷蝦油（每天一克）對類風溼性關節炎患者有一些正面效果，而且非常安全，也有助於大腦的整體健康。

如果除了自體免疫性疾病，你還有疼痛或睡眠問題，請參考相關章節的詳細說明。

第十七章

大麻花外用軟膏，粉刺、乾癬、溼疹都有效

皮膚是人體最大的器官，也是我們第一個向世人展現的地方。每個人都知道，皮膚狀況差會影響自信，以及他人看待自己的感覺。我發表的第一份研究論文就是在談皮膚（皮膚癌與日光浴沙龍之間的關係），所以這是我非常熟悉的醫學領域。

因為我是醫學博士，比起美容我更關心皮膚健康，但還是面對現實吧，每個人都希望自己的皮膚更好（就算你天生麗質，也會希望能一直維持漂亮的肌膚）。

關於皮膚健康，我發現一件很酷的事情（這也成為我對於保養皮膚的看法），就是我們的皮膚通常會反映身體內部的狀況。皮膚健康時，我們整個人就會容光煥發、斑點較少，看起來也比較年輕。健康與美容真的分不開！

當我工作過於疲累，或是坐飛機在不同時區穿梭、沒注意飲食，皮膚與消化系統通常是最先被影響的。我的皮膚會失去光澤，看起來既黯淡又疲倦，而消化也會變得很不好。這就是在警告我要乖一點了！

而且你一定想不到，**形成皮膚的各種複雜細胞，全都有大麻素受體**。控制皮膚恆定性（維持皮膚生態系統的和諧）的因素非常多，我們也才剛要開始了解而已。皮膚的內源性大麻素系統，正是維持這種平衡的關鍵角色：控制正常的皮膚屏障功能、皮膚細胞的成長與成熟，以及皮膚發炎。

外用大麻製品的消炎效果已經過證實，它們能夠治療一些皮膚病，例如皮膚炎與溼疹（皮膚乾燥）；乾癬（可能是皮膚免疫系統的作用所致）；粉刺；毛髮生長過多；甚至一些皮膚癌前病變或早期的非黑色素細胞瘤。

大麻之所以能對這些皮膚疾病起作用，或許是因為這些疾病都是皮膚的內源性大麻素系統失調而引起；研究團體也將這個系統命名為「皮膚大麻素系統」（cutaneous cannabinoid system）。

治療人體皮膚問題時的確切製品與劑量，目前還沒有相關研究。不過，就跟任何皮膚或外用藥物的常識一樣，挑選含有大量有效成分的高品質產品——以此例來說就是包含CBD（或THC）與其他次要大麻素的產品——再搭配強化吸收的配方，應該能產生最大的效果。

有些劑量低的產品，CBD與其他大麻素的含量極少，可能一點效果都沒有。除了大麻素，有些產品（通常是便宜貨）可能含有皮膚刺激物或過敏原，所以就跟任何護膚產品一樣，品質是關鍵。

我在加拿大執業時，醫療大麻的用法通常是食用、舌下服用或吸入蒸氣，至少在我寫這本書時是如此。不過我**有一些病患會用大麻花自製外用軟膏，治療乾癬、溼疹、皮膚刺激等疾病**，而且效果很好；當我自己長粉刺的時候，也塗過CBD油，不但有效而且沒有副作用——這就是所謂的「單一病患」（N of 1 trial）研究，意思是一個人試了某樣東西，然後說它有效。雖然上述案例沒有很科學，但它能夠在該領域引起更多研究與興趣。畢竟醫學上有許多藥物都是從「單一病患」開始被發現的。

在英國，我聽過許多人（還認識許多大麻藥物提倡者），也一樣是使用自己種植的自製大麻製品，成功治療皮膚病。此外，在皮膚上使用工業大麻製CBD養生產品的人，也說效果非常好。我們需要更多關於這些用法的研究，才能發現效果最好的劑量。

治療皮膚，最好是口服、外用雙管齊下

CBD、THC、其他次要大麻素，以及某些萜烯，對皮膚的效果都非常有益；外用 CBD 與 THC 已證實能減少皮膚發炎，而外用 THC 還可以止癢（搔癢症〔pruritus〕）。有一份研究顯示，除了比較有名的大麻素之外，**CBG 與 CBGV 之類的次要大麻素也可能治療皮膚乾燥的症狀，而 CBC、CBDV、特別是 THCV 的高抗痘效果，相當值得期待。**

根據初步研究，CBD 有抗痘與抗發炎的特性，因此它有助於以下會提到的皮膚病。這也是它為什麼會成為護膚產品中（無論臉部或身體），最熱門的新成分。

CBD 在皮膚中的生物活性也有公開證據為證（儘管非常初步），有一份研究給病患（有粉刺、乾癬或疤痕）使用 CBD 藥膏，結果它大幅改善皮膚的情況與症狀，而且沒有副作用或毒性。這對於治療皮膚病的外用藥來說是一大進展，因為其他許多治療粉刺、乾癬與溼疹的強效外用藥，都非常乾燥，對懷孕婦女來說可能不安全，而且經常使用還會讓皮膚變薄。

CBD 護膚品，最適合抗痘、粉刺

粉刺是一種自體免疫性疾病，初步研究顯示 CBD 外用時可治療粉刺，而且搭配其他外用抗痘霜使用也非常安全。最佳劑量目前尚未明朗，但選用高效、高品質的產品，對於尋找最佳選項的你來說應該是不錯的開始。

自從放棄用荷爾蒙療法控制輕微粉刺之後，我改在皮膚上塗抹外用 CBD 大麻製品，而且

當時市面上買不到，是我自己調配的！每當我用完，或是人在國外、不能帶著它的時候，輕微粉刺就會復發，我只好回頭去用處方外用藥。

後來我甚至會把處方外用藥與ＣＢＤ自製外用藥調配在一起，根據我的親身經驗，ＣＢＤ不會刺激皮膚或讓它變乾，但有些處方外用抗痘霜就會。

我非常相信ＣＢＤ的潛力，而且我有許多病患與客戶都有類似的經驗。現在市面上已經有許多現成的大麻與工業大麻製ＣＢＤ護膚產品，它們是針對臉部皮膚調配的，更適合抗痘，所以不必和我一樣自己做了！

對付乾癬、溼疹，外用＋口服油效果最明顯

乾癬是一種慢性的發炎性疾病，病因是皮膚無法控制角質細胞的翻新速度。這會導致上皮層堆疊，形成鱗狀的紅色（或粉紅）乾癬斑塊。

這種病兼具遺傳與環境因素，雖然無法治癒，但我曾經利用一種整合醫學療法（不只有大麻），讓皮膚症狀進入完全的緩解期，這樣病患通常就能夠大幅減少類固醇護膚霜，與其他藥品的使用量。

使用外用藥與全身性藥物治療乾癬，通常都有很高的中毒或副作用風險，所以任何天然且有效的治療，都很適合納入病患的養生法。乾癬患者皮膚上碎片狀、鱗狀的斑塊，本身就已經讓人很癢，通常還會刺激皮膚到疼痛的地步，但不只如此而已，它還有間接的效應——病患的心理壓力（他們必須應付別人的反應）。

不知道皮癬是什麼的人，如果看到有這種症狀的患者，通常就會避開，因為他們害怕是傳染病或感染。事情當然不是這樣，但這種病依舊背負了許多社會汙名，造成社會孤立。

我有病患不敢去給人按摩，甚至連夏天都不敢穿短袖上衣，因為他們的皮膚，以及他們以前接收到的負面眼光，都令他們很難堪。這些間接的社會效應，對於心理健康與自信會有嚴重的影響，就跟其他皮膚病一樣，所以我會非常認真，盡量用最好的方法治療他們。

大麻固然很有幫助，但我也會採取更全面的整合／功能性醫學方法，並且處理壓力因素，同時觀察腸漏症是否也是乾癬的因素之一，因為跑進體內的微生物也會產生作用（見第十五章）。所以除了一般的西醫療法，健康從業人員或整合／功能性醫學醫師的全面評估與計畫，對於乾癬（與類似的慢性皮膚病）患者來說是很有幫助的。

老樣子，目前沒人知道最適合乾癬的製品與劑量，但你可以先試著軟化斑塊，再使用強化皮膚吸收力的產品，每天兩次，大量塗抹於患部；如果想看到明顯的改善，這應該是目前最好的做法。

截至目前為止，研究多半聚焦於 CBD，但其他大麻素（如 THCA）也有抗乾癬的特性，它會抑制一種叫做「腫瘤壞死因子－α」的發炎性物質。

我在加拿大有些病患，為了治療慢性疼痛而口服醫療用大麻，他們也患有乾癬。我看過許多病情發作前後的照片，很顯然，在服用醫療大麻（包括高 CBD 製品）之後，皮膚狀態變得清爽很多。

每天使用外用 CBD，搭配口服醫療大麻油或工業大麻 CBD 油，應該能得到最好的效果，不過目前沒有研究證實這件事，只有臨床經驗。患者一開始可嘗試每天口服十五～三十毫克，並依據自身反應，每隔幾週或幾個月增加劑量，看看三個月與六個月後有沒有效果。

溼疹是另一種發炎性皮膚病，皮膚會變得非常乾燥、脫水、紅腫，損害正常的屏障功能，在極端情況下會導致皮膚疼痛、破裂甚至出血，以及皮膚感染復發，同時還會讓人覺得很癢，通常需要強效止癢藥才能緩解。

近期也有研究支持「內源性大麻素系統是溼疹的成因之一」的概念，這意味著大麻或許有幫助。初步研究顯示，外用CBD與外用THC對老鼠與細胞都有抗溼疹作用，但目前沒有人體實驗，只有個案報告。

就跟乾癬一樣，目前沒有研究提到最適合溼疹的製品與劑量。患者一開始可選用高品質產品，每天兩次，大量塗抹於患部；如果想看到明顯的效果，這樣應該就是最好的做法。

口服工業大麻製CBD、高CBD醫療大麻，應該能減少因為壓力與焦慮（最常見的溼疹觸發因素）而發作的次數。至於治療壓力與焦慮的劑量，請參考第八章與第九章。

皮膚癌與癌前病變，目前只有初步研究

大麻外用藥緩解，甚至治癒皮膚癌的效力，雖然目前只有非常初步的研究，但已經有數千份以照片為證的個案報告，所以很難忽視。有一份以老鼠為對象的實驗也發現，外用大麻素藥物能夠抗皮膚腫瘤。

要將外用大麻製品推崇為任何類型皮膚癌的主要療法，目前還嫌太早，不過如果持續使用

大麻護膚霜好幾年，應該能預防與日曬、紫外線有關的癌前非黑色素瘤皮膚病灶（日光性角化症）轉變成癌症。

雖然沒有公開文獻證明，但使用醫療大麻治療病患的醫師（包括我），都聽過病患自己使用外用大麻製品治療日光性角化症。根據他們的說法，只要反覆塗抹幾週，就能完全擺脫病灶，不需要再治療。

不過我要提醒大家，這些日光性角化症病灶，相較於更深入、更嚴重的侵襲性皮膚癌，完全是兩回事。後者對於純外用藥療法應該是沒反應的。

如何用 CBD、大麻製品治療皮膚病

選擇對你的病最適合的外用產品。比方說，假如你想治療粉刺，請挑選專治容易長粉刺的皮膚、且經過檢驗的高品質產品，然後看看有沒有其他能加強效果的成分，像是水楊酸、菸鹼醯胺或益生菌。假如你想治療大規模的溼疹、乾燥皮膚或乾癬，請盡量挑選適用於全身、配方能夠強化吸收力的產品。

若想治療乾癬，可以試試 CBD 護膚液，搭配維生素 D 類似物之類的處方外用藥；這樣做可能會提升效果（儘管沒人研究過），不過你還是要先請教醫師。

若想治療壓力引起的溼疹、乾癬或其他皮膚病問題復發，請參照第八章與第九章的指南，使用工業大麻製口服 CBD 油、或者透過處方（如果可取得的話）使用高 CBD 醫療大麻油。

護膚時應該避免的成分

產品含有CBD，並不表示它一定一〇〇%安全或有效！我看過許多市面上的產品，號稱能緩和皮膚刺激，結果裡頭含有好幾種皮膚刺激物，以及其他不健康的化學成分；所以挑選的時候，請閱讀產品標示，就跟挑食物一樣！

以下這些成分，可能會刺激某些使用者的皮膚，所以最好別用它們，尤其是你的皮膚特別敏感時：

- 對羥基苯甲酸酯。
- 咪唑烷基尿素。
- 季銨鹽－15。
- 甲醛。
- 芳香混合物。

第十八章

最廣為人知的療效，緩和癲癇發作

我第一次遇見朱莉（Julie）與她的母親時，朱莉幾乎沒開口，都是她的母親在講話。那時朱莉二十五歲，由於嚴重癲癇而無法獨立生活，為此服用了各種強效藥品，除了沒有減少癲癇發作的頻率，此外還有許多副作用。她的母親說，這些藥物把朱莉「變得跟殭屍一樣」。

她們兩人的生活過得很苦，母親必須辭掉工作照顧朱莉，所以現在經濟非常拮据，這又是另一個極大的壓力。朱莉喜歡狗，她的母親知道協助犬對她有益，但是她的身體差到無法申請，對方還說以後也沒什麼機會。

後來她們聽說醫療大麻可以治癲癇，就想試試看，原本的神經科醫師也同意，便把她轉介給我。我決定先讓她服用高CBD、低THC的大麻油，然後與她的其他醫師合作，確保她的癲癇藥物仍在安全範圍。

接下來一整年，朱莉的癲癇發作受到更有效的控制，直到她每隔三到四個月才發作一次之後，就不再需要劇烈的醫療介入了。她在醫師監督下增加大麻油的劑量，並減少其他許多藥物的劑量。

開始接受醫療大麻治療一年後，朱莉整個人煥然一新。她變得可以跟我正常交談，而且更獨立，正考慮搬出母親的房子，請兼職看護幫忙。

她也申請到了協助犬，甚至還在找兼職工作。這些事情對她來說，本來根本不可能發生。她不再憂鬱，能夠開始出門以及和社會互動。對朱莉與她的母親來說，這種改變就像奇蹟！讓她們兩人重拾人生。

雖然她的癲癇無法永遠痊癒，但大麻能夠抑制癲癇發作，大幅改善了她的生活品質——而且她完全沒遇到副作用，這在過去治療癲癇時實在不太可能發生。

英國醫療大麻合法化的推手——癲癇病童

大麻與CBD有一種用途，一次又一次的登上新聞頭條，那就是緩和難治型癲癇的發作。癲癇（epilepsy）其實是泛指一系列腦部疾病，涉及許多不同種類與成因的癲癇發作（seizure）。無論確切的類型與成因是什麼，高CBD大麻都能減少癲癇發作，而且是大幅減少——就算把所有現代藥物混在一起吃都辦不到這件事！

我在加拿大治病時就親眼見證過好幾次，而在英國也有人建議使用它來治療難治型癲癇案例，以及使用醫療大麻治療特定形式的兒童癲癇。

在許多兒童癲癇案例中，他們都曾經差點死亡，或是必須每週進出加護病房。治療用的大量藥品與類固醇，會造成各種副作用，從情緒變化（甚至精神病發作）到影響成長與發展。

這些孩子本來不指望自己能有正常的童年，但**自從將高CBD醫療大麻油納入治療之後**，這是多年來第一次能控制住癲癇發作。**許多兒童也因此得以停用類固醇與其他許多藥物**，發作次數也降到非常低。服用大麻讓他們能夠回去上學，並恢復正常生活。

對於這些病患與家人而言，這感覺就像奇蹟，通常也終結了病患最可怕的惡夢。儘管越來越多證據顯示這種治療很有效，但仍有數千名病童無法獲得這種能改變人生的治療。事實上大多數病童都是如此。

大麻到底是怎麼對癲癇產生作用的？這一切又回到我們的內源性大麻素系統，它會協助平衡大腦與身體，包括健康（沒有癲癇發作）的腦部通訊與功能。

癲癇是一陣異常腦電活動所造成的結果，從大腦其中一個部位開始，然後擴散。這陣活動是因為腦細胞過度激動所致，基本上就是通訊過度的問題，而這件事就是由內源性大麻素系統控制。**健康的內源性大麻素系統就像斷路器，能防止異常腦電活動過度造成癲癇**。

癲癇發作的症狀非常廣泛，取決於大腦哪個部位受影響。一般癲癇發作的症狀包括全身肌肉痙攣、身體僵直與失去意識。其他更聚焦於大腦內部的癲癇形式，發作起來就像那人在做白日夢或恍神。

越來越多有說服力的研究已證實，無論癲癇發作的成因與種類是什麼，內源性大麻素系統都在過程中扮演著關鍵角色。以動物實驗為例，只要阻隔腦內的 CB1 大麻素受體，就會導致嚴重癲癇發作；這意味著 CB1 受體的功能與大麻素，對於正常（沒有癲癇發作）的大腦活動是不可或缺的。截至目前為止的其他人體研究，也發現某些類型的癲癇患者，大腦與脊髓液的內源性大麻素功能降低了，這代表他們的內源性大麻素可能不足。

說到 CBD 減少癲癇發作的功效，二〇一七年是個非常重要的轉折點，因為有三份以 CBD 藥品為對象的高品質研究（隨機安慰劑對照試驗），提供了最有力的證據；這個藥品叫做 Epidiolex，用來治療特定的癲癇發作疾病——卓飛症候群（Dravet syndrome）與雷葛氏症候群（Lennox-Gastaut syndrome）。

這些研究發現，相較於安慰劑，高劑量 CBD 能有效減少癲癇發作。這可說是「CBD 對癲癇發作有效」的第一級證據，就連最保守的主流醫界都不得不信。

大麻素（尤其是CBD）到底是如何停止腦細胞的異常激動，與過度通訊問題？我們還沒完全摸透其微觀層面，不過，目前研究指出大麻素會引起許多不同的腦部作用，包括神經保護作用、抗發炎途徑，以及對其他許多蛋白質，甚至血清素（快樂荷爾蒙）途徑的作用。

我搬去英國時，開始從事醫師的醫療用大麻訓練，以及大麻教育；當時我認識許多很棒的家庭與孩童，他們飽受抗藥性癲癇所苦，只有醫療大麻才能幫到他們。

其中一位孩童叫做艾爾菲・丁格利（Alfie Dingley）。他的媽媽漢娜・戴肯（Hannah Deacon）努力不懈的發起醫療大麻運動，為了讓癲癇病童有接受醫療大麻療法的權力而抗爭（醫療大麻是他們最後的希望）。

漢娜與其他家長的抗爭可說是一大推手，促使英國政府修正了大麻相關法律，並於二〇一八年十一月將醫療大麻合法化。

我開始與艾爾菲的醫師合作，幫助他找到最佳的大麻劑量與製品，以控制他的癲癇發作、將次數降到最低。這種事通常很棘手，因為我們能夠取得的大麻製品數量很有限。

艾爾菲對醫療大麻的反應非常好，癲癇發作次數大幅減少（其他藥品都辦不到），而且副作用很少。在這之前，他每週癲癇發作數百次，經常進出加護病房，根本無法上學，還因為類固醇與藥物而遭受嚴重的身心副作用，更別說這些藥物對他這種癲癇根本沒效果。

我很榮幸能幫助艾爾菲，以及英國各地其他許多像他一樣的孩子，他們都需要更好的醫療大麻取得管道。在大麻合法化的路上，公共（醫師）教育，政府政策團隊合作、贊助研究，這三者缺一不可，然而直到這些孩子得到他們需要的藥物之前，我們還有很長的路要走。

我認識另一個家庭，能夠為病重的兒子取得醫療大麻處方，但價格非常高昂，平均每個月兩千英鎊（約新臺幣七萬五千三百五十四元），他們必須抵押房子才付得起。

大多數的癲癇醫師都害怕大麻，尤其是用在兒童身上，因為他們不了解大麻的作用方式，念醫學院的時候也沒人教。這讓事情又變得更複雜了。

在我寫這本書時，英國現行的臨床準則與小兒神經醫學會，對於使用醫療大麻都抱持極為負面的態度，讓醫師陷入非常艱難的處境。醫師的治療決策取決於臨床準則與醫學會的指示，而通常要經過好幾年，研究證據才會促使準則改變。

醫師不願意開大麻處方，是價格暴漲的原因之一，因為沒有大量的供需，病患要負擔的費用就會非常高。醫師通常會擔心可能發生的未知副作用，尤其是兒童，儘管事實上副作用通常既罕見又輕微，反觀**類固醇與抗癲癇藥物的嚴重副作用眾所皆知，醫師使用時卻沒有相同的顧忌**。就跟所有與大麻相關的事物一樣，**研究、教育與洗刷汙名，就是克服恐懼的方法**。

我在英國演講與提倡大麻時，還認識了一位勇敢的少年，他為了治療癲癇吃了許多藥，無法去上學，生活毫無品質可言。他渴望恢復正常，在網路上找到一個病患專用的醫療大麻資訊團體，藉此得以嘗試黑市大麻油。

他會這麼做，完全是因為沒有醫師願意開處方給他，即使當時大麻早已合法化。結果黑市大麻油的效果超好，他的癲癇幾乎沒發作，讓他得以大幅減少其他藥品的使用量，而且還戒掉了其中幾種。因為大麻，他能夠重回校園，再度當個正常的少年。

然而，他的醫療團隊還是不承認這種奇蹟般的病情改善，是因為大麻油引起的，而且直到有「更多證據」之前，他們還是不願意幫他取得合法的處方——儘管這位少年本身就是活生生的例子。

想用大麻治療癲癇，需要由醫生密切監控

夏綠蒂．菲吉（Charlotte Figi）是一位患有卓飛症候群的少女。她用過好幾種藥品治療癲癇都失敗了（一天發作五十次以上），於是她的母親想讓她試試高CBD大麻油。掌握正確劑量後，夏綠蒂的癲癇次數降到每個月只有兩、三次，而且自閉症與自殘行為也大幅改善。最適合她的每日劑量，似乎是每公斤體重乘上四毫克；當她把劑量降至每公斤體重兩毫克以下，大麻的效果就會開始消失，然後癲癇又發作了。

不過，即使患有同類型的癲癇，這不表示同樣的劑量也適用於其他兒童，因為每個人情況都有點不同。這是「大麻油用於治療癲癇病童」最早的現代醫學案例之一，而她使用的品種也被人稱為「夏綠蒂的網」（Charlotte's Web），變得眾所皆知。

使用醫療大麻與CBD治療癲癇時的特定劑量，已經超出本書的討論範圍，因為癲癇是非常嚴重的疾病，需要由醫師密切監控；這位醫師不但要懂大麻與癲癇，還要跟參與治療的神經科醫師（癲癇醫師）、家庭醫師攜手合作。

不過為了教育讀者，我會簡短討論一些臨床上曾使用過的大麻藥物製品、劑量範例，以及對患者有益的大麻素類型。要留意的是，劑量通常會依據癲癇類型、病患年齡、其他藥物等眾多因素而有很大的差異。

全譜 CBD 與純 CBD

我從許多個案觀察到一件事，就是**使用高 CBD、低 THC 的大麻油來減少癲癇發作，效果似乎比純 CBD 好**。近期有一份研究證實了我這個觀察，它比較了癲癇患者接受「純 CBD」與「高 CBD 醫療用大麻油」治療的資料，儘管這份研究使用的方法有些缺陷，無法做出明確的結論。

我與其他專家們發覺到的現象，應該是草藥綜效或隨行效應所致，也就是全萃取大麻油內，許多不同的植物化學成分與大麻素，同心協力對疾病產生更大的療效（請參考第五章關於 CBD 分離物與全譜 CBD 的詳細探討）。

話雖如此，關於大麻素治療癲癇的大型研究，多半都使用醫藥級的純 CBD。關於全譜大麻油治療癲癇的研究，主要仍是臨床經驗、觀察性回溯性資料蒐集，以及個案研究。

不過，儘管研究結果並非第一級的 RCT（隨機對照試驗）證據，但它們數量龐大而且很有效果，因此難以忽視。這些大麻的功效應該被視為有力證據，尤其是對兒童的療效；本來其他方法都沒用，但自從使用這些大麻製品之後，大幅改善的症狀，我們都看在眼裡。

大麻畢竟是草藥，難以符合狹窄的 RCT 格式，因為它除了 CBD 之外還含有好幾百種大麻素，它們或許也有抗癲癇的效果。

全譜大麻油

病患嘗試用大麻治療癲癇時，通常是採用口服高CBD、低THC大麻油或膠囊作為主要形式，因為這樣的效果比大麻蒸氣持久（而且兒童不適合吸蒸氣）。「從低劑量開始慢慢增加」的方法，仍然適用於治療癲癇的劑量，尤其是兒童；但平均最佳劑量會比其他醫療大麻用途（像是慢性疼痛）還高很多，通常每天都需要數百毫克，就連小孩也不例外。

有些病患在長期使用同一種高CBD油之後，療效會變差，此時他們會在油裡面添加少量的THCA。雖然THCA抗癲癇的公開證據少很多，但在四份已發表的個案報告中，每天每公斤體重〇・一到一毫克的極低劑量，搭配其他抗癲癇藥物，有助於控制癲癇發作。而我在臨床上（對CBD的反應開始隨著時間減弱的病患）也發現了這件事。

THCA一般來說不會出現副作用，非常安全。主要的問題是它很難取得，如果曝露在高溫或光線之中，就很容易分解成THC。我在加拿大時也會於臨床上使用它，來源是幾家專門製造THCA油的醫療用大麻供應商。

目前在英國，除了為單一病患訂製的個人化產品，THCA是很難取得的；不過我預期這個情況會改變。與大眾的迷思相反，THCA油或膠囊一旦吃進體內，就不會轉換成THC或導致中毒。

某些人還會在CBD與THCA的混合物中再加入一小劑THC油，這麼做是因為，他們對CBD的反應會開始隨著時間減弱，特別是買不到THCA的時候。

大麻油治療癲癇時的劑量

對癲癇有效的高CBD醫療大麻劑量，變動幅度很大。用於病患的劑量，多半都是基於未發表的臨床觀察，並以非常少量的已發表研究作為起點或指南。

例如CBD的劑量，可能介於每天每公斤體重一到七毫克之間，而且也取決於大麻是否搭配其他抗癲癇藥物使用，以獲得綜效。關於純CBD劑量的已發表研究只發現一件事：以一百二十名特定類型的癲癇（卓飛症候群）病童為對象，請他們每天每公斤體重服用二十毫克純CBD（對照組則服用安慰劑），結果是有效的。

藥品與草藥的交互作用

抗癲癇藥物中，氯巴占與大麻的交互作用最廣為人知。雖然在醫師監督下，它們可以一起使用，但高劑量CBD可能會提升血流中的氯巴占濃度。

大麻與其他藥品也可能產生交互作用（至少理論上是這樣），而且有幾份個案報告指出，大麻與「帝拔癲」（valproate）這種藥物確實有交互作用。

對血栓產生作用的藥品，也可能與CBD、大麻產生交互作用（請參考第六章對於所有藥品／草藥交互作用的詳細說明）。因此如果要在治療癲癇時使用醫療大麻，請務必找醫師密切監控用藥。這可不是自我實驗的好時機！

有時候，高CBD、低THC的油起初對患者的癲癇發作很有效，但後來患者的反應會變小。背後確切的原因不得而知，但應該跟各種潛在因素有關，包括：

- 次要大麻素（可能有抗癲癇作用）含量會隨著每一批油而變動。
- 內源性大麻素受體與其他受體的變化：這個理論來自幾個案例（我參與了其中一個）——我們在密切監督下，讓病患停用大麻與CBD，進入「洗除期間」（washout period），藉此「重設」他對大麻的反應程度。當重新以低劑量投入時，病患的反應再度改善了。但這個方法是有風險的，洗除期間內，癲癇可能會發作更多次，所以如果真的要這麼做，我建議在受控制的環境下進行，並且接受醫師的密切監督。

結語
草藥開始復興了，大麻健康革命

我希望本書能夠消除關於大麻的許多迷思，並且解開大家對於ＣＢＤ與醫療大麻的疑惑。**大麻絕非我們從小到大聽說的那種危險毒品，它反而令我們（以及許多病患）受益良多。**

它有很大的潛力能成為藥物，同時幫助人們更能應付現代生活的壓力。關於大麻與ＣＢＤ如何作用於我們的身體與大腦，我們還有很多要學習的地方，但本書參考了數百份研究、再加上我的臨床經驗，我相信離終點已經不遠了。

就算你不想服用大麻，只是因為對它好奇才讀這本書，我希望你現在已經具備知識，可以信心十足的跟醫師、鄰居、小孩或你的奶奶暢談大麻和ＣＢＤ。

最新的研究已經洗刷了大麻的所有汙名，提供確鑿的證據給我們，讓我們能重新把它當成醫療用品；而**你或你的家人，在未來的某天也可能會需要它**。

如果你打算服用ＣＢＤ或大麻，我相信你現在已知道從何處著手比較好、如何挑選好的ＣＢＤ產品，以及如何跟醫師一起研究醫療大麻，看它值不值得用。

植物是人類最先學會使用的藥物，儘管現代藥物的科學，促成許多驚人的高科技進展，但草藥並沒有被淘汰。剛好相反，**多虧眾人期盼有更天然的養生方法，草藥開始復興了**。

以前我們覺得能治百病的科學藥品就在不遠處，但那個黃金時代已經結束了。許多現代藥物，並沒有如預期的那樣給予病患希望與慰藉。對於複雜的疾病來說更是如此，例如慢性疼痛、心理健康與壓力相關疾病，病患人數多到都快變成流行病了。

我們的身體不是機器，無法拆解成零件，再用「單一藥品」修好——人類的身體是複雜且動態的，因此整株植物製成的草藥，正好能夠與我們體內的生物化學相輔相成。單一草藥的數百種有效成分，透過多元的生物化學途徑，與我們的大腦和身體產生交互作用和綜效，這種成效是單一藥品辦不到的！

我認為大麻帶來的利益，會促使醫學大幅轉型：更開放的全面性思考，更兼容並蓄的非藥品治療程序；醫師也更願意研究另類療法，進而增加證據，使我們更了解它們如何運作。這種新型態的醫學，牽涉到醫師與病患的夥伴關係，而它會賦予我們力量，讓我們有辦法重新與身體契合，而不是切斷聯繫。

關於大麻的醫學證據，需要在更寬闊的脈絡下找到，而不是在狹窄的藥物開發研究中輕鬆測試出來。這種醫學不分東方或西方、傳統或另類、古代與現代，它就是能幫助人找回正常生活的方法。

致謝

感謝我的病患與客戶，這幾年來他們成為我最棒的老師，勇敢的與我分享故事，伴隨我展開這段旅程。沒有他們，就不可能有這本書。

非常感謝我最棒的同事朗恩・瑞茲尼克（Ron Reznick）博士與朗恩・普奇（Ron Puhke）博士，他們不但是我的好友，也是家庭與整合醫學領域的導師，讓我有榮幸參與他們的實務經驗；也感謝珍・索斯蓋特（Jean Southgate）的長期支持、友情，以及忍受我又臭又長的郵件。

我也非常感激各大洲許多出色的科學家與醫療同業，他們率先使用大麻作為藥物，而我對大麻的知識多半都是跟他們學的；他們不但做了好幾年的研究，還分享臨床使用大麻的訣竅給大家，尤其是伊恩・魯索博士、羅傑・波威（Roger Pertwee）博士，阿諾・哈茲坎普（Arno Hazekamp）與史考特・夏農博士。

非常感謝世界各地的大麻藥物醫師夥伴，尤其是珊卓・卡利羅（Sandra Carrillo）博士的支援，我優秀的同行，後來成為我親愛的好友，一起在英國為大麻打拚。莉莉・加林多博士、克羅伊・沙卡爾（Chloe Sakal）博士、里昂・巴倫（Leon Barron）博士、凱莉・席曼（Callie Seaman）博士、麥克・巴恩斯（Mike Barnes）教授以及大衛・努特教授，他們在藥品研究與政策改革方面啟發了我，就像一盞明燈。

本書的成功，以及我對醫療用大麻付出的心力，都多虧了我老公尼克（Nick）。這幾年來他從未動搖的支持與鼓勵，給了我勇氣去探求整合醫學與大麻藥物，幫助我的病患；尤其是早期大麻還沒獲得主流醫學的支持與理解時。

這段旅程充滿不確定性，感謝家人一路上的支持，尤其是我父母，總是鼓勵、支持我「稍微」反傳統的行醫生涯；還有我的婆婆克莉絲（Chris），這幾年來以許多方式支持我。

我想感謝許多提倡大麻的病患，我有榮幸與他們合作，並私下認識他們：包括給我不少啟發的漢娜．戴肯、卡莉．巴頓（Carly Barton）、塔林．希里安（Talin Sellian）、卡莉．布萊克威爾（Callie Blackwell）、露西．史塔福（Lucy Stafford）、夏綠蒂．卡德威爾（Charlotte Caldwell）、彼得．卡羅（Peter Carroll），以及其他許多為了病患的權利與健康而努力不懈的人。

感謝我優秀的經紀人瑞秋．麥爾斯（Rachel Mills），以及我的國際經紀人亞歷珊卓．克里夫（Alexandra Cliff），他們是所有作家都夢寐以求的最佳團隊。

非常感謝我的英國編輯皮帕．萊特（Pippa Wright，我把她的快速撥號暱稱設成「編輯大師」），她非常有耐心與幽默感，修稿功力一流；也感謝我在 Orion Spring 出版社的優秀團隊，他們的表現遠遠超出作者的夢想。在美國，我非常感謝我的編輯哈莉．韋佛（Haley Weaver）、貝絲．德古茲曼（Beth deGuzman），以及美國 Grand Central Hachette 出版社的團隊，他們對這本書有信心，並協助我將它推廣到我的整合醫學大本營之外。

加拿大方面，非常感謝我的編輯——加拿大 HarperCollins 出版社的布萊德．威爾森（Brad

Wilson）與他的團隊，他們相信這本書能夠引起大眾的興趣，使大眾更想獲取大麻與ＣＢＤ的相關資訊與教育（雖然現在加拿大到處都買得到大麻，但大麻還是經常被誤解）；他們還幫我接洽加拿大當地的同業，而我的醫療大麻之旅就此開始。

在西班牙，我要非常感謝我的翻譯與出版團隊——Roca Editorial 出版社的卡洛斯・拉莫斯（Carlos Ramos）與布蘭卡・羅莎・羅卡（Blanca Rosa Roca）；而在波蘭，我要感謝我的波蘭編輯——Booklab Agency 出版社的瑪格札塔・史文契茨卡（Małgorzata Święcicka）以及彼得・瓦夫爾岑奇克（Piotr Wawrzeńczyk），你們讓我九十六歲的波蘭阿公也能看得懂這本書！

參考資料

本書章節安排與原文書相同，各章引用文獻請參考：https://drdanigordon.com/wp-content/uploads/2020/01/CBD-Bible-References-Unformatted.pdf。

國家圖書館出版品預行編目（CIP）資料

大麻 CBD 聖經：大麻成分 CBD，科學證明能改善憂鬱、失眠、經期失調、抗焦慮、止痛、改善膚質、緩解失智……。你需要正確的知識與用法。／達妮・戈登（Dr. Dani Gordon）著；廖桓偉譯. -- 初版. -- 臺北市：任性出版有限公司，2022.04
400 面；17 × 23 公分 . --（issue；420）
譯自：The CBD Bible: Cannabis and the Wellness Revolution that Will Change Your Life

ISBN 978-626-95710-4-8（平裝）

1. CST：大麻　2. CST：藥物治療

548.8207　　111001043

issue 420

大麻 CBD 聖經

大麻成分CBD，科學證明能改善憂鬱、失眠、經期失調、抗焦慮、止痛、改善膚質、緩解失智……。你需要正確的知識與用法。

作　　者／達妮・戈登（Dr. Dani Gordon）
譯　　者／廖桓偉
責任編輯／張祐唐
校對編輯／李芊芊
美術編輯／林彥君
副總編輯／顏惠君
總 編 輯／吳依瑋
發 行 人／徐仲秋
會計助理／李秀娟
會　　計／許鳳雪
版權經理／郝麗珍
行銷企劃／徐千晴
業務助理／李秀蕙
業務專員／馬絮盈、留婉茹
業務經理／林裕安
總 經 理／陳絜吾

出 版 者／任性出版有限公司
營運統籌／大是文化有限公司
臺北市 100 衡陽路 7 號 8 樓
編輯部電話：（02）2375-7911
購書相關資訊請洽：（02）2375-7911 分機122
24小時讀者服務傳真：（02）2375-6999
讀者服務E-mail：haom@ms28.hinet.net
郵政劃撥帳號 19983366　戶名／大是文化有限公司

法律顧問／永然聯合法律事務所
香港發行／豐達出版發行有限公司 Rich Publishing & Distribution Ltd
地址：香港柴灣永泰道70 號柴灣工業城第2 期1805 室
Unit 1805,Ph .2,Chai Wan Ind City,70 Wing Tai Rd,Chai Wan,Hong Kong
Tel：2172-6513　Fax：2172-4355
E-mail：cary@subseasy.com.hk

封面設計／林雯瑛
內頁排版／陳相蓉
印　　刷／緯峰印刷股份有限公司
出版日期／2022 年 4 月初版
定　　價／新臺幣 490 元
I S B N／978-626-95710-4-8（平裝）
電子書ISBN／9786269580422（PDF）
9786269580439（EPUB）

Printed in Taiwan

The CBD Bible: Cannabis and the Wellness Revolution that Will Change Your Life